合同案件
裁判要旨与案例举要

于海侠　郑雅心⊙主编　　李增辉　宋伟　高鑫鑫⊙副主编

知识产权出版社
全国百佳图书出版单位

图书在版编目（CIP）数据

合同案件裁判要旨与案例举要/于海侠，郑雅心主编. —北京：
知识产权出版社，2015.6
ISBN 978-7-5130-3470-8

Ⅰ. ①合… Ⅱ. ①于… ②郑… Ⅲ. ①合同法—案例—中国
Ⅳ. ①D923.65

中国版本图书馆 CIP 数据核字（2015）第 086404 号

内容简介

本书以对裁判要旨的理解适用为核心，以《中华人民共和国合同法》总则的相关规定为主线，突出从典型案例中提炼的裁判要旨在类案中的指导意义，以超越个案审判的视野，研究案例所体现的法律规则、法律原理、法律精神以及裁判方法、裁判理念等核心价值，达到将裁判规则适用于类案的效果，努力为读者查找到相关案例以及裁判要旨提供更为便捷有效的途径，以增强对合同法的更好理解与适用，提高实践操作能力。

责任编辑： 张筱茶　　　　　**责任校对：** 谷　洋

封面设计： 刘　伟　　　　　**责任出版：** 孙婷婷

合同案件裁判要旨与案例举要

于海侠　郑雅心　主编

李增辉　宋　伟　高鑫鑫　副主编

出版发行：知识产权出版社 有限责任公司	网　　址：http://www.ipph.cn
社　　址：北京市海淀区马甸南村1号	邮　　编：100088
责编电话：010-82000860 转 8180	责编邮箱：baina319@163.com
发行电话：010-82000860 转 8101/8102	发行传真：010-82000893/82005070/82000270
印　　刷：三河市国英印务有限公司	经　　销：各大网上书店、新华书店及相关专业书店
开　　本：787mm×1092mm　1/16	印　　张：16
版　　次：2015年6月第1版	印　　次：2015年6月第1次印刷
字　　数：254千字	定　　价：56.00元
ISBN 978-7-5130-3470-8	

前　言

随着社会主义市场经济的逐步发展，社会主义民主法制建设的日趋完善，法律以其公正、公平的形象在社会生活中扮演着越来越重要的角色，成为解决冲突的主要手段。法律是神圣的，但不是神秘的。让法律走出神圣的殿堂，来到人民群众中间，使之成为人民群众手中的利器，是法律工作者一项重要而光荣的职责。以案说法，就是将抽象、枯燥的法条化成具体、鲜活的案例，通过认真评析日常生活中经常出现的典型案例，设身处地为人民群众提供法律对策，帮助人民群众进一步理解、掌握和正确应用法律，使广大人民群众更好地用法律武器维护自身的合法权益。

合同法是市场经济的基本法，是民商法的重要组成部分。合同法在规范市场主体及其交易行为，维护市场秩序，促进经济发展方面发挥着重要的作用。本书突破以往法律案例类图书"案情、裁判理由与结果、评析"千篇一律的三段式编写方式，以对"裁判要旨的理解适用"为核心，以《合同法》总则的相关规定为主线，突出从典型案例中提炼的裁判要旨在类案中的指导意义，以超越个案审判的视野，研究案例所体现的法律规则、法律原理、法律精神以及裁判方法、裁判理念等核心价值，达到将裁判规则适用于类案的效果，努力为读者查找到相关案例以及裁判要旨提供更为便捷有效的途径，以增强对合同法的更好理解与适用，提高实践操作能力。

本书在编写过程中，参考和借鉴了许多已有的研究成果和相关书籍、资料，在此一并表示感谢。由于时间紧迫，编者水平有限，书中疏漏、不妥之处在所难免，欢迎广大读者和同人批评指正。

编者

2015 年 5 月

目　　录

一、合同法的基本原则

（一）违反公平原则的条件不能作为拒付债款的理由

【裁判要旨】

公平，是实现合同法价值目标的必然要求。在合同纠纷中，如果双方当事人约定条款违反了公平原则，法院将不予支持。

【理解与适用】

公平原则，又称公平正义原则，是指当事人在设立权利义务，承担民事责任方面要公正、公允、合情合理。公平即公道合理，也就是处理事情合情合理，不偏袒任何一方。公平原则是市场交易中形成的道德准则，现在已上升为法律原则。《中华人民共和国民法通则》（以下简称《民法通则》）第4条规定：民事活动应当遵循公平、等价有偿的原则。《合同法》第5条规定："当事人应当遵循公平原则确认各方的权利和义务。"法律将公平原则确定为合同当事人的行为准则，可以防止当事人滥用合同权利，维护及平衡当事人之间的利益。审判实践中，运用公平原则处理案件纠纷，应当注意以下几个问题。

1. 正确理解公平原则的深刻内涵

公平，是实现合同法价值目标的必然要求，具体表现为给付与对待给付的等值性，符合等值性原则的即公平，不符合等值性原则的即非公平。等值性作为公平的基本标准，可以进一步划分为客观标准和主观标准两类。客观标准强调依等价有偿的价值规律来评判给付之间是否具有等值性，而主观标准则以当事人的主观意愿为评判标准。在司法实践中，一般采用主观标准进行裁判，原因在于，基于合同自由原则，当事人有权决定不符合价值规律的条款。"公平"对合同当事人而言，只是一种主观心理感受，不同的人对是否公平的感受是不一样的。并且由于法律将当事人设定为完全理性人，赋予他们去行使认知权、决定权、处分权，在社会道德规范和法律规定的范畴内追求自己感受的公平。法官运用主观标准进行裁判，首要的就是正确理解公平原则的深刻内涵。

第一，公平原则的适用范围包括合同行为的全过程，而不仅限于"合同内容"的确定。公平原则是合同法基本原则，它必须贯穿于合同法的全部内容之中，以保证合同内容本身以及因合同而产生的法律后果之全面公正，将公平原则的适用范围界定为"合同内容的确定"则无法解释为什么公平为合同法基本原则而非合同订立的原则，同时也无法阐明合同履行、合同解除、违约责任等领域内公平条款的理论依据。

第二，公平原则既强调合同条款本身权利义务的均衡，也强调合同派生权利义务的均衡。因合同而生的权利义务始终处于不断流变的过程中，既包括合同条款予以固定的权利义务，也包括诚实信用原则而确定的先合同权利义务、附随权利义务和后合同权利义务，还包括因合同漏洞填补、合同的变更与解释，以及违约责任追究等产生的权利义务，公平原则上对上述权利义务的均衡都应给予调整，否则即是一种残缺不全的"公平"。

第三，公平原则既关注合同主体的利益，也关注合同主体面临的风险。合同法作为社会主义市场经济最基本的行为规范，其根本目的在于为市场主体合理划分利益与风险，即在当事人面临的利益与风险中找一个恰当的平衡点，促使各方尽量实现预期目的，达到资源配置的双赢局面。当事人通过合同条款予以固定的权利义务，划分的只是一种预期的利益，这种利益能否兑现，取决于合同实际履行的情况，是否有不可归责于双方当事人的事由即风险出现等，一旦预期利益不能实现，法律必须为当事人重新调整其权利义务关系，并合理解决因风险所致损害，以确保社会公平与正义。

第四，公平原则的实现，有赖于合同主体之行为自律，更重要的是必须有法律的干预和司法的能动。单纯依赖合同主体之行为自律显然无法实现合同公正。法律或法官介入合同权利义务调整的理由在于：首先，市场经济本身固有的竞争机制，导致了经济实力上的强弱分化，依法具有独占地位的经营者存在形成了天然的"垄断"，合同主体信息占有不均，知识水平缺陷、社会角色差异等导致了缔约能力的强弱失衡。为防止强者滥用优势地位欺压弱者，使双方在合同权利义务的确定上完全听命于自己，法律必须对合同自由进行必要的限制以保证合同的实质公正。其次，在合同漏洞填补、合同变更和解除、合同的撤销以及合同责任追究等领域，合同权利义务的确定已不再完全取决于当事人的意志，而主要由法律直接规定或由相关司法部门确定，合同公正的实现主体已由当事人转化为国家立法或司法部门。再次，法律并非万能，不可能调整到事无巨细，现实生活中一旦出现对合同权利义务的调整法无明文时，司法部门得依公平原则行使自由裁量权，发挥司法能动以弥补合同法之缺陷与不足。❶

2. 准确把握合同法中体现公平原则的重要条款

在合同法中，体现公平原则的重要条款主要表现在以下方面：

（1）缔约公平条款

即合同成立以前缔约过程中的公平条款。主要包括：①要约撤销限制条款，即《合同法》第 19 条规定：有下列情形之一的，要约不得撤销：（一）要约人确定了承诺期限或者以其他形式明示要约不可撤销；（二）受要约人有理由认为要约是不可撤销的，并已为履行合同作了准备工作。其第一款体现诚实信用原则要求，第二款则体现公平原则要求。②格式条款提供者的提示说明义务条款，即《合同法》第 39 条规定：采用格式条款订立合同的，提供格式条款的一方应遵循公平原则确定当事人之间的权利和义务，并采取合理的方式提请对方注意免除或限制其责任的条款，按照对方的要求，对该条款予以说明。③表见代理与表见代表。《合同法》第 49 条规定：行为人没有代理权，超越代理权或代理权终止后以被代理人名义订立合同，相对人有理由相信行为人有代理权的，该代理行为有效。第 50 条规定：法人或者其他组织的法定代表人、负责人超越权限订立的合同，除相对人知道其超越权限的以外，该代表行为有效。

（2）合同公平条款

即已确定的合同条款本身的公平规定。主要有：①《合同法》第 53 条之规定：合同中的下列免责条款无效：（一）造成对方人身伤害的；

---

❶ 徐祖林：《论我国合同法中的公平原则》，载《云梦学刊》2001 年 9 月（第 22 卷第 5 期），第 29—30 页。

· 3 ·

（二）因故意或重大过失造成对方财产损失的。②《合同法》第54条：下列合同，当事人一方有权请求人民法院或仲裁机构变更或撤销：（一）因重大误解订立的；（二）在订立合同时显失公平的。……③《合同法》第40条：格式条款具有本法第52条和第53条规定情形的，或者提供格式条款一方免除其责任，加重对方责任，排除对方主要权利的，该条款无效。④《合同法》第41条：对格式条款的理解发生争议的，应当按照通常理解予以解释，对格式条款有两种以上解释的，应当作出不利于提供格式条款的一方的解释，格式条款和非格式条款不一致的，应当采用非格式条款。

（3）合同漏洞弥补公平条款

《合同法》第62条关于合同内容约定不明，又无法达到补充协议和依相关条款及交易习惯确定的，应依法律规定公平履行的规定。

（4）履约公平条款

即合同履行中的公平规定，包括《合同法》第66条同时履行提高抗辩权规定，第67条后履行抗辩权规定和第68条不安抗辩权规定。

（5）违约责任公平条款

主要有《合同法》第113条、第114条规定，当事人一方违约给对方造成损失的，损失赔偿额应相当于因违约所造成的损失，包括合同履行后可以获得的利益，但不得超过违反合同一方订立合同时预见到或应当预见到的因违反合同可能造成的损失。当事人双方约定的违约金低于损失的，当事人可请求人民法院或仲裁机构予以增加，约定违约金过分高于损失时，也可请求予以适当减少。

（6）其他公平条款

如《合同法》第289条：从事公共运输的承运人不得拒绝旅客、托运人通常、合理的运输要求，第374条：保管期间，因保管人保管不善造成保管物毁损灭失的，保管人应当承担损害赔偿责任，但保管是无偿的，保管人证明自己没有重大过失的，不承担损害赔偿责任。

3. 正确适用公平原则

合同法公平原则应具有超越合同法公平条款的意义所在，否则合同法总则就没有规定公平原则的必要而沦为简单的重复，司法实践也就无适用公平原则的余地，公平原则至少具备以下几方面的功能：

（1）指导当事人正确行使权利和履行义务的功能

公平原则与公平条款是一般与个别的关系，在合同活动中，当事人行使权利和履行义务遵循了具体的公平条款规定，即同时遵循了公平原则之规定。但当具体的公平条款缺如、不清晰或自相矛盾时，当事人得以公平原则为行为准则。

（2）解释、评价当事人合同行为的功能

公平条款相对于公平原则来说是具体明确的，但它相对于具体案情来说依然是抽象模糊的，在具体案件的处理中，如遇条款之应用结果显然背离公平原则，则当反思条款运用是否正确，条款理解是否恰当，是否有断章取义之嫌疑，可否从条款与条款的逻辑联系中把握立法者的真实意图。

（3）司法补充功能

司法实践如遇法无明文规定，同时又可以用公平原则恰当处理的，人民法院可直接援引公平原则之规定作为定案的依据。

【案例举要】

西安三建筑公司与西安财经学院建设工程施工合同纠纷案❶

〔案情〕

原告：西安第三建筑公司（以下简称西安三建）
被告：西安财经学院（以下简称财经学院）

1993 年 10 月 15 日，陕西财政专科学校（经两次合并组建为西安财经学院）与西安三建签订的建设工程施工合同约定：财经学院将其教学综合楼正负零以上工程发包给西安三建施工，承包方式为包工包料。1996 年 12 月 25 日争讼之综合楼工程竣工；该工程质量等级为优良。1997 年 3 月 25 日西安三建将综合楼交付财经学院使用。2005 年 1 月 28 日，西安三建、财经学院确认，财经学院还欠西安三建工程款 135 万余元，先行支付 30 万元，其余款项等教学综合楼消防工程验收取得合格证书或有关部门允许使用证明后进行结算（办理建筑工程消防验收应由建设单位递交申报材料）。

---

❶ 本案案号：西安市中级人民法院（2008）西民四终字第 098 号民事判决书，载《人民法院报》2008 年 8 月 8 日第 3 版。

西安三建提出此约定是财经学院强加于自己，但其未行使撤销权。西安三建请求财经学院支付利息从 1997 年 5 月 1 日起按同期人民银行的利率计算至起诉之日。西安三建起诉认为，其已按建设工程合同约定履行了义务，但财经学院在工程竣工交验后，拒付拖欠的工程款，故请求判令财经学院支付拖欠的工程款及利息。财经学院辩称，欠款属实；但因西安三建未向其提供消防系统工程竣工报告和相关资料，导致该工程至今未经消防机构验收；依据协议付款条件不成就，故请求驳回西安三建的诉讼请求。

〔审理结果〕

西安市雁塔区人民法院审理认为，争讼之合同有效；西安三建诉请财经学院支付剩余款项，因不符合双方所达成的付款条件，故依据《民法通则》第 5 条之规定，判决：驳回西安三建的诉讼请求。

西安三建不服，提起上诉称：室内消防工程是综合楼的组成部分，在竣工交验时其向财经学院出具了竣工报告和全部工程资料；财经学院未能通过验收的原因是其当时未设计消防工程的配套泵房及未办理消防工程施工的备案登记；综合楼消防系统的配套工程系其他单位承包施工；请求撤销原判，改判由财经学院向其支付拖欠的工程款和利息。

西安市中级人民法院审理认为：财经学院使用教学综合楼后，未及时对消防设施进行专项验收，致其拖欠西安三建的工程款未能清结。财经学院以自己不积极作为导致的后果拒绝向西安三建支付剩余工程款，缺乏事实依据。原审法院在未明确责任和考虑本案的实际情况下，仅以争讼之综合楼消防系统工程至今未取得合格证或有关部门允许使用证明，驳回西安三建的诉讼请求，与我国民法规定的公平原则及诚实信用原则相悖。西安三建请求财经学院支付拖欠的工程款，应予支持；至于利息，考虑到双方就争讼之工程有关问题达成的"待消防工程验收取得合格证书或有关部门允许使用证明后，以审计结果为准进行结算"的实际情况，故应自本协议约定的取得合格证规定的次日起计算。综上判决：撤销原判；财经学院给付西安三建剩余工程款及利息；驳回西安三建其余诉讼请求。

（二） 合同当事人通谋而为的虚假意思表示无效

【裁判要旨】

意思表示真实是合同行为必须具备的要件之一。在合同订立过程中，表意人与相对人通谋而为的虚假意思表示为虚伪表示原则上属于无效行为，但不得以其无效对抗善意第三人。

【理解与适用】

意思自治，即民事主体从事民事活动时能够充分根据自己的内心意愿，自由地设立、变更、终止民事法律关系。其基本含义是：①是否进行某项民事活动，完全由个人决定；否则该行为无效、可变更或可撤销；②与什么人、以何种方式、进行何种活动，由个人决定；③对自己的行为承担风险和责任。既然是否进行某项民事活动完全由个人决定，那么该民事活动的后果应由自己承担。意思自治反映到合同中就是合同自由。意思自治原则是民事主体在主体地位平等前提下参与民事活动应遵循的基本准则，也是法官对民事行为效力予以审查、认定的最基础、最经常适用的裁量原则。在审判实践中，运用意思自治原则处理案件，应当注意把握以下两个方面：

1. 应当充分尊重当事人的意思自由

在契约领域，意思自治主要表现在：一要确立当事人的合意具有优先于法定任意性规范的适用效力；二要尊重当事人在订立合同、确定合同内容、合同形式、变更和解除契约及选择违约责任、选择纠纷处理方式等方面的充分自由。如许多合同法条文中有"当事人另有约定的除外"的规定，如实际合同中有这样的规定，在依法的前提下，应予支持。又如当事人约定的违约金或约定的损害赔偿有优先于法定损害赔偿责任的效力，只有在没有规定的情况下，才能适用法定的赔偿标准，对此，法官在裁量中不能任意限制，如合同成立和效力认定方面：合同不成立是当事人没有达成合意，但在内容上并未违反法律的强制性规定和社会公共利益，因此，合同即使未成立，但当事人已作出履行，则可以认为当事人通过实际履行行为已达成了合意。换言之，尽管当事人没有就合同的主要条款达成合意，但当事人自愿作出履行的，可以认为合同已经成立。

2. 正确认定意思表示真实，准确裁量民事行为效力❶

意思表示自愿、真实是民事行为成立和有效的要件，是意思自治原则的贯彻。正确认定意思表示是否自愿、真实，是法官裁量行为效力的重要根据，也是对意思自由的根本保证。意思表示真实，包括两个方面：一是行为人的内在意思与外在表示行为相一致；二是表示行为以意志自由为前提。原则上，意思表示真实自愿，则民事法律行为有效，意思表示不真实不自愿，则民事法律行为可撤销或无效。在审判实践中，要重点处理好内在意思与外在表示不一致的情况。意思与表示不一致，分故意的不一致和偶然的不一致。故意的不一致指行为人在进行意思表示时，故意地有意识地使其内在意思同其表示出来的意思不一致。故意的不一致包括单独的虚伪表示（又称真意保留、心中保留）、通谋的虚伪表示（我国称为恶意串通）。偶然的不一致又称错误的意思表示，指内在意思与外在表示不一致，不是出于行为人的故意，而是出于偶然、无意。错误的意思表示包括：错误、误传、误解、重大误解。

（1）单独虚伪表示（真意保留）的法律效力认定

单独虚伪表示的效力，要根据不同法律的规定加以判断。如果法律采意思主义，则真意保留因没有将内在意思表示出来，外在表示行为不能作为有效根据，因此认定行为无效。如果采表示主义，则真意保留虽未将内在意思表示出来，但法律仅以表示行为确定行为的效力，则认定行为有效。如果采折中主义，因该主义采表示主义为主、意思表示主义为辅的判定原则，则一般应认定有效，在例外的情况下认定为无效。立法上为了保护相对人或第三人的利益，一般采取折中主义。因为在真意保留的情况下，相对人和第三人并不知道表意人所表示的行为并非其真意，如果因此而使之无效，相对人和第三人将有遭受损害的可能。在例外情况下，认定为无效，是针对相对人明知表意人的内在意思或可得而知时，实际上导致表示行为与相对人或第三人的表示行为相背反，承认有效，则不是双方任一方意愿，因此认定无效较为符合当事人意愿。

---

❶ 吴庆宝主编：《民事裁判标准规范》，人民法院出版社 2006 年 1 月版，第 160—163 页。

（2）双方的虚伪表示（恶意串通）的法律效力认定

虚伪表示是表意人与相对人通谋而为虚伪的意思表示。虚伪表示的特征是，当事人双方都欠缺效果意思，即欠缺使内在意思发生法律上效力的意思。我国《民法通则》将虚伪表示称为恶意串通，一般认为，虚伪表示的要件有四：一是须存意思表示；二是须表示行为与内在意思不一致；三是须表意人本人对其内在意思与表示行为不一致有认识；四是须该非真实意思表示与相对人通谋为之。所谓通谋，是指表意人与相对人共同为非真实意思表示。因此，两方当事人之间必须有意思上的联络，两方都是非真意表示，两方面的虚伪表示互为条件，一方以另一方的存在为必要，才能构成通谋，虚伪表示的目的是欺诈还是其他目的，对于虚伪表示的构成并不发生影响。

虚伪表示分为对当事人的效力和对于第三人的效力。其一，对当事人双方的效力。当事人之间相互通谋而为意思表示时，因双方均无发生法律上的真实意思，所以，对双方均无约束力，对当事人双方即均属无效。即使第三人主张当事人之间意思表示有效，法律也不因此确认其有效，即法律对第三人主张恶意串通的双方当事人之间意思表示有效不予支持。其二，对于第三人的效力。所谓第三人是指进行虚伪表示的当事人以外的人。第三人知悉他人之间的虚伪表示是为恶意第三人，对于恶意第三人而言，虚伪表示无效。因为该第三人知其为虚伪表示，不因其无效而使自己受到损害。第三人如不知悉他人之间的虚伪表示，则为善意第三人。对于善意第三人而言，不得以虚伪意思表示无效而对抗第三人。所谓不得对抗，是指就当事人而言不得对于第三人主张其行为无效；而第三人则可根据其自由选择，根据对己有利之方面主张当事人之间表示行为的有效或无效。

对虚伪表示行为认定效力的问题上，值得注意的是"虚伪表示之排除"及"隐藏行为"的效力认定问题。所谓虚伪表示之排除，是指即使能认定为虚伪表示行为，但法律基于一定的考虑和因素，当事人或第三人也不能主张其无效。这主要发生于下面两种情形：一是为保障公众信用和交易安全而须牺牲当事人利益时，必须排除虚伪表示之适用。例如向公众发行股份的行为在公司成立后不得以虚伪表示为由主张无效。又如合伙关系当事人在与第三人发生交易无能力承担责任时，一方或双方不能以双方仅是名为合伙关系而主张不承担责任中不承担连带责任。所谓隐藏行为是指行为人将其真实意思隐藏在虚假的意思表示中，基于隐藏行为所为的民事行为，隐藏真意的虚假意思表示应不生效力，至于被隐藏的真实意思表示，则应依据关于该意思表示的规定具体判断其效力。例如假装买卖而为赠与或寄托，即谓之隐藏行为。此时假装的买卖行为无效，而买卖行为所隐藏的赠与或寄托行为是否有效，应适用有关该类行为之规定。如果隐藏行为具备赠与或寄托所规定的要件，则为有效，否则即为无效。

（3）意思表示错误的法律效力认定

错误是指表意人非故意的、偶然的、不自觉的与其意思不一致，即表意人内在的效果意思与外在的表示行为的不一致，非出于故意和有意识，而系出于误认或不知。所谓误认是认识不正确，如误将甲作为乙。所谓不知，指通常之笔误、口误，如应写"10万元"误写为"10元"，应谈的是租赁而误说成借贷，两者认识程度有别，但在法律效力上相同。

错误可作多样的划分，主要包括两大类即双方错误和单方错误。所谓双方错误指双方当事人对于交易所发生的错误，具体包括：关于标的物存在的错误；关于标的物性质的错误；关于标的物本身的错误；关于契约履行之可能性的错误；关于标的物数量、质量、履行地、履行期限的错误等。所谓单方错误是指仅一方当事人对意思表示产生错误。长期以来，传统法律认为，除非对方当事人知道或有理由知道错误存在，否则仅就一方当事人所发生的单方错误，不允许当事人撤销。现代法律则允许表意人就其单方错误予以撤销。一般而言，错误行为是否认定为无效或是否可撤销，取决于法律所采取的原则。如果对意思表示采取表示主义，则错误行为是有效行为，不允许以错误为由对之予以撤销；如果采取意思主义，则错误行为无效；折中主义，将错误行为原则上视为可撤销行为，但例外情况下不得撤销。对第三人而言，如第三人是善意的，则因错误行为被撤销而受到损害时，可以要求表意人对自己承担损害赔偿责任；如为恶意第三人，则不得要求表意人承担损害赔偿责任。

（4）对意思表示误解行为的法律效力认定

所谓误解是指意思表示之相对人对表意人所作的意思表示的内容发生

了了解的错误，传统民法认为误解不用于错误。错误是表意人非故意地使表示与其意思不一致，而误解则是受领人对于意思表示的错误了解。以前的观点认为，误解对于意思表示的效力不产生影响。但这种认识由于存在诸多弊端，现代英美普通法不再坚持这种区别，认为误解亦是一种错误，如果表意人过失使意思与其表示不一致，而受领人亦对表意人的意思有误解，现此种行为应为双方错误，应允许撤销。如果不允许受领人以误解为由撤销意思表示是不公平的。因此我国民法对此不作类似区分，在使用重大误解这一概念时，既包括传统民法所使用的错误这一概念，也包括传统民法所使用的误解概念。

（5）对意思表示重大误解的法律行为效力认定

所谓重大误解是指表意人对行为的性质、对方当事人、标的物的品种、质量、规格和数量等的错误认识，使行为的后果与自己的意思相悖并造成较大的损失。我国民法规定重大误解是一种可予撤销的行为，此种行为既包括传统民法的错误行为在内，也包括传统民法中的误解行为在内。认定重大误解成立需注意的是：其一，表意人必须有表意行为，无表意行为，则不存在误解。其二，表意人的意思与表示不一致，才可能成立重大误解。其三，意思与表示不一致是由表意人的过失造成的。过失的原因很多，主要是表意人疏忽、不经意造成的。故意不构成重大误解。其四，意思与表示的不一致必须是重大的、严重的。所谓重大，是指如果不是表意人的错误，表意人将不去从事或参与此种行为，或会根据不同条件从事或参与此种行为；任何一个处于表意人地位的理性人，在没有误解的情况下都不会从事此种行为或会根据不同条件才可能进行或参与此种行为。

重大误解可以分为双方的重大误解和单方的重大误解。双方的重大误解包括：关于标的物的重大误解，如男女双方错误地认为他们的婚姻受法律的保护，其实双方均错误地认为原本不存在的婚姻存在；关于标的物的同一性的重大误解，一方认为交易的标的物是此物，一方认为交易物是彼物，另外还有关于标的物质量的重大误解，关于标的物的数量的重大误解等。

根据《民法通则》的规定，重大误解的行为是可撤销的行为，但只有行为人对行为内容有重大误解时，才允许当事人予以撤销，法官才可根据当事人撤销权之申请，对其撤销。但现代民法，有两类行为不允许以重大误解为由予以撤销：一是身份行为。因为此类行为涉及人身和伦理关系，必须对撤销加以控制。这些主要涉及结婚、离婚、认领、遗嘱等行为。例如认领，一旦认领人作出认领的意思表示，即产生被认领人的非婚生地位婚生化的效力，在此种情况下，不应允许认领人因为误解而撤销其认领的意思表示。二是在为了公共利益和交易安全需要而须加以限制的领域，如公司法领域，公司设立人发行股份，不允许借重大误解而撤销股份的设立行为，这种情况主要发生于公司法、劳动法和运输法中，因为在这些法律关系中，涉及的人数众多，契约已大量履行，如果借口重大误解而撤销已经履行的契约，则会导致社会动荡、法律不稳定和不公平的结果，从而也将违背重大误解制度的目的。

（6）意思表示误传错误的法律效力认定

误传即传达错误，是指意思表示因传达人或传达机关传达不实而产生的错误。由于传达人的过失，使表意人的意思表示在到达相对人时，与表意人的真实效果意思不同。例如，由于传达人的错误，表意人的买卖被误传为赠与。需注意的是，误传不同于误递。所谓误递是指误传已成立的意思表示，如将应给甲的信误投于乙。在这种情形下，意思表示已成立，在判断行为效力时适用民法意思表示到达的有关规定即可。误传由于不实的传达行为使结果与表意人的效果意思相矛盾。在这种情况下，一般认为应准用民法关于错误的规定，即因误传而使此种行为可得撤销；但传达不实如果是表意人自己的过失造成的，则不得撤销。传统民法以传达人或传达机关的过失作为误传可得撤销之前提条件。故意则不发生此种效力。另外还需注意的是"故意误传"，即由于传达人或传达机关故意而使表意人的意思与表示不一致的情形。故意误传，一般不作为误传对待，类推适用无权代理之规定。近年来，人们认为表意人使用他人传达意思，造成传达人或传达机关故意误传之危险，因为表意人较易控制此种危险，因此故意误传之危险应由表意人承担。误传既包括过失误传，也包括故意误传，均发生类推适用错误规定的效力。

【案例举要】

首创公司诉华夏公司购销合同纠纷案❶

〔案情〕

原告：北京首创电子科技有限公司

被告：北京华夏汇力科技有限公司

2004 年 7 月初，北京首创电子科技有限公司（以下简称首创公司）冯俊臣请求孙维介绍有相关资质的公司，帮助同事刘为民以销售货物的形式办理"走账"事宜，以赚取差价。经孙维介绍，北京华夏汇力科技有限公司（以下简称华夏公司）同意帮助"走账"。同年 7 月 5 日，冯俊臣、刘为民持北京盈亿伟业科技发展有限公司（以下简称盈亿公司）转账支票及制作的两份合同共同到华夏公司，冯俊臣代表首创公司与华夏公司签订购销合同，同时，华夏公司签订了与盈亿公司之间的订购合同，两份合同约定的标的物一致，均为 IBM 牌电脑 180 台，但合同标的额相差 88 740 元。合同签订后，刘为民交给华夏公司一张票面金额为 1 636 740 元、出票日期为 2004 年 7 月 21 日的盈亿公司转账支票。同时，华夏公司给付首创公司一张票面金额为 1 548 000 元的转账支票。同日，冯俊臣在刘为民提供了盈亿公司宁军华身份证复印件并请求提货的情况下，办理了上述货物的自提手续交给首创公司库房。后首创公司将货物发出，出库单上有"宁军华"字样。

2004 年 7 月 27 日，孙维、冯俊臣、刘为民、华夏公司补签《担保书》，约定：兹有盈亿公司经刘为民、冯俊臣介绍并担保向华夏公司订购计算机一批，价值 1 636 740 元，据此支票，华夏公司当日向首创公司支付 2004 年 7 月 27 日支票一张，并委托盈亿公司宁军华到首创公司提货。刘为民、冯俊臣担保盈亿公司的货款及时到账，如果盈亿公司货款不能及时到账，华夏公司有权拒绝支付首创公司货款，首创公司的货物损失与华夏公司无关，由担保人负责追回。孙维在公证人处签字，冯俊臣、刘为民在

---

❶ 北京市高级法院编：《北京法院指导案例》2007 年第 89 期（总第 1028 期），2007 年 12 月 31 日编。

担保人处签字，华夏公司在《担保书》上加盖了公章。

2004 年 7 月 29 日，华夏公司交存的盈亿公司转账支票，被银行以"空头"为由退票。

2004 年 8 月 2 日，首创公司持华夏公司的转账支票提示付款时，被银行以"空头"为由退票。

2004 年 9 月中旬，刘为民离开首创公司下落不明。

2004 年 12 月初，华夏公司、首创公司准备向公安机关举报刘为民等合同诈骗时，由冯俊臣书写了华夏公司委托宁军华提取货物的委托书。12 月 16 日，华夏公司向海淀公安分局提交《关于张晨、宁军华、刘为民利用华夏公司诈骗首创公司 160 余万元电脑设备一案的举报材料》。海淀公安分局以涉嫌合同诈骗为由立案侦查。侦查期间，海淀公安分局对盈亿公司张晨予以刑事拘留，后因证据不足予以取保候审，2005 年 4 月 22 日，海淀公安分局以涉嫌合同诈骗将刘为民列为在逃人员予以通缉。

另查，盈亿公司法定代表人宁军华在企业工商档案中登记的"企业法定代表人（主要负责人）承诺"表中留有签名。

首创公司诉称，2004 年 7 月 5 日，华夏公司与首创公司签订《购销合同》，约定：华夏公司购买首创公司 IBM 牌电脑 180 台，单价 8 600 元，货款共计 1 548 000 元。同时，双方约定了交货日期、付款时间和违约责任。合同生效后，华夏公司委托员工宁军华提取了货物，但其用于支付货款的支票空头，经催要，华夏公司以无款为由拒绝给付。请求法院判令华夏公司给付货款 1 548 000 元、违约金 100 万元并承担诉讼费。

华夏公司辩称，华夏公司与首创公司虽签订《购销合同》，但并不存在真实的买卖关系。华夏公司与首创公司签订购销合同仅是形式上的，目的是帮助"走账"，并无购买首创公司产品的真实意思，且首创公司也未将货物交给华夏公司，双方签订的购销合同无效。首创公司在本案中所提货物实际上是被其员工刘为民利用合同诈骗提取，首创公司不应当向华夏公司主张权利。请求法院驳回首创公司诉讼请求。

〔审理结果〕

一审法院经审理认为，当事人意思表示真实，是民事法律行为应当具备的条件之一。首创公司与被告华夏公司虽然签有购销合同，但孙维、冯俊臣的证言足以证明双方当事人关于"买卖标的物"的约定是虚假表示，并非是首创公司向华夏公司销售电脑产品，行为人意思表示不真实，故购销合同因当事人的虚伪表示而无效，对当事人无法律约束力。双方当事人签订购销合同的行为中隐藏的真实目的是：冯俊臣、刘为民保证盈亿公司货款到达华夏公司，然后华夏公司向首创公司支付相应货款，以此"走账"的形式将首创公司货物单价提高，从中牟取不正当利益。当事人之间权利义务关系应当按照隐藏的真实意思表示据实认定。从查明认定的事实看，首创公司出库单客户签名栏内"宁军华"的签名与盈亿公司在工商档案中留存的宁军华签名不一致，且提货的委托书系冯俊臣为华夏公司报案的需要而补写的，故现有证据不能证明华夏公司提取首创公司货物的事实。华夏公司提供的盈亿公司转账支票及银行特种转账借方凭证，证明华夏公司并未收到盈亿公司应付款项。华夏公司在既未收到盈亿公司的款项也未收到首创公司货物的情况下，不应承担给付货款的民事责任。首创公司对华夏公司提出诉讼请求，无事实和法律依据，不予支持。依法判决驳回北京首创电子科技有限公司的诉讼请求。

首创公司不服一审判决，提出上诉。二审法院经审理后，驳回上诉，维持原判。

（三）发生情势变更时可依诚信与公平原则变更合同条款

【裁判要旨】

合同法强调契约自由的同时也重视契约正义，契约自由的目的正是为了追求契约正义。对于丧失契约正义的合同，法律应予以救济，当发生情势变更导致合同利益关系严重失衡时，可以依据诚信与公平原则变更合同条款以维护契约正义。

【理解与适用】

情势变更原则，是指在合同订立后，因发生订立合同时当事人不能预见并且不能克服的情况，改变了订立合同时的基础，使合同的履行失去意义或者履行合同使当事人之间的利益重大失衡，应当允许当事人终止合同或变更合同。● 我国目前尚无情势变更原则的相关法律规定，但在实践中因情势变更导致合同双方利益失衡的合同纠纷却经常发生，处理此类案件，应当注意处理好以下问题：

1. 正确把握情势变更原则的适用条件

情势变更原则的适用条件与当事人的利益攸关，虽以公平为出发点，但因其极具弹性，因而在何种条件下适用，便成为一个至关重要的问题。我们认为，情势变更原则的适用应具备以下条件：

（1）须有情势变更

缔约时作为合同的基础或其他客观情况，在缔约后履行前发生了当事人没有预料到的异常变动，变动的情况不论是自然的还是人为的永久的或暂时的、普遍的或局部的、剧变的或缓变的，都可称为变更。情势的变更不仅包括交易和经济情况的变化，非经济事实的变化也属于情势变更。这种情势变更导致当事人的权利义务发生了非常变化，并为社会公平理念所难以理解接受。如果因情势变更使当事人的权利义务仅发生微小的变化，不能适用情势变更原则。因此，情势变更是适用情势变更原则的前提条件。

（2）须发生在合同有效成立之后、履行完毕以前

如果情势变更在合同订立时就发生，应认为当事人已经认识到发生的事实，则合同的成立是以已变更的事实为基础的，不发生合同成立后的情势变更问题。在订约时，已变更的情势对当事人不利，而当事人仍以其为合同的内容，则表明当事人自愿承担风险，所以没有事后保护的必要。如果在履行终止以后发生情势变更，因合同关系已经消灭，则不适用情势变更原则。

（3）须情势变更具有不可预见的性质

若当事人能预见合同之基础发生变更致使遭受不利益者，不能适用情势变更原则。因为，欲取得利益并承担风险乃事之常理。但对于有些发生概率很低的情况，如飞机失事等，尽管当事人订约时会预见到这些情况可能发生，但仍应作为情势变更对待。如果当事人能够预料而没有预料，则

● 全国人大法工委民法室编著：《中华人民共和国合同法立法资料选》，法律出版社 1999 年 5 月版，第 10 页。

应认为当事人主观上有过错，应由当事人自己负责。如果当事人对情势变更事实上没有预见，但是根据诚实信用原则判定当事人应当可以预见，应区分善意和恶意的不同情况，对善意的没有预见的当事人应允许其主张情势变更原则。

（4）须情势变更的发生不可归责于当事人

若因当事人的原因而使原合同基础发生变更的，不适用这一原则。不可归责于当事人是指当事人对情势的变更无法预见和防止，这就意味着双方当事人对于情势变更没有过错。在实践中，不可归责于当事人的事由可以分为三种，即不可抗力、意外事件和其他事件。这几种情况是否都可以发生情势变更的效果？有一种观点认为，情势变更的适用仅以不可抗力的发生为限。笔者认为这种观点值得商榷。因为意外事故及其他事件也并非完全不能发生情势变更的效果。例如就第三人的行为来说，如果政府作为第三人，发布有关行政命令或采取行政措施导致当事人不能履行合同，当事人又无法向政府请求救济，这时，当事人应有权根据其情势变更而要求变更或解除合同。当然，如果合同当事人能够对第三人提出主张而获得救济，则不能适用情势变更原则。总之，不可归责于当事人的事由仅限于不可抗力，必然会不合理地限制情势变更的适用范围。

（5）须因情势变更而使原合同的履行显失公平

情势变更发生以后，通常造成了当事人之间的利益失衡，如果继续按原合同规定履行义务，将会对当事人明显有失公平，从而会违背诚实信用原则。当然显失公平的出现必须是因情势变更产生的，而不是因其他原因造成的。在适用情势变更原则时还须注意到如下情况：一方面，只有在情势变更造成当事人的利益极不平衡时，才能依据情势变更原则主张变更或解除合同。假如情势变更对当事人之间的利益影响甚微，则不能适用这一原则。另一方面，由于情势变更原则旨在保障双方当事人的利益平衡，因而适用这一原则，使一方当事人免受损害，不能使另一方当事人承担不必要的经济上的负担。还要看到，决定公平与否的时间应以债务人履行债务的时间为准，而不能以其他任何时间为标准。

2. 正确把握情势变更原则的法律效力

我国合同法中没有对情势变更问题作出明确规定，但情势变更原则具有其存在的必要性。从目的上来看，情势变更原则旨在消除合同中出现的显失公平现象，从而使合同在公平基础上得到履行，或依据诚实信用原则解除合同。情势变更的法律效力主要有两个：

（1）变更合同，从而使合同在公平基础上得到履行

变更合同的前提是对方当事人同意维持现有的法律关系，只是对合同的部分如标的数量上的增减，履行期限及方式的改变，变更标的物等。但在变更合同部分内容时，有些问题必须注意：一是增减合同标的数量的请求权应由因情势变更而遭受损失和不利的一方当事人来行使。如果对方当事人不同意增减，而以增减违反了合同订立的目的为由要求解除合同，则遭受不利的当事人不得主张增减。二是变更合同标的物一般发生在种类之债中。由于特定物不能以其他物替代，在这种情况下除了合同双方当事人自愿变更标的物以外，如果任何一方当事人不同意变更标的物，则不宜采取变更标的物的方式。三是如果在合同履行期限内发生了情势变更而阻碍了合同的如期履行，而且这种阻碍又是暂时的，双方当事人又希望继续履行合同义务，从鼓励交易的目的出发，应当采取延期或分期履行合同的方式来消除情势变更所带来的不公平后果，而不应该采取解除合同的方法。

（2）解除合同，彻底消除显失公平现象

如果因情势变更而遭受损失或不利的一方当事人认为采用变更合同的方式不能消除显失公平的后果，或有悖于订约的目的时，或者在当时的情况下继续履行合同已属不可能，就应当采取解除合同的方式来消除显失公平的后果。因情势变更导致合同解除，当事人双方或一方都不存在违约行为，不能追究任何一方当事人的违约责任。但是，一方当事人根据情势变更原则要求解除合同，消除了情势变更对其造成的不利状态以后，也不能因解除合同而使对方当事人遭受损失。如果一方当事人因情势变更遭受损害而提出通过解除合同来消除损害时，如果给对方当事人造成了损害，则应向对方当事人作出适当补偿；如果依情势变更原则解除合同未给对方造成损害的，就无须作出赔偿。

3. 正确把握情势变更原则适用的法律依据

当发生情势变更时，为维护契约的正义，法院应依职权变更合同条款。但目前我国没有情势变更原则的法律规定，法院变更合同条款的法律依据为何，颇值探讨。从比较法的角度来看，法国、日本等国家的民商法律中，针对某些特殊情形，作出了与情势变更原则精神一致的具体规定，

但未就情势变更问题进行任何原则性的规定。❶ 我国台湾地区所谓"民法"规定了情势变更原则,其第 227 条第 2 项规定:"契约成立后,情势变更非当时所得预料,而依其原有效果显失公平者,当事人得声请法院增、减其给付或变更其他原有之效果。"德国民法未规定情势变更原则,德国民法理论上的客观法律行为基础瑕疵理论在功能上相当于情势变更原则,该理论认为,如果当事人缔约时以某种客观情形作为基础,若该基础已发生变化,依附于该基础并以其存在作为利益判断的当事人之意思表示也应相应地变化。❷

虽然合同立法没有规定情势变更原则,但我国司法实践中仍有实际运用情势变更原则的精神处理情势变更问题的案例举要。如最高法院法函(1992) 27 号对湖北省高级人民法院《关于武汉市煤气公司诉重庆监测仪表厂装配技术转让合同、购销煤气表散件合同纠纷一案请示报告》的批复中指示:"在合同履行过程中,由于发生了当事人无法预见和防止的情势变更……如果按原合同约定的价格供给煤气散件,显失公平。双方由此产生的纠纷,你院可依照《中华人民共和国经济合同法》第 27 条第 1 款第 4 项之规定,根据本案实际情况,酌情予以公平合理的解决"。❸ 最高人民法院在审理海南省海口市滨海娱乐有限公司与海南华信物业公司房屋买卖合同纠纷上诉案的判决中也充分体现了情势变更原则的精神实质。在该案判决中,最高人民法院终审认为:根据银信大厦项目开发的实际情况,继续履行合同双方还要投入大量的资金。国家对房地产开发实行宏观调控政策后,海南房地产开发的客观情势发生了重大变化,继续履行合同不能实现订立合同时双方当事人期待的经济利益,还可能给双方当事人造成损害。这种变化是当事人在订立合同时不能预见且无法克服的……一审法院基于客观情势变化给银信大厦项目造成差价损失的事实,适用公平原则平衡双方当事人利益,判决滨海公司只返还本金不返还利息,符合民法的诚信与公平原则。❹

我国在《合同法》的制定过程中,草案稿曾经先后三次规定了情势变

---

❶ 胡启忠著:《契约正义论》,法律出版社 2007 年版 1 月版,第 278 页。
❷ 李永军著:《合同法》,法律出版社 2005 年 7 月版,第 562 页。
❸ 刘德权主编:《最高人民法院司法观点集成》,人民法院出版社 2009 年 1 月版,第 36—37 页。
❹ 刘德权主编:《最高人民法院司法观点集成》,人民法院出版社 2009 年 1 月版,第 38 页。

更，但最终并非因情势变更原则本身的缺陷，而是因立法者考虑到情势变更与不可抗力特别是与商业风险不易区别，并担心法官因此而滥用自由裁量权才未在《合同法》中作出明确的规定。❶ 法律的生命在于经验。在合同订立时的情势发生重大变化，导致当事人利益严重失衡时，法官应准确适用情势变更原则，对案件当事人的利益状态进行个别矫正，使双方失衡的利益关系恢复平衡，以更好地协调当事人之间的利益冲突，促进合同履行，维护经济流转的正常秩序。

【案例举要】

鑫百万公司诉宣化饭店承包合同纠纷案❷

〔案情〕

原告（反诉被告）：张家口市鑫百万餐饮有限公司（以下简称鑫百万公司）

被告（反诉原告）：宣化饭店有限责任公司（以下简称宣化饭店）

第三人：郝峰

2005 年 3 月 2 日，鑫百万公司、王峰与宣化饭店签订承包合同，约定由鑫百万公司对宣化饭店餐厅部实行整体承包，王峰承包饭店的旅店部，承包期限为 5 年。承包期间鑫百万公司享有对宣化饭店餐馆部现有资产、设备的使用权。在承包经营期间所发生的房屋租赁费、水费、电费、供暖费等由宣化饭店负担。鑫百万公司每月承包费 50 000 元，王峰每月承包费 58 750 元，开业后前半年为每月一交，半年以后为每季一交。鑫百万公司对餐馆部进行装修后，于 2005 年 8 月正式营业，其与承包旅店的王峰共同使用一块水表、电表。水表、电表反映的水电数为双方共同耗费水电数。鑫百万公司承包后，水费、电费数额相比承包前大幅增加。宣化饭店又于 2005 年 1 月 1 日将锅炉房发包给郝峰，宣化饭店每季度给付郝峰锅炉费用 62 500 元，期限至 2006 年 12 月 31 日。宣化饭店自 2005 年 8 月至 2006 年 5 月一共交纳水电费 662 326.09 元。2006 年 6 月，宣化饭店停止支付水电

---

❶ 房绍坤著：《民商法问题研究与适用》，北京大学出版社 2002 年 5 月版，第 242 页。

❷ 一审案号：河北省张家口市宣化区人民法院（2006）宣区商初字第 173 号民事判决书；二审案号：河北省张家口市中级人民法院（2007）张商终字第 74 号。

费，鑫百万公司与王峰共同交纳了 2006 年 6 月至 10 月的水费，合计 116 497 元。并共同交纳了 2006 年 6 月至 10 月的电费，合计 386 083.58 元。2006 年 7 月至 11 月，鑫百万公司垫付给宣化饭店 10 000 元，用于职工开支，10 月底又垫付工资 5 000 元。因水电费数额双方无法分开，庭审中，鑫百万公司与王峰均主张暂按一家一半算。2006 年 6 月 5 日和 7 月 3 日，鑫百万公司与王峰共同以书面形式通知宣化饭店，要求以所交水电费抵销承包费。

另查明，宣化饭店改制中，将饭店的部分房产出售给李树兰、常树青，宣化饭店在房产出售后，又与常树青、李树兰签订租房合同，承租所售出的房产。鑫百万公司与宣化饭店多次协商未果，遂诉至法院要求判令被告履行双方签订的承包合同，并确认原告代被告交纳的 318 040.49 元水电费抵销原告应交纳被告的承包费。

被告宣化饭店辩称，因原告违约导致水电费大幅度增长，仅水电费就超出了承包费，并为其垫付费用 30 余万元。合同已无法履行，增加的水电费应由原告自负，并应按时交纳承包费。签订协议时，宣化饭店用鑫百万公司和王峰交的承包费减去房租、水电费、锅炉费，每年可剩余一部分，用于给职工发放最低生活保障费和报销医疗费，但现在不仅没有剩余反而每年多支出 50 多万元，包括王峰承包的客房部，造成每年损失 60 万元，合同显失公平，宣化饭店提出反诉，要求变更与鑫百万公司所签承包合同关于承包费中包括水费、电费的条款。

〔审理理由〕

河北省张家口市宣化区人民法院审理后认为，鑫百万公司与宣化饭店所签承包合同为双方真实意思表示，内容合法，系有效合同。在合同未变更解除之前，双方当事人均应严格履行。本案双方当事人在签订承包合同时，一方并未利用自己的优势地位对对方意思表示产生影响，不构成显失公平。从本案情况来看，鑫百万公司与宣化饭店签约时，存在一个客观的交易基础，这个交易基础即宣化饭店是以一定的用水电量为基数，以此来判断并确定承包费数额，使自己获得一定的发包利益。但随着合同的履行，此客观基础发生了显著变化，用电量显著增加，宣化饭店不仅未获得发包利益，在交纳了水电费后还负担了亏本的风险，双方利益发生了严重失衡，应构成情势变更。合同法强调契约自由、意思自由的目的正是为了追求契约正义。对于丧失正义的合同，法律应予救济。依《民法通则》和《合同法》之规定，当事人履行义务应遵循诚实信用原则。诚实信用原则为民法的一项基本原则，当发生特殊情况，导致合同双方当事人利益发生严重失衡时，应予以调整，恢复平衡，以维护社会秩序的稳定。衡法酌理，应对本案中因发生情势变更而致利益关系失衡的承包合同予以矫正，对相关条款予以变更，以维护契约正义。宣化饭店要求变更合同承包费条款的诉讼请求，应予支持。合同约定由宣化饭店负担鑫百万公司经营中的水电费成本，由于该数额的不确定性，实际上让发包方宣化饭店有可能承包亏本的风险，这与承包合同发包方不承担风险只收取承包费的合同性质不符。相对恰当的变更合同条款的方式，是鑫百万公司负担水电费，由鑫百万公司向宣化饭店每月交纳固定的承包费，宣化饭店获得固定的承包费利益。法院综合种种因素，将宣化饭店扣除应给李树兰、常树青的租赁费后的纯承包费利益确定为 20 000 元。由于鑫百万公司与王峰所用水电费不可分，法院比照鑫百万公司、王峰与宣化饭店签订承包合同时所定的每月承包费 50 000 元和 58 750 元，以二者的比例关系，计算出王峰与鑫百万公司负担 20 000 元承包费中的份额，其中鑫百万公司为 9 195 元，王峰为 10 805 元。宣化饭店每月共应向李树兰、常树青交租赁费 51 166 元，也以鑫百万公司、王峰交承包费 50 000 元和 58 750 元的比例关系，计算出二者应负担 51 166 元中的份额，鑫百万公司为 23 525 元，王峰为 27 641 元。依上述计算，变更合同承包费条款，鑫百万公司每月交承包费 32 720 元，王峰每月交承包费 38 446 元。诉讼期间，鑫百万公司、王峰与饭店及第三人郝峰因烧锅炉问题屡次发生纠纷。由承包人以外的第三人掌控锅炉，不利于经营，且会增加宣化饭店的经营费用，极易导致纠纷。为减少纠纷、节约费用，维护社会稳定，有利于承包合同的履行，法院根据鑫百万公司和王峰的申请，在调整上述承包合同条款时，应将本案承包范围扩大为包括锅炉的使用，由鑫百万公司、王峰两方共同承包锅炉，其中涉及的具体事项，由二者协商，宣化饭店可与鑫百万公司、王峰另行签订承包锅炉协议。宣化饭店与第三人郝峰的承包锅炉合同，将于 2006 年 12 月 31 日到期，届时宣化饭店与郝峰的承包锅炉房合同终止履行，由鑫百万公司与王峰共同接手锅炉房。鑫百万公司所缴纳的费用可以抵销相同数额的承包费。依照《合同法》第 6 条、8 条、99 条之规定，判决：一、变更合同条款"承包费金额包括鑫百万公司在经营期间发生的房租金、水费、电费等"，"承包费每月为 5 万元，每年 60 万元人民币"，为"承包费每月为32 720 元，全年 392 640 元，鑫百万公司自行交纳水电费"；二、将合同中的承包范围改为包括锅炉房的使用，锅炉房由鑫百万公司与王峰共同承包，双方另行签订承包锅炉协议；三、鑫百万公司所交 194 618.62 元费用抵销同等数额的承包费。

本案一审宣判后，鑫百万公司不服提起上诉。双方在二审法院的主持下，在一审判决的基础上就承包合同的条款进行了变更，最终达成调解协议，承包合同得以继续履行。

（四）违反公序良俗原则的合同无效

【裁判要旨】

当事人订立、履行合同，如有损害国家利益、社会公益和社会道德秩序的行为，而又缺乏相应的禁止性法律规定时，法院可直接依据公序良俗原则认定该合同无效。

【理解与适用】

公序良俗原则，是学者根据世界范围内的普遍立法用语对现行的民法原则规定进行概括而得出的，我国现行法律中未使用公序良俗等字样，而以"社会公共利益"、"社会公德"来表达出同样的精神。"社会公共利益"在内涵与作用方面同"公共秩序"相当；"社会公德"则与"善良风俗"相当。公序良俗原则与诚实信用原则一样，是市民社会及其市场经济活动中的道德规范上升为民事法律规范的反映，体现了民法规范与整个社会道德规范的统一，同时也体现了市场经济的客观要求。诚实信用原则的宗旨仅在于实现当事人之间的利益关系的平衡，而对于当事人与社会间的利益关系无法实现平衡，对于当事人与社会之间的利益冲突只能通过公序良俗原则来处理。在审判实践中，利用公序良俗原则处理案件，应当注意把握以下问题：

1. 正确理解公序良俗原则的含义

公序良俗原则在诸多国家的法律中都有明文规定，如《法国民法典》第6条规定，个人不得以特别约定违反有关公共秩序和善良风俗的法律。《德国民法典》第138条规定：违反善良风俗的行为无效。《日本民法典》第90条规定：以违反公共秩序或善良风俗的事项为标的的法律行为无效，等等。公序，即公共秩序，是指国家社会的存在及其发展所必需的一般秩序。良俗，即善良风俗，是指国家社会的存在及其发展所必需的一般道德。公序良俗，是指民事主体的行为应当遵守公共秩序，符合善良风俗，不得违反国家的公共秩序和社会的一般道德。违反公共秩序的行为通常也就是违反强行法规定的行为。如果这类行为直接违反了现行法律的强行性规范，如买卖毒品、走私军火等，应当以违反现行法律、行政法规的强行性规定为由宣告行为无效；但对于违反社会公共利益的行为，即使现行法律没有明确作出规定，也应当以违反公共秩序为由宣告无效，如买卖"洋垃圾"的行为。我国《民法通则》《合同法》之所以需要规定公序良俗原则，是因为立法当时不可能预见一切损害国家利益、社会公益和道德秩序的行为而做出详尽的禁止性规定，故设立公序良俗原则，以弥补禁止性规定之不足。公序良俗原则包含了法官自由裁量的因素，具有很大的灵活性，因而能够处理现代市场经济中发生的各种新问题，在确保国家利益、社会道德秩序，以及协调各种利益冲突、保护弱者、维护社会正义等方面发挥重要的作用。当遇有损害国家利益、社会公益和社会道德秩序的行为，而又缺乏相应的禁止性法律规定时，法院可直接依据公序良俗原则认定该行为无效。

2. 准确适用公序良俗原则

公序良俗原则在我国《民法通则》《合同法》中体现为"公共利益"、"经济秩序"和"社会公德"等用语。这些用语并没有特别限定的含义，内容比较模糊。在我国，因无法可依而直接引用了公序良俗原则的案例很少，这一原则需要法官通过自由裁量来具体实施。实践中，很多情况难以简单地一概而论，例如，与他人同居，可能是违反一般道德的行为，但是否违反社会公德，可能还不一定。这一原则需要法官通过自由裁量来具体实施，为了使公序良俗原则的适用减少不确定性，防止法官滥用自由裁量权，一方面需要法官具有良好的职业道德，本着法律的精神，排除个人的非理性因素，以超然的立场进行价值判断；另一方面有必要以类型化的方法将当前社会中典型的违背公序良俗的行为归纳出来，确立对实务具有指导意义的典型案例举要，维护法律适用的统一。我国著名民法学家梁慧星先生结合国外判例及我国的实际对违反公序良俗的行为予以了类型化，可兹借鉴和参考：❶ ①危害国家公序的行为。主要维护国家政治、经济、财政、税收、金融、治安、教育等公共秩序，危害国家根本秩序的行为。如有效身份证件（如身份证、护照）的买卖行为、学位的买卖行为、驾驶执照的买卖行为、规避课税等的合意行为。②危害家庭关系的行为。如约定父母与子女别居的协议；约定夫妻别居的协议；约定断绝亲子关系的协议；恋爱、婚姻关系中约定违约金等。有些地方新出现的代替他人怀孕的所谓的"代理母"、"借腹生子"协议等，现在一般认为也作为无效处理。③违反性道德的行为。性道德为善良风俗的基本内容。依公序良俗原则确认这类行为无效对于维系社会起码的道德秩序至关重要，这也是公序良俗原则作用的重要领域。如对婚外同居人所作之赠与或遗赠；以同居为条件之财产移转等。④射幸行为。指以他人之损失而受偶然利益的行为，因有害于一般秩序而应无效。例如赌博、买空卖空、彩票、巨奖销售等，但经政府特许者除外。⑤违反人权和人格尊严的行为。如过分限制人身自由的劳动契约；以债务人人身为抵押的约款；强制债务人在债主家从事劳动以抵偿债务的约款等都是无效的，造成身体和精神损害的，还应承担相应的损害赔偿责任。我国有些地区出现的企业有权对顾客或雇员进行搜身检查的约款和规定，也属此类。⑥限制经济自由的行为。如利用垄断地位或行政权力分割市场、封锁市场，限制原材料输出或商品进入的协议或规定。⑦违反公正竞争的行为。如拍卖或招标中的围标行为；以贿赂方法诱使对方雇员或代理人与自己订立契约；以诱使对方违反其对于第三人的契约义务为目的的契约等。⑧违反消费者保护的行为。如利用欺诈性的交易方法、不当劝诱方法，及虚假和易使人误信的广告、宣传、表示，致消费者遭受重大损害的行为。⑨违反劳动者保护的行为。如劳动关系中以雇员对企业无不利行为作为支付退职金条件的规定；男女同工不同酬的差别规定。⑩暴利行为。如乘人之危、显失公平行为。

---

❶ 转引自吴庆宝主编：《民事裁判标准规范》，人民法院出版社 2006 年 1 月版，第 142—144 页。

【案例举要】

李女士诉某咨询公司服务合同无效案[1]

〔案情〕

原告：李女士

被告：某咨询公司

因丈夫涉嫌盗窃被捕，救夫心切的李女士找到一家声称付 10 万元就能有办法使其丈夫判处缓刑的信息咨询公司，签订了一份服务合同，并支付了首期 5 万元。这个糊涂的举动不仅没能让李女士的丈夫免除牢狱，还使她为了讨还这笔钱不得不再次走进法院，要求法院确认服务协议无效，判令咨询公司退钱。

2006 年 6 月 7 日，住在上海的李女士得知，在苏州某公司担任副总的丈夫因涉嫌盗窃被警方刑事拘留。她连忙赶到苏州了解情况，别人告诉她：她丈夫陈某在组织拆除油漆车间的过程中指使和安排下属张某等 5 人盗窃公司物资，被公司值班人员当场逮了个人赃俱获，陈某自知罪责难逃投案自首。由于盗窃的数额有 5 万多元，她丈夫是主犯，至少要判个五六年刑。6 月 13 日，病急乱投医的李女士找到了一家咨询公司，经咨询公司介绍，她先与江苏某律师事务所签订一份委托协议，委托该所律师王某担任其丈夫的辩护人，律师费 2 000 元由咨询公司支付。6 月 14 日，她作为甲方、咨询公司作为乙方签订了一份咨询服务协议。协议约定："乙方为陈某涉嫌盗窃提供咨询服务，并指派律师办理案件，担任刑事辩护人，不再收取代理费；乙方接受甲方的法律咨询服务，并通过乙方服务使犯罪分子得到缓刑；甲方应支付咨询服务费 10 万元。如乙方服务不能达到协议约定目标，将全额退还服务费。"第二天，李女士就将 5 万元汇入了咨询公司指定账户。

回到上海，李女士又找律师咨询。得知咨询公司这样做不但超越经营范围而且违反国家法律规定，所签合同是无效的。李女士一面请律师发函

---

[1] 张光宇、徐文杰、王耀华：《虎丘法院判定违反公序良俗的合同无效》，载《人民法院报》2007 年 5 月 14 日，第 3 版。

以合同无效为由要求咨询公司退款，一面重新委托了两名律师为其丈夫辩护。同年 10 月 20 日，通过律师的正当辩护，由于陈某属犯罪未遂又有自首情节，苏州市虎丘区人民法院以盗窃罪从轻判处陈某有期徒刑一年零六个月。丈夫被判了刑，咨询公司又拒不退还 5 万元，李女士落了个人财两失。11 月 8 日，李女士委托律师将咨询公司告上了法院。

苏州市虎丘区法院两次开庭审理，双方的争论焦点集中在这份《咨询服务协议》是否有效上。李女士认为，被告提供法律咨询服务、指派律师属超范围经营，被告收取 10 万元的高额咨询费明显违反物价部门的规定，而且约定通过被告的服务使犯罪分子得到缓刑也严重违反国家法律规定，故双方签订的咨询服务协议应属无效。由于被告代原告支付了 2 000 元律师费，故要求被告返还 48 000 元。

咨询公司则认为，其并没有超范围经营，仅提供普通的咨询服务，为原告介绍一个律师。双方签订的咨询服务协议并未违反国家法律、法规的强制性规定，属双方自愿达成，故应属有效。原告在签订协议时已接受了我们的开价，现在无权要求退款。

〔审理结果〕

2007 年 2 月 1 日，苏州市虎丘区人民法院作出了一审判决，法院认为，双方合同的目的是使犯罪分子陈某得到缓刑的处理。然而缓刑的适用属于量刑的范畴，对犯罪分子的刑罚裁量权是由国家审判机关人民法院统一行使，其他任何机关、个人都不具有这一权力。被告无权对刑事案件犯罪分子的处理作出承诺。依法追究犯罪分子的刑事责任不仅关系到公法秩序的维护，也关系到全体社会成员的共同利益，属社会公共利益范畴。原、被告签订的咨询服务协议的履行会诱使当事人采取非法或非道德的方法去影响法律对犯罪分子刑事责任的正确追究，进而损害公法秩序、损害社会公共利益。《民法通则》第 7 条规定，民事活动应当尊重社会公德，不得损害社会公共利益。《合同法》第 7 条、第 52 条也规定，当事人订立、履行合同不得损害社会公共利益，损害社会公共利益的合同无效。承认此合同的效力，将有悖社会伦理，会引起社会的愤慨和混乱。法律应该阻止合同为实施不法或不道德的行为提供的服务。据此，法院判决合同无效，被告咨询公司返还原告李女士 48 000 元。

二、合同的订立

（一）合同具备当事人名称、标的和数量等必备条款，应当被认定为成立

【裁判要旨】

当事人对合同是否成立存在争议，人民法院能够确定当事人名称或者姓名、标的和数量的，一般应当认定合同成立。

【理解与适用】

根据合同自由原则，当事人有决定合同内容的自由。合同内容表现为合同条款，如标的、数量、价款、质量、履行期限、履行地点等。合同当事人可对合同条款作出自主的安排。实践中，由于当事人在交易习惯、文化水平和法律素养等方面存在差异，在订立合同时不采用规范的合同形式，经常遗漏重要条款，如缺少数量、价款、质量、履行期限等。围绕上述遗漏条款审判实践中经常发生合同是否成立的争议，在处理此类纠纷时，应当把握好以下问题。

1. 正确理解合同条款的含义

合同条款是当事人合意的产物、合同内容的表现形式，是确定合同当事人权利义务的根据。我国《合同法》第12条规定："合同的内容由当事人约定，一般包括以下条款：（一）当事人的名称和住所；（二）标的；（三）数量；（四）质量；（五）价款或者报酬；（六）履行期限、地点和方式；（七）违约责任；（八）解决争议的方法。当事人可以参照各类合同的示范文本订立合同。"该条规定是关于合同条款的任意性规定，按照合同自由原则，除了按照合同性质必须具有的条款外，在不违反法律和社会

公德前提下，当事人有权决定合同条款的内容。因此，该第 12 条的规定是建议性或者提示性的。❶

根据合同条款在合同中的地位和作用，可以将合同条款分为以下几类：必备条款和非必备条款、格式条款和非格式条款、明示条款和默示条款等。必备条款和非必备条款的分类标准在于决定合同的成立。必备条款是指根据合同的性质和当事人的约定所必须具备的条款，缺少这些条款将影响到合同的成立❷。非必备条款则指根据合同的性质在合同中不是必须具备的条款，缺少这些条款并不影响合同的成立，对于非必备条款，根据合同法的相关规定，可以采用合同解释规则来填补合同漏洞，对合同条款进行补充。

2. 准确理解合同成立的要件与合同必备条款的确定

与合同生效强调当事人意思表示的真实性、合法性不同，合同成立则强调当事人意思表示的一致性。关于合同成立的一般要件，一是订约主体存在双方或多方当事人；二是当事人对主要条款达成合意；三是合同的成立应具备要约和承诺阶段。其中当事人对主要条款达成合意是合同成立的根本标志。最高人民法院《关于〈中华人民共和国合同法〉司法解释（二）》根据《合同法》的相关规定，参考借鉴各国关于合同必备条款的规定，总结我国审判实践经验，在广泛调研基础上，明确了合同必备条款，即合同具备"当事人名称或者姓名、标的和数量的，一般应当认定合同成立。但法律另有规定或者当事人另有约定的除外。"因此原则上合同成立应具备"名称或者姓名、标的、数量"三个条款。

3. 准确把握合同条款的补充

合同条款的补充，又称合同漏洞的填补。合同漏洞是指合同当事人对合同条款没有约定或约定不明的情形。审判实践中，法官应本着鼓励交易的原则，对于具备了当事人名称或姓名、标的和数量条款的合同，根据本条解释的规定，应认定合同成立，而不能将《合同法》第 12 条规定的一般条款都作为合同必备条款，进而不得以缺少非必备条款为由认定合同不成立。

---

❶ 胡康生主编：《中华人民共和国合同法释义》，法律出版社 1999 年 3 月版，第 26 页。
❷ 王利明著：《合同法研究》（第 1 卷），中国人民大学出版社 2002 年 11 月版，第 356 页。

《合同法》第61条、第62条、第125条规定了填补漏洞的步骤和方法。最高人民法院《关于〈中华人民共和国合同法〉司法解释（二）》第1条第2款明确规定："对合同欠缺的前款规定以外的其他内容，当事人达不成协议的，人民法院依照《合同法》第六十一条、第六十二条、第一百二十五条等有关规定予以确定。"该规定有利于指导法官在实践中解决了合同成立之后，进一步准确适用法律来解决合同条款补充这一后续问题，具有很强的操作性。具体来说，根据《合同法》第61条、第62条、第125条的规定，对合同条款进行补充，应当遵循下列规则❶：

（1）首先由当事人协议补充

根据合同自由原则，当事人有决定合同内容的自由。对于欠缺的合同其他内容，首先应考虑当事人共同的真意，由当事人协议补充，这是贯彻意思自治原则的必然要求。《合同法》第61条明确规定："合同生效后，当事人就质量、价款或者报酬、履行地点等内容没有约定或者约定不明确的，可以协议补充……"实践中，在法官对合同是否具备必备条款以及合同是否成立作出判断后，对于合同当事人没有约定或者约定不明确的其他合同内容，首先应由当事人协议补充。

（2）不能达成补充协议的，按照合同有关条款或者交易习惯确定

在当事人对合同其他内容达不成协议时，就要由法官推定当事人的意图进行补充，并且应按照一定的规则来确定合同的其他内容，即应"按照合同有关条款或者交易习惯确定。"

按照合同有关条款来探究当事人共同的真意，应以合同文义为出发点，就合同论合同，统观合同全文，参考合同订立前后的相关来往信函，考虑到合同的目的和性质，本着诚信原则，兼顾双方当事人利益，按照交易习惯对合同条款进行补充。

（3）根据《合同法》第62条的规定进行确定

当按照合同有关条款或者交易习惯仍不能确定合同欠缺的其他内容时，《合同法》第62条规定了法律推定原则，即在当事人不能达成补充协议、按照合同有关条款和交易习惯仍不能确定时，对于合同欠缺的其他内

---

❶ 沈德咏、奚晓明主编：《最高人民法院关于合同法司法解释（二）理解与适用》，人民法院出版社2009年6月版，第16—17页。

容（非必备条款）由法律直接作出推定规则，以达到补充合同条款的目的。有关质量要求、价款或者报酬、履行地点、履行期限、履行方式、履行费用等条款没有约定或者约定不明确的，应当根据第 62 条的规定予以补充确定。

《合同法》第 61 条、第 62 条是关于合同条款补充的规定，本质上是一种任意性规范，以当事人没有约定或者约定不明确为前提。对此合同法分则关于 15 类有名合同的类似条款中，均规定了"当事人没有约定或者约定不明确的……"适用《合同法》第 61 条或者第 62 条规定进行补充的内容❶。在审判实践中，涉及《合同法》分则调整的 15 类有名合同以及其他法律明文规定的合同条款的补充的，应适用《合同法》分则的规定，或者其他法律关于合同条款补充的规定，以及本解释第 1 条的规定；涉及纯无名合同条款补充的，应适用《合同法》总则的规定，或类推适用与之最相类似的有名合同的法律规定以及本解释第 1 条的规定❷。

（4）根据《合同法》第 125 条的规定进行确定

《合同法》第 125 条对如何确定当事人有争议条款的真实意思作了规定。在补充有关合同条款的过程中，如果当事人对原有的条款在理解上有争议，人民法院应当按照合同所使用的词句、合同的有关条款、合同的目的、交易习惯以及诚实信用原则，确定有关条款的真实意思，进而实现有关条款的补充。有学者指出，《合同法》第 61 条、第 62 条的规定是专门为合同漏洞的填补而设立的，而《合同法》第 125 条是关于合同解释的规定，不仅可以适用于漏洞的填补，而且可以适用于合同是否成立、合同是否生效等问题的判断。因此在填补漏洞时，《合同法》第 61 条、第 62 条所规定的填补漏洞的规则应当优先于《合同法》第 125 条所规定的合同解释的方法。

---

❶ 详见《合同法》第 159 条、第 160 条、第 161 条、第 170 条、第 205 条、第 206 条、第 217 条、第 226 条、第 232 条、第 310 条、第 312 条、第 338 条、第 341 条、第 354 条、第 366 条、第 379 条等规定。

❷ 《合同法》第 124 条规定："本法分则或者其他法律没有明文规定的合同，适用本法总则的规定，并可参照本法分则或者其他法律最相类似的规定。"

【案例举要】

滕俊平与北京综艺达软件技术有限公司设立合同纠纷案❶

〔案情〕

原告：滕俊平

被告：北京综艺达软件技术有限公司（以下简称综艺达公司）

2000 年 8 月 28 日，滕俊平、梅勇与综艺达公司签订一份合作备忘录。主要条款约定：1. 综艺达公司出资和滕俊平、梅勇共同成立开启网络公司，滕俊平、梅勇两人作为发起人，在正式投资协议中的股份比例不少于 20%。2. 开启网络公司致力于发展网络及通讯平台的企业管理软件的应用、开发、销售以及电子商务的开发和销售、服务、企业管理咨询、信息服务等业务。公司域名定为 WWW. ASPANY. COM，简称开启网，自本协议签订之日起，WWW. ASPANY. COM 域名转入开启网络公司名下。3. 开启网络公司注册资金人民币 50 万元，由综艺达公司于本协议签订一周内将本资金汇至工商局指定账号验资、注册。4. 在开启网络公司注册手续办理期间（2 个月），以借记的方式综艺达公司向开启网络公司投入人民币 30 万元，作为公司费用。其中人员工资 6 万元，筹办费用 4 万元，市场推广费用 20 万元，在公司正式成立后，即作为已投资的一部分计入总额。5. 开启网络公司执行董事由综艺达公司出任。总经理、副总经理分别由滕俊平、梅勇担任，任期 1 年，按月享有月薪人民币 6500 元，同公司员工工资按月发放。6. 公司为未来管理层和顾问保留不低于 30% 的股份期权，按公司成立时发起股本价确定。该备忘录的内容没有约定滕俊平的出资义务，备忘录签订后，综艺达公司未按约定投资，双方亦未签订开启网络公司章程及办理设立公司的相关经营手续，开启网络公司未在工商局领取营业执照。滕俊平为筹建开启网络公司工作 3 个多月，综艺达公司已向其支付了相应的工资及相关费用。另查。2000 年 8 月滕俊平注册了 WWW.

❶ 北京市高级人民法院民事审判二庭编：《合同法疑难案例判解（2002 年卷）》，法律出版社 2003 年 1 月版，第 25—29 页。案号：北京市海淀区人民法院（2001）海经初字第 299 号民事判决书。

ASPANY. COM 域名，域名注册费用由综艺达公司负担。滕俊平要求综艺达公司赔偿经济损失 10 万元的依据，是按照备忘录中约定的"滕俊平在正式投资协议中的股份比例不少于 20%"计算，开启网络公司注册资金为 50 万元，滕俊平主张开启网络公司未设立应赔偿 10 万元的损失。

〔审理结果〕

滕俊平与综艺达公司签订的合作备忘录，虽以备忘录形式出现，但其中有部分关于发起人、发起人设立的公司名称、出资方式、出资额、董事及经理人员条款，故该备忘录部分条款具有设立公司合同的性质；其他条款仅是设立公司的意向，不具有合同的性质。诉讼中，滕俊平与综艺达公司均同意终止履行备忘录，法院予以支持。因开启网络公司未设立不可能产生期权，且即使是期权，亦应支付一定的对价；但滕俊平未出资，亦未支付任何对价，故滕俊平据此主张的期权本身的内容是不明确的，故该部分作为公司设立协议的内容并未成立；且备忘录中规定只由综艺达公司出资，滕俊平称其以商业计划及经营方案等智力成果出资，备忘录中未作出约定，亦未得到综艺达公司的认可，上述内容不具有出资性质，法院认定滕俊平未就公司设立出资。由于双方权利义务不对等，不能认定综艺达公司未按期出资具有过错；此外，公司设立失败存在多种因素，出资仅是其中一个因素，不能认定公司未设立的原因在于综艺达公司未出资，故滕俊平该诉讼主张不能成立。现双方同意终止公司设立，公司设立期间的费用及损失，应由双方合理负担，滕俊平在诉讼中明确表示要求综艺达公司赔偿其在公司设立期间损失的范围是因公司未设立导致其应得的 20% 期权利益，且其未能提供其他相关经济损失的证据，对此亦没有提出相应的主张，故法院对滕俊平与综艺达公司在公司设立期间的其他费用分担不作处理。综艺达公司以滕俊平未对开启网络公司出资，要求确认备忘录无效的辩称，因该备忘录内容不完善，既有出资协议性质也有双方意向，滕俊平未对公司出资的事实，不导致备忘录无效，故法院对此不予采信。综上所述，法院依照《合同法》第 93 条第 1 款之规定，判决：1. 原告滕俊平与被告北京综艺达软件有限公司签订的合作备忘录终止履行。2. 驳回原告滕俊平要求被告北京综艺达软件有限公司赔偿经济损失 10 万元的诉讼请求。

（二）未订立书面合同但接受对方履行的，仍应承担违约责任

【裁判要旨】

当事人未采用书面形式订立合同但一方已经履行主要义务，对方接受的，该合同成立，接受合同履行标的物一方不得以未订立书面合同为由拒绝承担违约责任。

【理解与适用】

合同的形式，是指作为合同内容的合意的外观方法或者手段。● 它是当事人意思表示一致，达成协议的外部表现形式，是合同内容的载体。在审判实践中，处理因合同形式产生的纠纷，应注意把握好以下几个问题：

1. 正确把握合同的"其他形式"

我国《合同法》第 10 条第 1 款规定："当事人订立合同，有书面形式、口头形式和其他形式。"对于书面形式和口头形式，或者法律有明确规定，或者实际生活中比较常见，易于理解。对于除书面形式和口头形式以外的其他形式到底有哪些，学者和司法实践工作者出现了不同的理解。世界上现仅有英国等少数国家在合同形式问题上采取严格的形式主义态度，只承认合同的书面形式和口头形式，如英国 1925 年的《财产法》等一系列有关合同的法律，只承认根据签字（或盖章）的签印合同和简单合同两种合同❷，即我们所说的书面合同和口头合同，其中简单合同以存在约因为生效条件。但法国等大多数国家承认合同的形式不限于书面合同和口头合同两种，如法国《民法典》承认合同当事人的意思表示可以是明示的，也可以是默示的。其中明示的意思表示主要包括口头和书面两种形式，还包括某些依习惯通常被认为是表达意愿的动作，如用身体做出的某种示意（在拍卖场上的举手等）或者某种行动（在商店拿起一件物品等），

● 王家福、谢怀栻等著：《合同法原理》，法律出版社 2000 年 1 月版，第 29 页。

❷ 【英】A.G. 盖斯特著、张文镇等译：《英国合同法与案例》，中国大百科全书出版社 1998年 10 月版，第 67 页。

也同样能够产生意思表示的效果❶。默示的意思表示，是指当事人的某些行为，其本身并非为了使他人知晓其订立合同的意愿，然而通过这些行为，他人可以合乎逻辑地推断出当事人某种意愿的存在。但单纯的沉默不能使合同生效，只有特定条件下的与其他某种情况密切相关，从而可以被解释为一种"同意"的沉默，才可以使合同生效。这种态度比较符合现代经济活动高效的要求。《联合国国际货物销售合同公约》第 11 条也采纳了现代合同法的态度，对合同的形式不作特别要求。

我国《合同法》第 10 条第 1 款借鉴吸收了法国等大多数国家的做法，承认合同形式除书面和口头以外，还存在"其他形式"。这个"其他形式"主要指行为形式，即当事人并不直接用口头或书面形式进行意思表示，而是通过实施某种作为或不作为的行为方式进行意思表示。前者是明示意思表示的一种，如顾客到自选商场购买商品，直接到货架上拿取商品，支付价款后合同即成立，无须以口头或书面形式确立双方的合同关系。后者是默示意思表示方式，如存在长期供货业务关系的企业之间，一方当事人在收到与其素有业务往来的相对方发出的订货单或提供的货物时，如不及时向对方表示拒绝接受，则推定为同意接受。但不作为的意思表示只有在有法定或约定、存在交易习惯的情况下，才可视为同意的意思表示。最高人民法院《关于适用〈中华人民共和国合同法〉若干问题的解释（二）》第 2 条进一步规定："当事人未以书面形式或者口头形式订立合同，但从双方从事的民事行为能够推定双方有订立合同意愿的，人民法院可以认定是以合同法第十条第一款中的'其他形式'订立的合同。但法律另有规定的除外。"我国合同法承认合同的"其他形式"，与我国经济的发展、交易形态的日益多样化是相符合的，如果仅仅拘泥于书面形式和口头形式，将使一些交易变得过于烦琐，不利于鼓励交易，人民法院在审判实践中，应当正确把握合同法的立法目的，依法处理"其他形式"合同。

2. 正确理解合同"履行"的含义及其界定

《合同法》第 36 条规定："法律、行政法规规定或者当事人约定采用书面形式订立合同，当事人未采用书面形式但一方已经履行主要义务，对方接受的，该合同成立。"第 37 条规定："采用合同书形式订立合同，在

---

❶ 尹田著：《法国现代合同法》，法律出版社 1995 年 9 月版，第 42 页。

签字或者盖章之前，当事人一方已经履行主要义务，对方接受的，该合同成立。"对于这两条中的"已经履行主要义务"与"对方接受"之间有无矛盾，从合同法立法过程到实施过程，都有争议。作为合同法起草者之一的梁慧星教授认为"履行"本身是双方的行为，"履行"就包括了"接受"，在法条中规定"对方接受"是个多余的条件。最高人民法院《关于适用〈中华人民共和国担保法〉若干问题的解释》（以下简称《担保法解释》）第116条也采纳了这种观点，该条规定："当事人约定以交付定金作为主合同成立或者生效要件的，给付定金的一方未支付定金，但主合同已经履行或者已经履行主要部分的，不影响主合同的成立或者生效。"

这种争论纯属对"履行"概念的理解不同，放在《合同法》这两个条文中看，要求"对方接受"并非多余。合同法中的"履行"不乏要作单方行为来理解的。比如，甲乙约定甲于某日在某地向乙交付某物，但该日乙将约定遗忘未至该地，致使甲不能完成交付，不能说甲没有"履行"约定。《合同法》第36条的"履行"亦指一方当事人单方实施的行为，并非指整个交易的履行，此时必须一方"履行"，一方接受，才能视为产生了合意。比如甲与乙事先约定某日采用书面形式订立一份水泥买卖合同，届时双方同时订立书面合同，但甲将一批水泥送到乙的工地，如果乙接受了这批水泥，合同就成立；乙拒绝接受，合同就不能成立。这里甲送水泥到乙的工地，是履行了自己的主要义务，乙要不要水泥，就是是否接受的问题，两者没有矛盾。实践中处理此类问题应严格按照法律规定的条件掌握，只有一方履行了主要义务，对方予以接受两个条件具备时，才能认为《合同法》第36条、第37条规定的合同成立。当然，如果说一个合同有没有得到"履行"，这里的"履行"就是双方行为了，即必须一方按照约定交付，另一方接受方为"履行"。《担保法解释》第116条就是指合同的履行，并非指合同一方尽单方义务。❶

对《合同法》第36条的理解，通说认为，法律、行政法规规定或者当事人约定采用书面形式订立的合同，当事人应当采用书面形式订立合同。在未采用书面形式之前，应当推定合同不成立。如果合同已经履行，

---

❶ 吕伯涛主编：《适用合同法重大疑难问题研究》，人民法院出版社2001年7月版，第19—20页。

就应当认定合同成立。❶

【案例举要】

三星石厂诉四川航天建筑工程公司定作合同纠纷案❷

〔案情〕

被告：四川航天建筑工程公司于 2003 年通过招投标方式向古蔺县交通局承包古蔺县金兰大道 A1 段建设工程，向原告三星石厂（私人独资企业，经营范围为石灰石露天开采）定作建设工程所需水泥砼管，三星石厂于 2003 年 5 月 30 日前陆续将水泥砼管送到被告施工现场。后因古蔺县交通局未完成拆迁，导致工程停工。四川航天建筑工程公司在向古蔺县交通局索赔的诉讼中，已将原告交付的水泥砼管作为材料损失一并主张并得到四川省高级人民法院终审判决支持。原告已交付的水泥砼管经鉴定价值78 039.50元。由于原、被告未签订书面合同和订单，双方对合同的履行及价款发生争议，被告至今未支付原告定作报酬，原告向法院起诉，请求被告给付货款 104 368.90 元、赔偿损失并给付利息。

被告四川航天建筑工程公司辩称：被告从未向原告定作过水泥砼管，既没有发出要约，也没有订单。时任发包方古蔺县交通局领导的梅某强行介绍并要求被告接受原告方的供货，且双方在价格上未达成一致意见。但原告仍利用该领导的关系，将其厂内原有的水泥砼管强行运至被告施工现场堆放至今。故被告没有支付货款义务。

〔审理结果〕

四川省古蔺县人民法院经审理认为，原告三星石厂不是专门从事水泥砼管生产的企业，如果被告未定作水泥砼管，原告必然不敢批量生产并实

---

❶ 胡康生主编：《中华人民共和国合同法释义》，法律出版社 1999 年版，第 68 页；江平主编：《中华人民共和国合同法精解》，中国政法大学出版社 1999 年版，第 28 页。

❷ 案号：四川省古蔺县人民法院（2006）古蔺民初字第 394 号民事判决书，载《人民法院报》2006 年 12 月 25 日第 3 版。

际交付到被告工地，根据《合同法》第 36 条的规定，当事人未采用书面形式订立合同但一方已经履行主要义务，对方接受的，该合同成立，故推定原、被告的定作合同关系成立。但由于双方未签订书面合同和订单，对合同标的的数量、质量、规格、价款、履行期限不能确定，故只能以双方实际交付的水泥砼管作为合同履行的标的，参照鉴定的价值给付价款。根据《合同法》第 263 条"定作人应当按照约定的期限支付报酬。对支付报酬的期限没有约定或者约定不明确，依照本法第六十一条的规定仍不能确定的，定作人应当在承揽人交付工作成果时支付；工作成果部分交付的，定作人应当相应支付"的规定，定作人应自最后批次货物交付次日起参照银行同类贷款利率支付利息。

据此，四川省古蔺县人民法院于 2006 年 11 月 28 日判决：一、由被告四川航天建筑工程公司给付原告三星石厂 78 039.50 元，并自 2003 年 6 月 1 日起按中国人民银行规定的同类银行贷款利率计付利息，限于判决生效后十日内付清。二、驳回原告三星石厂的其他诉讼请求。宣判后，双方均未提出上诉。

（三）商品房销售广告内容具体确定且对合同订立有重大影响，应当视为要约

【裁判要旨】

商品房的销售广告和宣传资料为要约邀请，但是出卖人就商品房开发规划范围内的房屋及相关设施所作的说明和允诺具体确定，并对商品房买卖合同的订立以及房屋价格的确定有重大影响的，应当视为要约。该说明和允诺即使未载入商品房买卖合同，亦应当视为合同内容，当事人违反的，应当承担违约责任。

【理解与适用】

要约也称发盘、发价或报价，是一方当事人以订立合同为目的，向特定的人提出的订立合同的建议，即向对方提出合同条件，表示与之订立合同的愿望。要约是合同签订的重要步骤，受要约人一旦承诺，合同即告成立。在社会经济生活中，有的当事人为了达到订立合同的目的，不直接向

对方发出要约，而是向对方发出要约邀请，即邀请对方向自己发出要约。要约邀请与要约不同之处主要有两点：一是要约是当事人自己提出合同条件，希望对方予以接受与自己订立合同；而要约邀请是一种引诱，希望对方主动向自己提出订立合同的意思表示。二是要约具有法律约束力，对方一旦承诺，合同即告成立，而要约邀请只是唤起别人向自己作出要约表示，它自身并不发生任何法律效力。

要约与要约邀请虽然本质不同，但在实际生活中有时难以区分。一般说来，寄送的价目表、拍卖公告、招标公告、招股说明书、商业广告等为要约邀请。但根据《合同法》第15条第2款的规定，商业广告的内容符合要约规定的，视为要约。在商品房合同纠纷中，关于合同要约与要约邀请的界定，在审判实践中应注意以下两点：

1. 广告中既含有使合同得以成立的确定内容，又含有广告人希望订立合同的愿望以及愿意受拘束的意旨，就应视之为要约

在日常生活中，一般理解寄送的价目表、拍卖公告、招标公告、招股说明书、商业广告等为要约邀请。但随着经济的发展，从促进经济发展和促进商品交易得以迅速进行的角度，法律也不排除或禁止广告人利用广告进行要约的可能性。如果广告中既含有使合同得以成立的确定内容，又含有广告人希望订立合同的愿望以及愿意受拘束的意旨，就应视之为要约。在房地产行业中，销售宣传广告作为商品房销售行之有效的一种手段，广泛存在于商品房交易市场。商品房的出卖人往往会在商品房销售广告或宣传材料中对所售房屋所在小区的公共设施、绿地面积、车位设置及购房时的优惠政策等做出具体确定的说明和允诺，而且这些说明和允诺将会成为买受人选择购买房屋、与出卖人订立买卖合同的前提条件。认定此种销售宣传广告属要约的理由有两个，一是符合要约的构成要件。如果出卖人在广告宣传中对其开发项目规划范围内的商品房及相关基础设施所作的一些说明和允诺具体确定，并对房屋价格的确定有决定作用，足以让买受人产生信赖而签订商品房买卖合同，此时，买受人就此内容向出卖人提出订立合同的行为已使销售广告的对象和内容具有特定化。根据《合同法》第14条关于要约的规定，该说明和允诺的内容应视为出卖人是向买受人发出的要约，而买卖合同的订立则为买受人对要约的承诺。二是有利于对买受人权利的保护和维护市场诚信制度。由于目前商品房买卖合同均是由出卖人

提供的格式合同，即使双方当事人可就格式合同之外的宣传广告内容进行协商约定，但因出卖人在房地产市场中处于强势地位，销售广告和宣传资料中的一些具体确定的说明和允诺内容没有订入买卖合同之中，而纠纷也正是因交付使用的房屋与说明和允诺不符发生的。如果我们仅将这种行为视为要约邀请，买受人在因受到误导购买房屋遭受不利益时，其所受损失只能通过请求出卖人承担缔约过失责任进行补偿，无法使买受人的损害得到全面补偿，不仅不符合合同法的规定和客观实际，也不利于保护买受人权益和规范出卖人的经营行为，建立维护市场诚信制度。

2. 商品房销售广告和宣传资料中的说明和允诺符合一定条件的均应视为要约

在判断出卖人在商品房销售广告和宣传资料中的说明和允诺是否属于要约要看是否同时符合以下三个条件：①该内容是对开发规划范围内的房屋及相关设施所作的说明和允诺。例如，广告称房屋为混凝土结构，居住区有绿地、电梯、车库、健身、购物、收视等设施齐全等。②对房屋的说明和允诺应具体确定。例如，小区绿化率达到80%，每单元配有日本原装三菱电梯两部等。③该说明和允诺对商品房买卖合同的订立和房屋价格的确定有重大影响。例如，购买商品房赠送私家车库或地下室等承诺，如果具体确定，就是出卖人是对开发规划范围内的房屋及相关设施所作的说明和允诺，并且对买受人订立商品房买卖合同和房屋实际价格产生重大影响。符合以上三个条件，应当视为要约。

【案例举要】

曾颖诉通开公司、美晟公司商品房合同纠纷案❶

〔案情〕

原告：曾颖

被告：北京通州房地产开发有限责任公司（以下简称通开公司）

被告：北京美晟房地产开发有限责任公司（以下简称美晟公司）

---

❶ 北京市高级人民法院编：《北京法院指导案例》2007 年第 58 期（总第 1098 期），2007 年6 月 28 日编。

通开公司和美晟公司合作开发北京市通州区美然·百度城小区，美晟公司负责项目的规划、设计、广告宣传等内容。2002 年原告曾颖看到被告美晟公司刊发的美然·百度城项目售房广告，该广告写明：阳光休闲亚别墅，231.15 平方米，赠送私家车库等内容。广告左下方注明，开发商：美晟公司。基于此优惠条件，曾颖于 2002 年 10 月 30 日与通开公司签订《商品房买卖合同》，约定由曾颖购买美然·百度城小区第 4 幢 2 单元 201 号房屋（以下简称 201 号房屋）一套，房屋建筑面积 229.50 平方米，该房屋的单价为每建筑平方米 3 050 元，房款总计 699 975 元。后原告曾颖支付购房首付款 149 975 元，并向中国工商银行北京市分行大兴支行贷款 55 万元。此后，为了办理房屋产权证书，曾颖按照其所付购房款 1.5% 的标准交纳契税 10 499.62 元及按照其所付购房款 2% 的标准交纳公共维修基金 14 000 元。2005 年 9 月 2 日，北京市通州区建设委员会为曾颖颁发了京房权证通私字第 0516722 号房屋所有权证，被告美晟公司于 2007 年将该证交予曾颖，该所有权证中登记的 201 号房屋的建筑面积为 229.50 平方米，其中含地下车库面积 16.77 平方米，二被告未履行免费赠送私家车库的承诺，已按房屋售价 3 050 元/建筑平方米的标准收取了曾颖地下车库款人民币 51 148.5 元，地下车库面积对应的公共维修基金为 1 022.97 元，契税为 767.23 元。为此，曾颖诉至北京市通州区人民法院，要求二被告返还多收取的车库面积房款、公共维修基金、契税，并支付利息。

〔审理结果〕

北京市通州区人民法院审理后认为，原告曾颖与通开公司签订的商品房买卖合同，系双方当事人的真实意思表示，且不违反法律法规的强制性规定，系有效合同，双方应当按照合同约定全面履行各自的义务。根据最高人民法院《关于审理商品房买卖合同纠纷案件适用法律若干问题的解释》第 3 条规定，商品房的销售广告和宣传资料视为要约邀请，但是出卖人就商品房开发规划范围内的房屋及其相关设施所做的说明和允诺具体确定，并对商品房买卖合同的订立以及房屋价格的确定有重大影响的，应当视为要约。该说明和允诺即使未载入商品房买卖合同，亦应当视为合同内容，当事人违反的应当承担违约责任。根据查明的事实，通开公司的美然·百度城项目的合作单位美晟公司在刊发的销售广告中，关于购买阳光休闲亚别墅赠送私家车库的承诺明确具体，且对曾颖是否订立商品房买卖合同及房屋价格有重大影响，因此该赠送私家车库的承诺应当视为要约，并成为合同内容，二被告作为美然·百度城项目的合作开发单位应当履行上述承诺。现二被告违反上述承诺将车库面积计入房屋总面积并收取车库款的行为，构成违约，应当承担违约责任，故判决二被告向曾颖返还与车库面积相应的购房款及公共维修基金、契税共计 52 938.20 元，并给付利息。

宣判后，双方当事人均未上诉，判决已生效。

（四）受要约人用行为方式作出承诺的，则合同成立

【裁判要旨】

承诺应当以通知的方式作出。不需要通知的，受要约人可以根据交易习惯或者要约要求作出承诺。

【理解与适用】

承诺是受要约人同意要约的意思表示，它是事关合同能否成立最为关键的一环。承诺方式是指受要约人将其承诺的意思表示传达给要约人所采用的方式。我国《合同法》第 22 条规定："承诺应当以通知的方式作出，但根据交易习惯或者要约表明可以通过行为作出承诺的除外。"

该规定较为粗线条，容易出现法律适用上的不一致。在实践中，因对承诺方式理解不同引发了许多合同纠纷。处理此类纠纷，在审判实践中，应当注意把握好以下问题❶：

1. 正确判断承诺的方式和要约所指定的方式不一致时的效力

在理解承诺方式时，应当注意贯彻当事人意思自治原则。实务中，承诺方式的产生依据可能是：要约人要求受要约人采用特定承诺方式；要约人提出一种承诺方式，但没有禁止其他方式；要约人没有规定具体承诺方式，只规定了承诺期限。此外，"要约人和受要约人还可以就承诺的形式

---

❶ 林诗锋：《承诺方式的效力考》，载《行政与法》2004 年第 11 期，第 122—123 页。

问题进行约定，一旦约定，受要约人就要按照约定的承诺形式作出承诺。"❶

在第一种情形下，要约人要求受要约人采用特定承诺方式体现了要约人订立合同的自由意愿。在承诺的方式和要约的规定相矛盾的情形下，比如：要约人要求用书面形式进行承诺，受要约人采用口头形式进行承诺；要约人要求必须对其部门中特定人进行承诺，受要约人没有遵守；要约人在要约中明确表明只能采取某种方式进行承诺，受要约人采用了另一种承诺方式等。一般而言，要约人在要约中对承诺方式的限定必是基于其客观实际情况而作出的。上述种种不符合要求的承诺方式，违背了要约人的本意，甚至可能导致承诺形式上的送达，实际上的不送达。如果承认这种方式上存在严重缺陷的承诺的效力，无疑是加重了要约人的负担，导致订立合同双方权利义务的不公正分配。根据《合同法》第 30 条关于实质性变更的规定和第 31 条"除……或者要约表明承诺不得对要约内容作出任何变更的以外，该承诺有效……"的规定，应当将这种有悖于要约人意思表示的承诺视为对要约的实质性变更，承诺无效，性质上为新的要约。这里要注意一个例外，即只要这种承诺在客观上较要约人指定的更符合实际，效果更好，就应当承认其效力。

对于第二、三种情形，由于要约人没有对承诺的方式进行限制，承诺人以任何方式作出的承诺均属于意思的自由。只要这种自由的意思表示不影响承诺的如期送达，那么，承诺的效力就不容置疑。

2. 正确判断受要约人以行为方式作出承诺的效力承诺原则上采用通知方式表示，但根据交易习惯或者要约表明，承诺也可以采用行为方式表示。以行为方式进行承诺的应有交易习惯或要约表明为依据，而不能随意采用。实践中，根据交易习惯以行为方式承诺的有一些常见情况，如患者给药店写信邮购药品并汇款，药店按要求邮寄药品，药店的邮售行为即是以行为方式承诺。如公共汽车运行行为要约，乘客承诺无需作出通知，其上车的行为即是承诺。《合同法》第 26 条规定："承诺不需要通知的，根据交易习惯或者要约的要求作出承诺的行为时生效。"又如甲要求向乙购

---

❶ 全国人大常委会办公厅研究室编：《中华人民共和国合同法实用指南》，华文出版社 1999 年 5 月版，第 33 页。

买二级茉莉花茶叶1吨，乙可能在接到要约后在承诺期限内就将茶叶送至甲处。如果，甲乐意接受，那么这种承诺当然是有效的，法律没有必要对这种订约当事人都情愿的事情进行横加干涉。如果，在乙将茶叶送至甲处时，甲发现丙有更为低廉的茶叶，遂以合同未成立为由拒绝履行，乙此时违反的只是可补救的义务性规范，乙送茶叶的行为在价格和质量上均符合要约的规定，也即在承诺的内容上是合格的，所欠缺的只是书面通知这一形式要件，应当允许乙以书面形式进行承诺的补充。于此情形，法院可以依据《合同法》的诚实信用原则指导第22条的适用，确认承诺有效，甲应当承担违约责任。理由在于，《合同法》诚实信用原则和《合同法》第22条虽同属规范，但诚实信用原则是具有统帅全局的抽象性的上位规范，第22条则是具体的下位规范。两者有冲突时，"应赋予该法原则以匡正现行法规范的功能。"❶

3. 正确判断以行为作出承诺的效力发生时间

以甲向乙购买10车苹果，是以乙运出第一车苹果时，承诺始发生效力？还是乙第一车苹果送至甲处时，承诺始发生效力？抑或乙第10车苹果送至甲处时，承诺始发生效力？这种情形下，应当联系《合同法》关于承诺和承诺送达的规定来判断承诺效力的发生。《合同法》第21条规定：承诺是受要约人同意要约的意思表示。《合同法》第26条规定：承诺通知到达要约人时生效。《合同法》上所谓的到达，并非指承诺到达要约人的手中，而是指承诺到达要约人可以控制的地方。对到达的理解，也可参照《联合国国际货物销售合同公约》第24条：为公约本部分的目的，发价、接受声明或任何其他意旨表示"送达"对方，系指用口头通知对方或通过任何其他方法送交对方本人，或其营业地或通信地址，如无营业地或通信地址，则送交对方惯常居住地。因此，这里只要乙第一车苹果送至甲处为甲所知悉时，其意思表示即送至要约人可以控制的地方。后边的9车苹果已经是履行问题而非承诺问题。

---

❶ 郑强著：《合同法诚实信用原则研究》，法律出版社2000年5月版，第143页。

【案例举要】

穆某诉航天国际旅行社旅店服务合同纠纷案❶

〔案情〕

原告：穆某

被告：航天国际旅行社

2002 年 7 月 2 日，航天国际旅行社向穆某所经营的位于延庆松山旅游景区的宾馆咨询了服务情况后，向该宾馆发出传真，传真中写明：现将我社团队计划传真与您，敬请确认，如有问题请随时联系。具体项目：1. 入住时间 2002 年 7 月 5 日，离店时间 7 月 6 日；2. 入住人数：50～60 人（2 人间 120 元/天·间，3 人间 150 元/天·间）；3. 用餐安排：7 月 5 日晚餐 15 元/人、7 月 6 日早餐 5 元/人、午餐 15 元/人；4. 7 月 5 日晚餐后安排温泉洗浴。后附：敬请经理按以上计划安排有关事宜。穆某为此做了安排与准备。7 月 3 日航天国际旅行社的代理人到穆某的宾馆实地了解，对客房住宿及就餐环境表示满意，但对于温泉洗浴安排未明确表示态度。后航天国际旅行社带旅游团队到延庆松山景区，但未入住穆某的宾馆。

穆某诉称，航天国际旅行社向我宾馆发出传真，写明双方商定的房间数量及价格，我宾馆为此做了相应准备，但航天国际旅行社未依约入住我的宾馆，故要求判令航天国际旅行社赔偿经济损失 3 060 元。

航天国际旅行社辩称，我社所发传真未经对方确认，双方未达成旅店服务合同；我社原打算带团入住穆某的宾馆，后经了解，认为该宾馆位置不好，于 7 月 4 日电话告知穆某不在其宾馆住宿，故不同意赔偿其经济损失。审理中，航天国际旅行社未能证明其于 7 月 4 日明确通知穆某不再入住一节，穆某亦不认可。

---

❶ 北京市高级法院编：《北京法院指导案例》2004 年第 18 期（总第 669 期），2004 年 4 月 15 日编。

〔审理结果〕

一审法院经审理认为，原、被告口头协商住宿等事宜后，被告向原告发出传真，传真文本中具体注明了住宿、餐饮的价格、时间等服务项目，并要求原告"按此计划安排有关事宜"，还提出"如有问题随时联系"，表明被告实际已经向原告发出要约，该要约对被告具有约束力。穆某已按要约为航天国际旅行社带团入住作出相应准备，无需再行通知，承诺即已成立。被告未明确告知原告即单方取消住宿计划，对于原告的经济损失其应能预见。现原告要求被告赔偿损失，应予支持。鉴于双方系在合同履行日前发生的争执，原告的经济损失可以适当避免，因此对于赔偿数额应适当考虑。判决被告航天国际旅行社赔偿原告穆某经济损失 2 000 元；本判决生效后 3 日内履行。

一审判决后，航天国际旅行社不服，提起上诉。二审法院审理后，认为原审法院判决正确，驳回上诉，维持原判。

（五）在房屋买卖合同中，售房人应当承担"凶宅"信息的告知义务

【裁判要旨】

在房屋买卖合同纠纷中，对涉诉房屋认定为"凶宅"应同时符合主客观标准，售房人应当承担"凶宅"信息的告知义务。买受人在不知是"凶宅"的情况下购买了房屋，可以行使合同撤销权和解除权进行救济，也可以要求继续履行合同，并要求售房人承担瑕疵履行的违约责任。

【理解与适用】

"凶宅"交易纠纷是房屋买卖合同纠纷的一种，处理此类纠纷，关键要注意把握以下法律问题：

1. 正确界定"凶宅"的标准❶

"凶宅"并非是个法律上的概念，而是具有某种主观色彩的评价。如

---

❶ 周维琦：《"凶宅"交易纠纷法律适用——李勇诉李冬生"房屋买卖合同纠纷"案法律问题分析》，载《北京审判》2009 年第 2 期，第 76 页。

何界定"凶宅"目前并无公认的或权威的界定。一般人通常认为，发生过"杀人"、"爆炸致人死亡"、"连续有人非正常死亡"的房屋可以认定为"凶宅"。在审判实践中，如果将涉诉房屋认定为"凶宅"应当同时符合主客观标准。

（1）客观标准

"凶宅"在客观上至少应符合下列一种情形：①曾发生自杀或凶杀等人为因素致人非正常死亡的房屋。有人在房屋内非正常死亡的这一事实必须客观存在。如果是人们的一种猜测，如猜测房屋内有鬼，则不能认定房屋系"凶宅"。如果是有老人自然死亡、正常病亡等情况，亦不能认定房屋系"凶宅"。非正常死亡应当具有一定的程度，如凶杀或自杀，意外身亡不应包含在内，如煤气中毒的情况就不宜认定为"凶宅"。②房屋建在异常地段。房屋建在的地段，能使正常人产生心理恐惧。例如房屋建在坟地上或房屋的周围以前曾经是墓地。但需强调的是，"异常地段"应当具有一定的"现实性"。如房屋是建在农村，房屋之间间隔较大，其中一间建在坟地上，这一房屋可以认定系"凶宅"。如果是在城市，经过若干年，开发商在原某一坟地上开发楼盘，那么该小区内的房屋不宜认定为"凶宅"。

（2）主观标准

所谓主观标准，即一般人在听说房屋内发生的非正常死亡的事件或其所处地段，均会表示出对该房屋一定的恐惧或忌讳。这种心理，是一种趋吉避凶、祈福躲灾的心理。这一判断标准，应以一般人主观认识为标准，而不是以具体个人的主观认识为标准。

司法审判中，应将同时符合上述主客观标准的房屋界定为"凶宅"。

2. 准确认定售房人是否应就"凶宅"信息承担告知义务

我国《合同法》第6条规定，当事人行使权利、履行义务应当遵循诚实信用原则。该条款表明，当事人进行民事活动时必须具备诚实、善意的内心状态，并将该良好内心状态转化为良好的行为。《合同法》第42条规定，当事人在订立合同过程中故意隐瞒与订立合同有关的重要事实或者提供虚假情况，给对方造成损失的，应当承担损害赔偿责任。该条款明确了合同双方在订立合同过程中，不得故意隐瞒与订立合同有关的重要事实，违者应承担缔约过失的责任。合同法中的告知义务是指当事人之间有关交易信息的如实披露义务，是要求合同双方在诚信基础上就影响合同订立的重要信息进行告知。告知义务是在制度层面上对诚信原则的落实。

在"凶宅"交易纠纷中，售房人常以房屋不存在权利及质量瑕疵作为抗辩理由，并表示"凶宅"这一信息是否告知不影响交易进行。但是，虽然交易房屋不存在质量及权利瑕疵，但并不意味着该房屋可以正常使用。作为"凶宅"，一般人在使用时均会觉得恐惧或不吉利，并且该房屋转手销售时，因其客观发生过的不幸事件会导致新购房人不安的心理感受，从而造成交易价值降低。因此如果售房人隐瞒"凶宅"这一信息，可能会导致买受人作出违背其本意的意思表示。基于民法的诚实信用原则，售房人应将与房屋有关的全部重要信息充分告知买受人，使其能够做出正确的意思表示；对于买受人而言，则享有对这些重要信息的知情权。因此售房人应就"凶宅"这一信息承担告知义务，即使合同中没有告知义务的约定。如果售房人故意隐瞒房屋为"凶宅"这一重大信息，未履行告知义务，那么该行为本质上应为一种欺诈行为，应承担相应的民事法律责任。

3. 依法支持买受人进行权利救济

买受人不知是"凶宅"的情况下购买了房屋，可以通过如下方式进行救济：

（1）买受人行使撤销权进行救济

我国《合同法》第54条规定，一方采用欺诈手段，使对方在违背真实意思的情况下订立的合同，受损害方有权请求人民法院或者仲裁机构变更或撤销。在前文中，笔者已经论述，售房人应就"凶宅"这一信息向买受人履行告知义务。告知义务的履行，应当是售房人主动通过作为的方式告诉买受人以使其知晓"凶宅"这一信息，除非有证据证明买受人在签订合同前已知晓该信息。如果售房人对"凶宅"信息进行隐瞒，没有通过作为的方式进行告知，应当视为其以沉默的方式实施了欺诈。对此，买受人可以行使撤销权撤销合同，并要求售房人对其信赖利益的损失进行赔偿。买受人应自知道或应当知道"凶宅"这一信息之日起一年内行使撤销权，逾期视为放弃行使该权利。

（2）买受人行使解除权进行救济

我国《合同法》第94条规定，当事人一方迟延履行债务或有其他违约行为致使不能实现合同目的，买受人可以解除合同。买受人购买房屋的目的是为了正常使用，如果所购房屋系"凶宅"则会导致住房人内心产生恐惧，在一般情况下难以正常使用房屋。隐瞒"凶宅"这一信息进行交易，同时违反了买卖房屋的交易惯例。在此情况下，应当赋予买受人解除合同的权利，除非买受人购房前知晓"凶宅"这一信息。这既是对守约方的保护，也是对违反诚实信用原则当事人的惩罚。合同解除，买受人可以主张退房，并主张违约损害赔偿。违约损害赔偿之债，在债务不履行或不适当履行之时就存在，不因合同的解除而丧生。合同解除的损害赔偿应以守约方遭受的直接损失为限。

（3）买受人可以要求继续履行合同，并要求售房人承担瑕疵履行的违约责任

买受人购买房屋后，可能基于多方考虑，打算继续居住该房屋。但其可以要求售房人承担瑕疵履行的违约责任。我国《合同法》第113条规定，当事人一方不履行合同义务或者履行合同义务不符合约定，给对方造成损失的，损失赔偿额应当相当于因违约所造成的损失，包括合同履行后可以获得的利益，但不得超过违反合同一方订立合同时预见到或应当预见到的因违反合同可能造成的损失。买受人购买房屋如果系"凶宅"其在短时间内转手出售时，该房屋在一般情况下会贬值，且较难出手。因此可以看做售房人给付的标的物存在瑕疵，应当承担违约责任。买受人可以要求人民法院酌减房屋的价款。

买受人如果选择解除买卖合同，人民法院不宜以继续履行、酌减房屋价款的方式进行处理。同样如果买受人选择继续履行合同，酌减房屋价款，人民法院也不应当判决解除合同，即使售房人要求解除合同。人民法院应在法律允许的限度内，赋予买受人一定的选择权，尽量保护诚实信用一方当事人的合法权益。

需要说明的是，人民法院如果判决售房人赔偿损失，也应就《房屋买卖合同》整体履行情况、买受人支付房款情况、损益相抵情况进行综合考虑，酌情作出公正、合理的判决。

【案例举要】

李勇与李冬生房屋买卖合同纠纷案❶

〔案情〕

原告：李勇

被告：李冬生

李勇为子女上学及实际工作生活需要，决定将原来居住的北京市朝阳区某地房屋出售，购买一套在望京社区的房屋。2007 年 3 月，李勇在北京链家房地产经纪有限公司（以下简称链家公司）进行了买房登记。3 月底，李勇一家从原房屋内搬出，住进了临时租赁的现住房。没过几天，链家公司通知李勇看房。李勇认为房屋比较合适，就于同年 3 月 25 日与李冬生及链家公司分别签订了《北京市房屋买卖合同》《居间服务合同》。合同约定，链家公司为李勇购买李冬生位于北京市朝阳区望花路西里某套房屋提供居间服务；李勇按照房屋成交价格支付中介费用；房屋成交价格为 63 万元。合同签订后，李勇以较低价格将原有住房出售，并按合同约定履行了给付房款及中介费用等合同义务。在拿到房屋钥匙后，李勇了解到所购房屋内发生过杀人案件，现场十分凶险，惨不忍睹，即到派出所核实情况，得到确认。李勇找到李冬生要求退房并赔偿损失。李冬生勉强同意退房，但拒绝赔偿损失。

李勇诉称：李冬生隐瞒了所售房屋内发生过杀人案件这一重大瑕疵，欺骗了我，李冬生的过错导致我购房后不得不又解除买卖合同。李冬生的过错给我造成了购房差价损失 74 941 元、购房评估费损失 600 元、租房损失 1 800 元等。为此诉至法院，要求李冬生赔偿我上述损失共计 77 005 元。

李冬生辩称：我出售给李勇的房屋没有发生过凶杀案件。房屋质量完好，不存在任何权利瑕疵。因李勇多次找到我要求退房，我就和李勇解除了房屋买卖合同，并将房款及定金退还李勇。李勇出售其住房及租房居住与我无关。因此我不同意李勇的诉讼请求。

---

❶ 案号：北京市朝阳区人民法院（2008）朝民初字第 04536 号民事判决书。

经李勇申请，法院向公安机关致函调查涉诉房屋内是否发生刑事案件等情况。公安机关书面回复法院表示，"北京朝阳区望花路西里某套房的房主是李冬生。该房曾在 2006 年 12 月 23 日发生一起一男子跳楼事件，民警到达现场时，该男子已死亡。经过朝阳公安分局刑警队、法医、重大责任事故科鉴定，排除他杀，属于意外死亡"等。

〔审理结果〕

北京市朝阳区人民法院经审理认为，故意隐瞒与订立合同有关的重要事实或者提供虚假情况的、为对方造成损失的，应当承担赔偿责任。本案中，李勇、李冬生签订房屋买卖合同的事实清楚。现有证据可以证明，曾发生有人员从涉诉房屋附楼意外身亡的事件。因此，李勇主张涉诉房屋内发生刑事案件，没有事实依据。李冬生虽未将上述情况告知李勇，但其行为并未违背法律强制性规定。李勇主张的购房差价、租房损失与原、李冬生买卖合同间不具有必然因果关系。李勇支出的购房评估费与李冬生签订及履行协议的行为无关。现经双方当事人协商一致，房屋买卖合同已经解除，李勇要求李冬生赔偿购房差价款、购房评估费等主张，因缺乏事实及法律依据，不应予以支持。据此，北京市朝阳区人民法院依据《合同法》第 42 条第 2 款，判决驳回李勇的诉讼请求。

三、合同的效力

（一）应当坚持主观和客观相统一的标准认定合同是否显失公平

【裁判要旨】

对合同性质的认定应当以法律为依据，以当事人的真实意思表示为基础。合同显失公平的认定宗旨应在于保障社会公平、维护合同正义，应坚持主观标准和客观标准的统一。在显失公平的认定问题上应注意保护诚信守约方的合法权益，避免造成一方以显失公平为由任意违约的现象。

【理解与适用】

合同是当事人协商一致的产物，是合意的结果，是当事人在平等、自愿基础上进行协商并达成一致的意思表示。依法成立的合同受法律保护，对当事人具有法律约束力，但是如果一份合同被认定为显失公平，则属于相对无效的合同。法律允许受损害一方当事人行使合同变更或撤销的请求权，对原有合同予以变更或撤销。在审判实践中，对于显失公平原则的认定标准和适用范围，应当注意以下问题：

1. 合同显失公平的含义

通常情况下，当事人可以按照自己的意志自由地决定是否订立合同，与谁订立合同，以及合同的内容和形式，即契约自由原则。这一原则的核心和实质是当事人的意思决定当事人之间的权利义务。但是如果合同明显损害一方当事人的利益，另一方则不适当地通过合同取得了过多的利益，合同的天平过于倾斜，这就是所谓显失公平。在显失公平的情况下，如果仍按照契约自由原则要求合同必须履行，则有违公平和正义，所以需要利用显失公平原则来平衡当事人的利益，对合同自由原则加以适当限制。

显失公平原则在合同法领域向来颇有争议，直到 21 世纪，才逐渐得到多数经济发达国家的承认，并将其确立为合同法的一项基本原则。我国现行立法对显失公平的规定较为原则，如我国《民法通则》第 59 条规定和《合同法》第 54 条规定，现行立法对何为显失公平并未作出进一步规定。根据最高人民法院《关于贯彻执行〈中华人民共和国民法通则〉若干问题的意见》第 72 条的解释，显失公平是指一方当事人利用优势或利用对方没有经验，致使双方的权利义务明显违反公平、等价有偿原则。根据这一解释，显失公平的内涵包括这样几层意思：一是否系对方当事人利用优势签订；二是否系对方利用另一方没有经验签订；三是由于以上因素是否导致了明显违反公平、等价有偿原则，导致双方权利义务严重失衡。

2. 合同显失公平的认定标准

对于合同显失公平的认定标准应坚持主观标准和客观标准的统一。除了须有不公平的交易结果，即合同内容明显违反公平、等价有偿原则导致双方权利义务严重失衡以外，还必须具备下列要素：客观上，须双方订约地位不平等，一方处于优势地位而对方处于窘境，完全没有同对方讨价还价的余地，或是一方无经验、缺乏判断力。主观上，一方必须是故意利用对方所处的不利境地，即行为人必须知道对方所处的境地，知道他们之间订立的合同显失公平，并有意识地加以利用。单纯在交易结果上超出市价、平均利润、平均差价的一定倍数不应认定为显失公平。因为显失公平旨在校正合同自由导致的不公平，并不在于干预当事人通过合同调节自我利益的得失。只要订约过程是公平的，法律应重在为当事人提供公平的交易规则和交易秩序，而不在于直接为当事人订立公平合理的合同。单有交易结果的不对等，不应认定为显失公平，片面地追求交易结果的公平，无疑会破坏交易规则，使价格机制的作用得不到充分发挥。

3. 合同显失公平的认定宗旨

显失公平原则就像是一把双刃剑，它既能维护合同正义，如果适用不当，又有可能损害合同自由甚至被滥用，导致有效合同难以执行。西方国家在承认显失公平原则的前提下，大都对这一原则的适用给予一定的限制，如限制显失公平原则的适用对象，法国法上的合同损害只适用于法定的合同，英美法上的显失公平原则多适用于消费者保护方面；如明确显失公平的构成要件，德国民法规定了相对明确的认定标准，限制了显失公平原则的过度适用。我们认为，显失公平的认定应以保障社会公平、维护合同正义为宗旨。应注意保护诚信守约方的合法权益，避免造成一方滥用显失公平原则任意违约的现象。

【案例举要】

张春成诉青岛大昌房地产开发有限公司合同纠纷案❶

〔案情〕

上诉人（原审被告）：青岛大昌房地产开发有限公司（以下简称大昌地产公司）

被上诉人（原审原告）：张春成

2004 年 8 月 19 日，张春成与青岛鹏翔置业有限公司签订项目转让合同，约定由张春成将其本人挂牌竞买的项目土地整体转让给该置业公司，双方约定税后净价人民币 850 万元整，对付款时间及违约责任等亦有明确约定。依据上述合同，张春成将项目土地交付该置业公司实际使用，由该公司进行开发建设至项目竣工。后经银行同意，张春成用该土地使用权为该置业公司办理了贷款抵押担保。期间置业公司的权利义务经张春成同意由大昌地产公司承继。大昌地产公司交付了部分土地转让款，就尚欠余款虽多次书面承诺还款并承担违约责任，但始终不予履行。

2005 年 12 月 29 日，张春成（甲方）与大昌地产公司（乙方）经协商达成如下协议：经甲乙双方协商，为督促乙方及时还款，双方签订购房协议，并开具收款收据。1. 如乙方在 2006 年 3 月 1 日前不能全部偿还所欠甲方 311 万元人民币，则张春成与大昌地产公司于 2005 年 12 月 29 日签订的购买黄岛实利合商贸综合楼一、二层全部网点房的 2 000 平方米的购房合同及收款收据立即生效（所欠土地转让款 311 万元转为购房款）。2. 如乙方在 2006 年 3 月 1 日前全部还清欠款，则张春成与大昌地产公司在 2005 年 12 月 29 日签订的购买黄岛实利合商贸综合楼一、二层全部网点房约

❶ 一审案号：山东省青岛市中级人民法院（2006）青民一初字第 77 号民事判决书；二审案号：山东省高级人民法院（2006）鲁民一终字第 320 号民事判决书。载《人民司法·案例》2009 年第 12 期，第 23—24 页。

2 000平方米的购房合同及收款收据作废。3. 甲乙保证在购房合同签订及协议签订的同时，办理公证签名等手续，顺利办理土地过户的手续，否则购房合同及收款收据和本协议同时作废。同日，大昌地产公司（甲方）与张春成（乙方）签订商品房买卖合同一份，合同约定："乙方向甲方购买刘公岛路南山岛街东黄岛实利合商贸综合楼一、二层网点房。面积约2 000平方米。根据甲乙暂测的房屋建筑面积，乙方购买该房屋的总房价款为人民币311万元整。"

上述协议签订后，张春成将土地使用权过户到大昌地产公司名下。大昌地产公司则未近期偿付欠款，也没有交付协议约定的2 000平方米网点房。张春成遂起诉至法院请求判令大昌地产公司交付讼争房屋并办理产权过户手续。

被告大昌地产公司辩称：双方于2005年12月29日签订的青岛市商品房买卖合同及同日签订的协议书，名为商品房买卖合同实为抵押合同，该公司因欠原告张春成的土地转让款没有还清，不应当将双方约定的买卖房屋判归原告，应当按抵押合同有关规定处理。

〔审理结果〕

山东省青岛市中级人民法院经审理认为，2005年12月29日张春成与大昌地产公司签订的青岛市商品房买卖合同及协议书，是当事人的真实意思表示，符合法律规定，属有效合同。《合同法》第45条第1款规定："当事人对合同的效力可以约定附条件。附生效条件的合同，自条件成就时生效。附解除条件的合同，自条件成就时失效。"张春成、大昌地产公司签订的青岛市商品房买卖合同及协议书，系附条件的合同，在合同所附条件成就后，张春成依据合同要求大昌地产公司履行义务，系对自己合法权益的正当主张，该诉求合理，应予支持。大昌地产公司辩称该商品房买卖合同及协议书属抵押合同，应按抵押合同的有关规定处理双方的权利义务，因证据不足，于法无据，不予支持。遂判决：1. 青岛市黄岛区舟山岛街95号实利合商贸综合楼的一、二层全部房屋产权归原告张春成所有。2. 被告大昌地产公司于本判决生效后10日内将青岛市黄岛区舟山岛街95号实利合商贸综合楼的一、二层全部房屋产权过户给张春成。

宣判后，大昌地产公司不服一审判决，向山东省高级人民法院提起上诉，认为判决履行商品房买卖合同显失公平。本案当事人纠纷源于 311 万元欠款，原审判决上诉人交付的房产价值近 1 000 万元，违反了《民法通则》第 4 条关于民事活动应当遵循自愿、公平、等价有偿、诚实信用的原则的规定，导致双方的权利义务严重失衡。请求发回重审或者查清事实后直接改判。

山东省高级人民法院经审理认为，根据最高人民法院《关于贯彻执行〈中华人民共和国民法通则〉若干问题的意见》第 72 条之规定："一方当事人利用优势或者利用对方没有经验，致使双方的权利义务明显违反公平、等价有偿原则的，可以认定为显失公平。"依 2004 年 8 月 19 日转让土地协议所约定的内容，大昌地产公司按约定应交清全部土地转让款，而 2005 年 12 月 29 日同时签订的两份协议，是在大昌地产公司违约拒付尾款的情况下签订的，张春成并无优势可言。该两份协议系双方当事人自愿签订，是双方当事人的真实意思表示，因此，大昌地产公司上诉主张该商品房买卖合同显失公平，无事实依据，该上诉理由不能成立。遂依法判决，驳回上诉，维持原判。

（二）应当结合具体情况灵活判定违反强制性规定合同的效力

【裁判要旨】

强制性规定是指其适用不以当事人意志为转移、不能通过约定予以排除或变更的规定。我国《合同法》第 52 条第 5 款规定："违反法律、行政法规强制性规定的合同无效。"该条规定应界定为公法上的强制性规定，可以说是沟通公法强制与私法自治的"管道"，在性质上为授权法官进行价值补充的概括条款。法院应遵从均衡性原则、适合性原则、必要性原则，将违反强制性规定与违反公序良俗原则作"一元化"的把握，结合个案的具体情况，灵活地判定违反强制性规定行为的效力。

【理解与适用】

我国《合同法》第 52 条第 5 款规定："违反法律、行政法规强制性规定的合同无效"。在这样的制度框架下，司法实务中有些案件依次判决往往会出现违反诚信原则、损害当事人一方利益的情况。为了体现对当事人意志的尊重，为民事主体间的交往行为提供规范的制度框架，对于违反强制性规定的合同效力应当根据具体案情区别分析，不应一律认定为合同无效。在审判实践中，对此问题应当从以下两个方面进行理解：

1. 正确解读"违反强制性规定的合同无效"条款

合同条款的功能是连通公法与私法、个人自治与国家干预的管道。民法重意思自治，遵从由心智健全者自我负责地形成个人生活的准则。而《合同法》第52条第5款"违反法律、行政法规强制性规定的合同无效"却是一种特殊的概括条款，言其特殊是因为民法上的条款通常于前半段规定具体的"要件构成"，后半段规定"法律效果"。但《合同法》第52条第5款并未规定适用的具体要件，而仅是通过一个引入条款将要件引入其他法律。这样就为公法上的强制性规定，借法官之手以进入个人意思自治的领域铺设了管道。因此这一条款于民法意义非凡，不得不重视：正面而言，它打通了公法与私法、个人与国家的关节，使公法目标在私人生活中的微观实现以及法律秩序得以知晓有了法律依据；反面而言，经此种极具抽象性的概括条款，必将导致大量公法规范蜂拥而入，如不以合理标准加以甄别、筛选，将极可能侵蚀私法自治的固有领地，导致法律行为被轻易否定。因此，最高人民法院在《关于适用〈中华人民共和国合同法〉若干问题的解释（二）》第14条中规定："合同法第五十二条第（五）项规定的'强制性规定'，是指效力性强制性规定。"

对于如何识别效力性强制性规定，应当采取正反两个标准。在可能性识别上，首先的判断标准是该强制性规定是否明确规定了违反的后果是合同无效，如果规定了违反的后果是导致合同无效，该规定属于效力性强制性规定。其次，法律、行政法规虽然没有规定违反将导致合同无效的，但违反该规定如使合同继续有效将损害国家利益和社会公共利益的，也应当认定该规定是效力性强制性规定。在否定性识别上，应当明确法律、行政法规的强制性规定仅关系当事人利益的，法律、行政法规的强制性规定仅是为了行政管理或纪律管理需要的一般都不属于效力性强制性规定。对此，可以从强制性规定的立法目的进行判断，倘其目的是为了实现管理的需要而设置，并非针对行为内容本身，则可认为并不属于效力性强制性规定，比如，关于商业银行资产负债比例的《中华人民共和国商业银行法》

（以下简称《商业银行法》）第 39 条❶，即属于管理性的强制规范，它体现了中国人民银行更有效地强化对商业银行的审慎监管，商业银行所进行的民事活动如违反该条规定，人民银行应按照《商业银行法》的规定进行处罚，但不影响其从事民事活动的主体资格，也不影响其所签订的借款合同的效力。❷ 再比如，《中华人民共和国城市房地产管理法》（以下简称《城市房地产管理法》）第 54 条有关租赁合同应签订书面合同的规定以及租赁合同需备案的规定；又比如，《中华人民共和国证券法》（以下简称《证券法》）第 79 条有关投资者持有一个上市公司已发行股份的 5% 应当公告，且公告期内不得买卖的规定等。另一方面，也可以从强制性规定的调整对象来判断该规定是否属于效力性强制性规定。一般而言，效力性强制性规定针对的都是行为内容，而管理性强制性规范很多时候单纯限制的是主体的行为资格。比如，《中华人民共和国公司法》（以下简称《公司法》）第 12 条有关公司经营范围的规定；《中华人民共和国企业破产法》（以下简称《企业破产法》）第 24 条有关管理人资格的规定；《城市房地产管理法》第 58 有关房地产中介需取得营业执照的规定；《中华人民共和国公务员法》（以下简称《公务员法》）第 53 条对公务员禁止从事营利性活动的限制，并不妨碍其违反资格限制签订的合同的效力。❸

2. 全面认识确定合同无效带来的后果

无效是对法律行为最严厉的否定性评价，是对当事人意思自治的彻底否定。其最通常的结果是彻底打破当事人对自我财产安排的权利，尤其是当当事人已经根据合同履行或部分履行之后，在我国，《合同法》第 58 条规定："合同无效或被撤销后，因该合同取得的财产，应当予以返还；不能返还或者没有必要返还的，应当折价补偿。有过错的一方应当赔偿对方

---

❶ 《商业银行法》第 39 条规定"商业银行贷款，应当遵守下列资产负债比例管理的规定：（一）资本充足率不得低于百分之八；（二）贷款余额与存款余额的比例不得超过百分之七十五；（三）流动性资产余额与流动性负债余额的比例不得低于百分之二十五；（四）对同一借款人的贷款余额与商业银行资本余额的比例不得超过百分之十；（五）中国人民银行对资产负债比例管理的其他规定。"

❷ 最高人民法院副院长奚晓明在全国民商事审判工作会议上的讲话：《充分发挥民商事审判职能作用为构建社会主义和谐社会提供司法保障》2007 年 5 月 30 日；奚晓明：《当前民商事审判工作应当注意的几个法律适用问题》，载《法律适用》2007 年第 7 期。

❸ 沈德咏、奚晓明主编：《最高人民法院关于合同法司法解释（二）理解与适用》，人民法院出版社 2009 年 6 月版，第 112—113 页。

因此所受到的损失，双方都有过错的，应当各自承担相应的责任。"按此规定，合同无效虽然仍可能引起返还财物、损害赔偿、折价补偿的效力，但那不是合同当事人订立合同所欲达成的效力，而是对财产后果的处理，合同当事人在合同有效的情况下的履行利益将会落空。正因为合同被判无效将带来履行效力的落空，故做出这样的判断一定要有充分的法律依据，我国《合同法》第52条、53条所明确规定的合同应为无效几种情形就是界限，溢出这几种情形的合同，就不能被判为无效。这与我国合同法"保护交易关系"的立法思想本是一致的，但是如前所述，如何适用"违反法律、行政法规强制性规定的合同无效"将直接决定这样的立法思想在实践中能否实现。进言之，如果众多的强制性规定都能通过《合同法》第52条第5款提供的"管道"，直接地影响合同的效力，合同法将很难真正做到保护交易关系，因为大量并不害及当事人及社会的、本应受保护的合同也将因此无效。显然，这样去理解和适用《合同法》第52条第5款，不但会使双方预计的私人目标不能实现，造成一系列的债的履行不能，导致经济秩序的混乱，同时还会助长不诚实交易，使人们以此为借口逃避合同义务而损害相对人的利益。

3. 妥善处理解决违反强制性规定合同的效力问题[1]

强制性规定是指不允许当事人约定排除的规定。其又可分为命令当事人为一定行为的强制性规定和禁止当事人为一定行为的强制性规定。从规范的功能分析，强制性规定又可分为效力性的强制性规范和取缔性的强制性规范。违反效力性的强制性规范，合同当然无效，而违反取缔性的强制性规范，合同效力一般不受影响。[2] 对于效力性的强制性规范和取缔性的强制性规范的划分标准，依据我国台湾地区学者史尚宽先生的观点，即"效力规定着重违反行为之法律行为价值，以否认其法律为目的；取缔规定着重违反行为之事实行为价值，以禁止其行为为目的。"[3] 比如对营业时间的限制，立法目的仅在保护营业的受雇人，而不在阻止其交易法律行为

[1] 杜晨妍：《论违反强制性规定合同效力问题》，载《东北师范大学学报（哲学社会科学版）》2008年第6期，第150—151页。
[2] 张庆东：《违反强制性规定的房屋租赁合同的效力》，载《人民司法·案例》2008年第20期，第85页。
[3] 武殿钦著：《合同效力的研究与确认》，吉林人民出版社2001年5月版，第120页。

效果的发生，属于违反取缔规定的情形；反之，禁止规定若因法律行为的内容而禁止之，如禁止出售烟酒于未成年人，则属于效力规定。在司法实践中解决这一问题时应当注意：

第一，应把是否侵犯公共利益与公序良俗作为主要尺度。司法机关对于违反强制性规定合同效力的认定，是在代表国家行使一种对于当事人的合同行为进行评价和干预的权力。从另一种意义上说，公权之所以对私法行为进行干预，是因为私法行为对公共利益的侵犯。例如，日本法律把公序良俗作为评价违反强制性规定合同效力的一个基本标准，实际上也是出于对公共利益的保护。

第二，应当对于违法行为进行量的分析和质的分析。订立和履行合同虽然多为当事人间的私权处分和交易行为，但这种行为如果违反强制性规定合同效力问题时，对于违法行为进行量的分析和质的分析就是非常必要的。违反行为表面上违反的是法律的强制性规范条款，但实质上都对于法律所保护的权利和利益构成不同程度的侵害。所谓量上的违法一般是指合同某些条款在量上违反了法律规定；质上的违法则是指合同内容在根本上违反了法律规定。合同无效是国家干预的结果，是公权力对私权利直接的、最强烈的否定。有关合同行为之所以引起公权力最强烈地干预，正是由于有关合同行为对公共利益构成了最严重的侵害。

第三，应当突出法律框架下私权优先的理念。从根本上说，对于违反强制性规定做以区分的目的，就是为了更全面深入地保护民事主体的私权。这样区别的结果就是，对于有些违反法律、法规强制性规定（取缔规定）的合同应当认定为有效。由于此类合同并未侵害社会公共利益或是第三方的利益，法律对它的禁止只是出于对行政管理或市场秩序的考虑。把此类合同从无效的制度框架下解救出来，不仅是为了避免公权对私权的过分干预，杜绝恶意抗辩诉讼的发生，同时也是为了实现合同法维护诚信公平的交易秩序的立法目的。

第四，从我国现行法律来看，《合同法》第52条关于无效合同类型的规定，相较于《民法通则》来说，其范围明显缩小。因此严格限制无效合同的范围，促进交易减少社会成本是该规定的立法目的。因此法官在判断违反强制性规定的合同效力时，应持谨慎态度。

第五，标的物违法并不必然导致合同无效，例如在商品房预售合同中，在建房屋肯定未取得消防验收合格证，甚至在房屋建成后也未必能够取得消防验收合格证明，并不能因此就认定此类合同因标的物违法而无效，进而判决剥夺购房人的违约请求权和合同解除权。

【案例举要】

贺辉扬诉张俊达房屋租赁合同纠纷案❶

〔案情〕

原告：贺辉扬
被告：张俊达
第三人：中国农业银行厦门市分行（以下简称厦门农行）

2006 年 10 月 20 日，第三人厦门农行作为甲方与被告张俊达作为乙方签订了一份房屋租赁合同。该合同规定：第三人厦门农行将位于集美区集源路 58 号福信商场第一、二、三整层及第四层的房产，出租给被告作为营业和办公场所，该合同还对租赁期限、租金、交付方式及双方的权利义务等作了规定，该合同签订后，被告作为甲方于 2007 年 3 月 31 日与作为乙方的原告贺辉扬签订了一份房屋租赁合同，将其向第三人厦门农行承租的位于集美区集源路 58 号福信商场第四层转租给原告。合同约定：1. 甲方将位于集美区集源路 58 号福信商场第四层出租给乙方作为商业、办公使用。2. 租赁时间自 2007 年 4 月 1 日至 2012 年 3 月 22 日止。租金每月共计人民币 1.2 万元。乙方每年应向甲方缴纳租金人民币 14.4 万元，缴纳方式为现金，到期日之前付清，合同签订之日，乙方向甲方缴费人民币 1.6 万元作为房屋押金，到合同期满乙方返还房屋并交清租赁期间的一切费用后，甲方应将押金返还乙方。3. 租赁期间双方均不得借故解除合同，一方如有正当理由要求解除合同时，须提前两个月通知对方，并由提出方支付两个月的租金作为违约赔偿金；甲方应提供相应的手续、文件，协助乙方办理工商、税务等证照，否则乙方可要求解除合同、赔偿损失。该合同

---

❶ 案号：福建省厦门市集美区人民法院（2007）集民初字第 3053 号民事判决书，载《人民司法·案例》2008 年第 20 期，第 83—85 页。

还对双方的权利义务、免责条件、争议的解决方式等做了规定。

合同签订当日，原告即依约一次性支付给被告租金及押金合计 16 万元。2007 年 4 月 10 日左右，被告将厦门市公安消防支队于 2006 年 4 月 21 日出具的厦公消监验字（2006）第 102 号关于福信商场综合楼 1－13 轴建筑工程消防验收合格的意见及 2006 年 12 月 1 日出具的厦公消监验字（2006）第 307 号关于福信商场综合楼 1～3 层（13－22 轴）裙楼建筑工程消防验收合格的意见交给原告作为其办理相关证照的手续；同时原告与厦门市辉龙建筑装饰有限公司签订了一份房屋装修合同，委托该公司对其所承租的房屋进行装修，该装修项目于 2007 年 5 月装修完毕，原告与装修公司进行了结算，并由厦门市辉龙建筑装饰有限公司开具了一张装修款为 457 860 元的装修发票。在庭审中，原告自认装修款项尚有 23 800 元未付给装修公司。原告在装修的同时前往工商行政管理部门办理营业执照，但被工商行政管理部门告知其所承租的集美区集源路 58 号福信商城第四层未通过消防验收许可，无法办理营业执照。

原告于 2007 年 4 月 10 日左右获悉无法办理营业执照的情况后，即找被告交涉，被告告知原告会找第三人来解决消防问题，但未告知原告应停止装修。被告就承租房屋的消防事宜找第三人厦门农行交涉后，第三人就消防验收问题又找开发商交涉，第三人称开发商也答应尽快解决消防问题。2007 年 6 月 19 日，原告向被告发出催告涵，函件称：本人向阁下承租的集源路 58 号福信商场四楼，因你迟迟无法向本人提交完整的消防验收手续，故本人特向阁下提出催告，若阁下在三个月内无法提供合格的消防验收手续，则本人将诉诸法律，要求解除合同，并赔偿本人的经济损失。被告张俊达收到了上述函件，但直到本案诉讼时止，被告仍无法向原告提供合格的房屋消防验收手续，双方遂起纠纷。

2007 年 3 月 21 日，被告作为乙方与作为甲方的第三人签订了福信商场租赁合同补充协议书，该协议称：甲方于 2006 年 10 月 20 日将集源路 58 号福信商城第一、二、三层整层及第四层的房产出租给乙方，双方签订了编号为 2006 厦 928E 的房屋租赁合同。因消防验收及顶层渗漏维修原因，经甲乙双方协商达成以下协议：1. 因消防验收造成乙方延时 1 个月进场装修问题，甲方同意延长免租金装修期 1 个月；2. 因租赁房屋顶层渗漏面积大，维修时间约需 2 个月，甲方同意延长免租金装修期 2 个月，2006 厦

928E 的房屋租赁合同第 2 条实际变更为：自 2006 年 10 月 22 日起至 2012 年 3 月 22 日止。租金从 2007 年 3 月 22 起开始计算。

原告要求解除租赁合同，被告返还租金 14.4 万元、押金 1.6 万元，赔偿装修损失 457 860 元，合计 617 860 元，同时要求被告承担诉讼费用。

〔审理结果〕

福建省厦门市集美区人民法院经审理认为：原告与被告订立的租赁合同是当事人的意思真实表示，该合同规定了租赁标的物、租金及承租年限等项，合同基本内容确定，且不违反法律、行政法规规定，应为合法有效。原告与被告之所以在合同履行中产生纠纷，系因被告转租给原告的由第三人出租的房屋无法提供合格的消防验收许可，致原告无法办理相关的证照，进而无法实现合同目的。遂依法判决：一、确认原、被告双方签订的房屋租赁合同于 2007 年 10 月 23 日解除。二、被告张俊达应于本判决生效之日起 10 日内返还原告押金 1.6 万元、租金 14.4 万元。三、被告张俊达应于本判决生效之日起 10 日内赔偿原告装修损失 434 060 元。

一审宣判后，双方当事人均未提起上诉。

（三）应严格依据现行法律并结合立法意图认定特种行业承包合同的效力

【裁判要旨】

对于类似特种行业经营合同的效力认定，应当依据最高人民法院《关于适用合同法若干问题的解释（一）》第 10 条之规定，即："当事人超越经营范围订立合同，人民法院不因此认定合同无效。但违反国家限制经营、特许经营以及法律、行政法规禁止经营规定的除外"。在审判实践中，法官适用法律和认定事实时，要严格依据现行有效的法律法规，并在法律法规不够明确的时候根据立法意图并结合实践作出合情合理的解释。

【理解与适用】

对于特种行业承包合同纠纷，在审判实践中，应当注意把握好以下两个问题：

1. 特种行业承包合同的效力

加入世界贸易组织，随着经济的快速发展和金融领域的不断放开及与国际接轨，原先对于某些特种行业的限制也逐步被取消。比如在典当行，中国人民银行曾是典当行业的主管部门，负责典当机构设立、变更、终止的审批以及对典当机构的监督管理。规制典当业的主要法律依据是中国人民银行于1996年颁布的典当行管理暂行办法（以下简称《暂行办法》）该办法虽没有明确禁止个人承包典当行，但第10条明确规定"禁止设立个体典当行"。2005年2月，商务部和公安部颁布了典当管理办法（以下简称《新办法》）。相对于《暂行办法》，《新办法》有了许多突破，其中就包括取消了《暂行办法》第10条关于禁止个人经营典当行的规定，而是规定典当行是从事典当活动的企业法人，其组织形式与组织结构适用《公司法》的有关规定，不再作为金融机构由中国人民银行主管。而新修订的《公司法》又确认了一人公司的合法性，理论上，个人已经可以通过设立一人公司直接投资经营典当行。新近颁布的《物权法》也就典权及其行使进行了更为详细和明确的规定。

合同法实施后，在审判实践中，对于类似特种行业经营合同的效力认定，应当依据最高人民法院《关于适用合同法若干问题的解释（一）》第10条之规定，即："当事人超越经营范围订立合同，人民法院不因此认定合同无效。但违反国家限制经营、特许经营以及法律、行政法规禁止经营规定的除外"。对于尚无明确法律、法规规定，而仅有部门规章规定，如果一旦认定有效可能损害社会公共利益和经济公序的，如金融领域中的一些新产品、新业务，那么法院可以适用《民法通则》和《合同法》中关于违反社会公共利益之一般条款以弥补强行性和禁止性规定的不足，并据此认定相关合同无效。

国家对特种行业的限制范围可能会随着国民经济和国际环境的变化而作出调整。在审判实践中，法官适用法律和认定事实时，要严格依据现行有效的法律、法规，并在法律、法规不够明确的时候根据立法意图并结合实践作出合情合理的解释。

2. 恢复原状原则在特种行业承包合同被认定无效后的灵活运用

根据处理无效合同的恢复原状原则，无效合同签订双方应将各自已履行部分恢复至未履行前的状态，并返还对方给付的对价。恢复原状原则是处理无效合同的重要原则之一，但是对其运用并不是机械地还原历史，也不是简单机械地套用法条。法院应当把握恢复原状原则的精髓，根据个案的具体问题进行具体分析，尤其对于特种行业承包合同无效的处理，更应体现市场性和灵活性。一般情况下，首先应确认双方签订承包合同时均系真实意思表示；其次应认定该承包合同的无效与原告在实际承包经营期间的盈亏并无直接联系，即原告应当对其经营亏损负责；最后要通过对承包经营权商业价值的合理分析，作出正确处理。

【案例举要】

张晓明诉上海南市综合贸易公司购车经营风险承包合同纠纷案❶

〔案情〕

原告：张晓明
被告：上海南市综合贸易公司
第三人：上海天成典当行

1995 年 9 月，张晓明与被告签订一份经营风险承包合同书，约定由原告个人承包天成典当行，期限为 1995 年 10 月至 1998 年 9 月。1997 年 9 月 19 日，原告与被告又签订一份风险承包合同书，该合同书约定原承包经营期间的财务账面价值经指定审计事务所清产核资后转入典当行，但这部分资产及债权、债务等的盈亏继续由原告承担，并入本次承包年限内并于本合同承包年限终止时一并清算，承包期为 1996 年 10 月至 1999 年 9 月。经审计，原典当行应转入第二次承包的资产为人民币 250 万元。嗣后，原告继续承包典当行，并陆续投入典当行 250 万元，且向被告上交承包费约 300 万元。1999 年 3 月，被告擅自收回典当行的公章及账册，致使原告无法正常承包经营，之后更被赶出了典当行。因相关法律规定典当行不得由个人经营，故原告请求法院确认承包合同无效、被告返还原告已上交的承包费及原告为承包投入的款项共计 800 万元。

---

❶ 案号：上海市第二中级人民法院（2001）沪二中经初字第 75 号民事判决书，载《人民司法·案例》2008 年第 6 期，第 39—40 页。

〔审理结果〕

法院经审理认为，根据 1996 年 4 月 3 日中国人民银行颁布的典当行管理暂行办法的规定，当时的典当行属特殊的金融企业，禁止个体设立典当行。据此，原告和被告于 1995 年、1997 年分别签订的两份风险承包典当行的协议书，均违反了上述规定，两份承包协议书应确认无效。然而原告在承包经营期内的盈亏与承包合同是否有效之间并没有直接的因果关系。原告与被告签订的风险承包协议，实际系承包费与经营机会的交换，即被告的签约目的在于固定收益、避免典当行经营风险，原告的签约目的则在于通过支付承包费获得典当行的经营权。由于经营机会所带来的后果具有不确定性，在通常情况下经营机会的价值主要取决于当事人的自身判断和评估。根据双方签订的承包协议书可以推定，被告在签约时认定的经营机会价值，应与原告约定音乐会的承包费金额基本相当（承包费由网点租金及入股企业按投入资本金的 17% 获利组成）。根据处理无效合同所遵循的恢复原状原则，被告应将承包费返还给原告，但由于原告在事实上无法将已经行使的承包经营机会返还给被告，故原告对于被告的承包经营机会丧失也负有折价补偿的责任。从金钱角度加以量化后，上述两者金额基本相当，故对原告要求被告返还承包费的诉讼请求，法院不予支持。另经审计核实，原典当行（改制前）所有者权益为 507 448 元，根据原告和被告 1997 年 9 月签订的承包合同（即第二份承包合同）的约定，上述资产应转入改制后的典当行，但由原告继续负责经营，盈亏应并入第二次承包年限内一并清算。据此，原典当行价值 2 507 448 元资产仍属典当行所有，原告仅是负责继续经营。原告提出上述资产归其所有的主张，缺乏必要的事实依据与法律依据，法院不予支持。原告经营期间向典当行投入 250 万元，但上述投入的款项尚不足以弥补其在承包经营典当行期间造成的亏损，故对原告要求被告返还 800 万元的诉讼请求，不予支持。

据此，法院判决确认原告张晓明与被告上海南市综合贸易公司于 1995 年 9 月 20 日签订的经营风险承包合同书、1997 年 9 月 19 日签订的上海天成典当行（有限责任公司）风险承包合同均无效。法院判决后，各方当事人均未上诉。

（四）受害方有权因对方隐瞒重要事实请求撤销合同

【裁判要旨】

在合同的订立过程中，一方当事人隐瞒重要事实使对方当事人形成错误认识而与之订立合同构成欺诈。被欺诈的受害方有权请求人民法院撤销该合同。

【理解与适用】

所谓欺诈是指订立合同的一方当事人故意制造假象或隐瞒、掩盖事实真相，使对方当事人形成错误认识而与之订立合同。如明明自己没有货源、资金，没有履行合同的能力，编造假情况，出具假证明，将别人的产品贴上自己的商标或其他标志冒充自己的产品，或故意夸大产品的成分和性能，使对方信以为真，与之签订合同，上当受骗。在审判实践中，处理因欺诈引起的合同纠纷案件，应当注意把握以下问题：

1. 正确界定合同诈骗罪与合同欺诈行为的界限 [1]

在司法实践中如何正确区分合同诈骗罪与合同纠纷中的民事欺诈行为的界限并非易事。如果不能正确区分这两种行为，就会带来如下恶果：要么将合同诈骗罪定性为民事欺诈行为，从而放纵了犯罪；要么将合同中的民事欺诈行为定性为合同诈骗罪，错误地追究当事人的刑事责任。所以正确界定合同诈骗罪与合同纠纷中的民事欺诈行为，不仅有重大的实践意义，也有重大的理论意义。

（1）从主观方面区别合同诈骗罪和合同欺诈行为

①故意内容的比较。在合同诈骗罪中，行为人主观上具有利用签订合同达到非法占有他人财物的目的，这是区分合同诈骗罪与非罪的界限之一。这里的非法占有，是指以欺骗手段将他人财物转移到自己的控制之下，并以所有人的身份予以保存、使用、收益或处分。在合同诈骗罪中，行为人的诈骗图谋是利用合同得以实现的。对于合同诈骗罪的行为人而

---

[1] 陶阳、徐继超：《论合同诈骗罪与合同纠纷及民事欺诈行为的界限》，载《河南省政法管理干部学院学报》2004 年第 4 期，第 27—28 页。

言，签订合同的着眼点不在合同本身的履行，而在对合同标的物或定金的不法占有。所以，合同诈骗罪的犯罪故意的内容必须是"非法占有他人财物"。否则，即使行为人签订、履行合同的行为客观上具有欺诈的内容，并造成对方当事人财产上较大损失，也不应以合同诈骗罪论，只能承担相应的民事法律责任。

在合同欺诈中，当事人采取欺骗方法，旨在使相对人作出有利于自己的法律行为（即发生、变更和消灭一定的民事法律关系），然后通过双方履行这个法律行为谋取一定的非法利益，其实质是牟利。因此，在欺诈性合同中，欺诈人主观上并无非法占有目的，也无不履行合同的故意，其目的是采取欺诈手段与他人签订合同，确立权利义务关系，从履行合同中牟取高于合同义务的利益。可见，如何区分合同欺诈与合同诈骗，关键在于把握行为人是否以非法占有为目的。

②故意形式的比较。故意的形态不同：合同诈骗罪不存在间接故意，间接故意只能构成合同欺诈。合同欺诈的故意，是指行为人具有故意欺骗他人的意思，即行为人明知自己的行为会使被欺诈人陷入错误认识，并且希望或者放任这种结果发生的一种心理状态。合同欺诈的故意，既可以是直接故意，也可以是间接故意。而合同诈骗罪的主观故意形式只能是直接故意，不包括间接故意。因为合同诈骗罪作为目的型犯罪，行为人具有非法占有他人财物的目的，为实现此目的，他对损害他人财产所有权这一犯罪结果必然持积极追求的态度。

（2）从客观方面区别合同诈骗罪和合同欺诈行为

①行为方式的比较。合同诈骗罪的行为人目的在于无偿取得他人财物，根本不具有履行合同的诚意，所以其"虚构事实、隐瞒真相"的内容通常是：虚构合同主体，即以虚构的单位或者冒用他人的名义签订合同的行为，这是合同诈骗犯罪中最惯用、最常见的诈骗手段；虚设担保，即以伪造、变造、作废的票据或者其他虚假的产权证明作担保的行为；设置陷阱，即没有实际履行能力，以先履行小额合同或者部分履行合同的方法，诱骗对方当事人继续取得和履行合同的行为；携款逃匿，即收受对方当事人给付的货物、货款、预付款或者担保的财物后逃匿的行为；其他方法：虚构合同标的、利用合同制裁条款骗取定金和违约金、取得财物后大肆挥霍、拆东墙补西墙等行为。在合同欺诈中，行为人"虚构事实"通常表现

为夸大自己的履约能力，夸大合同标的数量、质量等；"隐瞒真相"则多表现为不告知合同标的物之内在瑕疵，不声明自己履行合同能力之缺陷等。尤其值得注意的是，在合同欺诈中，欺诈人甚至也可以用沉默的方式来为欺诈行为。单纯的沉默虽然不构成欺诈，只有在法律上、契约上、交易习惯上有告知义务时，沉默而不告知则应构成欺诈。可见，虽然在合同诈骗罪与合同欺诈中行为人所签订的合同都是欺诈性合同，但是合同诈骗罪的行为人具有无偿占有他人财物的故意，因而通常都不会有履行合同的行为，即使有部分履约行为，往往也是以此诱骗对方当事人，以图占有对方财物。而合同欺诈的行为人获取不法利益的同时，一般还会承担合同约定的义务，且其不法利益的取得，多是通过履行一定的合同义务而获得的。所以，考察行为人是否真实地履行了一定的合同义务，也可以作为区分合同诈骗罪与合同欺诈行为的限界之一。

②行为人签订合同后的态度比较。一般情况下，行为人签订合同后，都会为履行合同努力创造条件，按照实际履行的原则去履行合同；在发生合同纠纷时，也会想方设法采取补救措施或愿意承担违约责任，这本身也是履行合同的表现。因此，一方当事人收取当事人的财物后，对财物的使用、处置情况，以及不履行合同后对财物的偿还情况，也是区分合同诈骗与合同欺诈的界限之一。如果行为人将取得的财物全部或大部分用于挥霍，或者从事非法活动、偿还他人债务、携款逃匿等，应认为行为人有"非法占有"的故意，其行为构成合同诈骗罪。如果行为人将取得的财物全部或大部分用于合同的履行，即使客观上未能完全履行合同的全部义务，一般应认定为合同欺诈，不以合同诈骗论。如果行为人将取得的财物用于自己的其他合法经营活动，当其有积极的履行行为时，应认定为合同欺诈；当其没有履行行为时，应认定为合同诈骗。但是，行为人虽不履行合同，却在合同有效期限内将对方财物予以退还，仍应视为合同欺诈。给对方当事人造成损失后，如果行为人不主动采取补救措施，而是百般推脱责任，或者以"拆东墙补西墙"的办法还债，或者逃匿的，应认为行为人有诈骗的故意；如果行为人采取了积极的补救措施来减少对方损失，或者表示愿意承担赔偿责任，则不能认为行为人有诈骗的故意。一般地说，构成欺诈需要具备以下条件：一是当事人必须有欺诈的行为，如编造虚假情

况，作虚假陈述或故意隐瞒真实情况等。欺诈通常表现为作为，有时不作为也可构成欺诈，如对方了解情况时，避而不答，或含糊其词，使对方上当。二是欺诈一方必须有欺诈的故意，即有意欺骗对方。三是受欺诈一方作出的意思表示与对方当事人的欺诈行为有因果关系，即由于一方的欺诈而造成另一方的错误认识，导致错误的判断，而作出意思表示。欺诈可以由一方当事人本人实施，也可以是当事人指使他人实施。如实践中发现一方当事人与他人串通演双簧，或在交易中"雇托"故意制造虚假气氛，使对方上当受骗。

2. 正确认定欺诈的构成要件

最高人民法院《关于贯彻执行〈中华人民共和国民法通则〉若干问题的意见（试行）》第68条规定了欺诈的定义：一方当事人故意告知对方虚假情况，或者故意隐瞒真实情况，诱使对方当事人作出错误意思表示的，可以认定为欺诈行为。这是我国法律司法解释对欺诈的唯一定义，审判实践中也是按照该定义处理欺诈案件的，可见民法上的欺诈构成要件应当包括如下几个：

（1）当事人主观上具有欺诈的故意

所谓欺诈的故意，是指欺诈一方明知自己告知对方的情况是虚假的且会使被欺诈人陷入错误认识，而希望或放任这种结果的发生，即欺诈人主观上有欺诈的恶意。多数情况下，行为人从主观上的欺诈故意是十分明显的，也易于认定，但是在少数情况下，特别是行为人在出售假冒伪劣产品时，如果一方向他方陈述某种事实时，对于其陈述的事实的真伪性不能作出准确的判断，但仍向他人作出陈述，以致因陈述事实的虚假性而导致他方陷入错误，行为人主观上是否具有欺诈的故意呢？我们认为此种情况也可以认为陈述的一方具有欺诈的故意，因为陈述人不能判定其陈述的事实是否真实，也就不能以真实的事实陈述给他人。在陈述时，他应当知道该事实若属虚假，会使他人陷入错误认识，而陈述人却以不真实的事实向他人陈述，显然可认定陈述人具有欺诈他人的故意。❶

---

❶ 王利明、崔建远著：《合同法新论·总则》，中国政法大学出版社1996年7月版，第251—257页。

(2) 当事人实施了欺诈行为

欺诈行为在现实生活中大都表现为故意告知对方虚假情况或者故意隐瞒真实情况诱使对方当事人作出错误意思表示的行为。所谓故意告知虚假情况，也就是陈述虚伪事实，如将劣质产品说成是国优产品；所谓故意隐瞒真实情况是指行为人有义务向他方如实告知某种真实情况而故意不告知。❶欺诈通常表现为作为，有时不作为也可构成欺诈，如对方了解情况时，避而不答，或含糊其词，使对方上当。

(3) 被欺诈一方因欺诈而陷入错误，并因错误而作出了意思表示

受欺诈一方作出的意思表示与对方当事人的欺诈行为有因果关系，即由于一方的欺诈而造成另一方的错误认识，导致错误的判断，而作出意思表示。欺诈可以由一方当事人本人实施，也可以是当事人指使他人实施。如实践中发现一方当事人与他人串通演双簧，或在交易中"雇托"故意制造虚假气氛，使对方上当受骗。

3. 正确理解《民法通则》与《合同法》关于欺诈行为效力的规定

《合同法》对欺诈行为效力的规定与《民法通则》不同。《民法通则》第58条第（3）项的规定，欺诈行为是无效的民事行为。而根据《合同法》第52条和第54条的规定，因欺诈而订立的合同，只有当合同损害国家利益时合同才无效。否则一方即使以欺诈的手段订立了合同，对方当事人也只能请求法院或者仲裁机关变更或撤销合同。换言之，一方即使以欺诈的手段订立了合同，如果合同没有损害国家利益，该合同并不当然无效，是否无效，取决于对方当事人是否行使变更权或撤销权。应当说，《合同法》这一规定更有利于保护善意相对人的利益。但《合同法》颁布后，如何处理《民法通则》与《合同法》关于因欺诈订立的合同效力的矛盾，最高人民法院《关于适用〈中华人民共和国合同法〉若干问题的解释（一）》第3条规定："人民法院确认合同效力时，对合同法补充规定前成立的合同，适用当时的法律合同无效而适用合同法合同有效的，则适用合同法。"基于该司法解释，《民法通则》第58条第（3）项关于欺诈行为是无效的民事行为的规定将不再适用。

---

❶ 王利明、崔建远著：《合同法新论·总则》，中国政法大学出版社1996年7月版，第251—252页。

【案例举要】

钱兵珍诉蒙牛酒业有限公司特许经销协议纠纷案❶

〔案情〕

原告：钱兵珍

被告：呼和浩特经济技术开发区蒙牛酒业有限公司

2004年6月5日，原告钱兵珍与呼和浩特经济技术开发区蒙牛酒业有限公司北京分公司（以下简称北京分公司）签订了一份《蒙牛酒业·昂格丽玛银奶酒经销协议书》，约定北京分公司同意钱兵珍在本协议有效期内向北京分公司订购昂格丽玛银奶酒，并取得在北京市海淀区4号的产品经销权；北京分公司向钱兵珍按提货量比例提供一定的促销宣传辅助用品，原告同意根据北京分公司的要求将促销品长期悬挂、张贴、陈列、摆放在销售网点的主要位置；北京分公司同意根据提货量而派遣销售技术人员协助原告进行市场开拓、业务培训、促销活动、营销指导和市场管理等工作，时间、人员、方式由双方共同制定。在双方签订合同后，原告按协议的约定从北京分公司提了5万元的酒，并另外交了市场秩序保证金1万元。原告收取了呼和浩特经济技术开发区蒙牛酒业有限公司（以下简称蒙牛公司）提供的促销品，并已经全部赠送完毕。但后来北京分公司所承诺的广告宣传及市场支持却没有切实履行，并且迟迟不予报销原告垫付的进店费。随后，原告在与北京分公司无法取得联系的情况下，通过工商查询，发现早在2004年6月1日，蒙牛公司即已授权北京分公司向工商局办理北京分公司的注销手续，并于2004年6月24日办理完毕注销手续，除此之外，北京分公司始终未办理在北京市场销售酒的审批手续。

原告诉称，其正是在相信北京分公司能提供市场支持的前提下才与分公司签订合同，北京分公司在已申请注销的情况下仍对外签订经销合同，属明显的欺诈行为，该合同应依法撤销，请求法院判令撤销双方所签经销

---

❶ 北京市高级人民法院编：《北京法院指导案例》2008年第69期（总1109期），2008年12月31日编。

协议书，蒙牛公司返还原告货款、保证金、进店费等。

被告蒙牛公司辩称，北京分公司作为一个蒙牛公司的分支机构，并不具有独立的法人资格，因此北京分公司订立合同实质就是蒙牛公司作为合同的一方当事人，分公司是否注销对合同没有影响，不会影响钱兵珍订立合同的意思表示。北京分公司注销后，公司依然在履行自己的合同义务，因此，注销与否不影响双方合同履行，不存在欺诈。

另查明：北京分公司成立于 2003 年 8 月 8 日。2004 年 6 月 1 日，蒙牛公司向工商行政管理部门出具《指定（委托）书》，指定（委托）分公司法定代表人办理注销北京分公司的登记注册手续。同年 6 月 24 日，北京分公司核准注销。另查明，蒙牛公司在庭审中承认在北京地区蒙牛酒业公司没有其他的机构，其全部业务均由北京分公司处理。北京分公司有营业执照，并且在注销登记的材料中明确表明其为独立核算的分支机构。钱兵珍汇款的账号系北京分公司的账号，合同约定提供合同标的、履行促销等合同义务的也是北京分公司。

〔审理结果〕

一审法院经审理认为：领取了营业执照的分公司虽然在财产上并不独立，但是其在公司的授权范围内具有相对独立于公司的市场交易主体资格，换言之，本案合同的一方是北京分公司，从履行义务的情况也能说明这点。在北京分公司注销后，原告也明确表示不愿意继续履行合同时，合同主体并不当然就变更为蒙牛公司。不能将民事主体与民事责任主体相混淆。北京分公司与原告订立的合同并非即时清结的合同，因此，北京分公司的注销行为，对于原告的经营成本、经营方式甚至是否进行经营，进而对合同当事人订立合同时所作出意思表示有实质性的影响。

欺诈属于意思表示瑕疵，是针对当事人订立合同时的意思表示而言的，欺诈是否造成受欺诈人财产损失以及是否能够继续履行并不影响欺诈的认定。北京分公司在与原告签订合同时，在明知其即将注销的情况下，没有告知该事实，应当属于隐瞒重大事实的行为，对原告的意思表示有实质性影响，致使原告作出了错误的意思表示，构成欺诈。因北京分公司已经注销，其民事责任应当由蒙牛公司承担。

综上，法院依照《合同法》第 54 条第 2 款、第 56 条、第 58 条、《公司法》第 13 条第 1 款的规定判决：1. 撤销原告与北京分公司签订的《特许经销商协议》；2. 被告蒙牛公司返还原告市场秩序保证金；3. 蒙牛公司返还原告货款，原告钱兵珍将上述货款所对应的货物返还给被告蒙牛公司；4. 蒙牛公司向原告赔偿其代垫的进店费；5. 驳回原告的其他诉讼请求。

一审宣判后，双方当事人均未提出上诉。

（五）以合法形式掩盖非法目的合同应判定无效

【裁判要旨】

合同要受到法律的保护，其目的必须合法。当事人以合法形式掩盖非法目的的合同应被确认无效。

【理解与适用】

所谓以合法形式掩盖非法目的，是指当事人实施的行为在形式上是合法的，但是在内容上和目的上却是非法的，此种行为又称隐匿行为。在实施这种行为中，当事人故意表示出来的形式或者故意实施的行为并不是其要达到的目的，也不是其真实意思，而只是希望通过这种形式和行为掩盖和达到其非法目的。

以合法形式掩盖非法目的的合同是指当事人为了越过法律的障碍进而达到违法的目的而订立的以合法形式出现的合同。在实践中，以合法形式掩盖非法目的的合同主要有两种表现形式：①合同当事人只订立一份合同，该合同是形式上合法的合同，但是该合同并非当事人之间的真实意思表示，于合同之外，当事人还存在其非法目的。②当事人为达到其非法目的，签订两份合同，一明一暗，明的一份合同内容、目的都合法，但是当事人并不准备履行该合同，只是为了应付有关机关的审查与检查；暗的一份合同是违法合同，却是当事人准备实际履行的合同。这样的合同也是以合法形式掩盖非法目的的合同，也是无效的。在审判实践中，对以合法形式掩盖非法目的的合同的认定，应当注意以下几个方面❶：

---

❶ 吴庆宝主编：《商事裁判标准规范》，人民法院出版社 2006 年 1 月版，第 62—63 页。

1. 这种行为就其外表看来是合法的

如果行为的违法性是明显的，从外表就能看出来的，则可以直接适用《合同法》第53条其他款项所规定的情形来认定合同的效力，如以违反法律、行政法规的强制性规定为由认定合同无效等。司法实践中较为典型的以合法形式掩盖非法目的的合同集中表现于以其他合法形式掩盖企业间非法借贷为目的的合同，包括名为联营实为企业间借贷的合同、名为融资租赁实为企业间借贷的合同、名为补偿贸易实为企业间借贷合同等，就是以联营合同等为合法形式掩盖非法目的的合同，应当依法确认为企业之间的无效借贷合同。

2. 合同行为只是一种表象，其被掩盖的是一种非法的隐匿行为

合同目的，是当事人签订合同所希望达到的目的，即签订合同的内心起因。合同要想受到法律的保护，其目的必须合法；如果合同的目的非法就不受法律的保护。

当事人主观上所追求的实质是一种非法目的，其实施的外表行为只是达到非法目的的手段。这种违法行为是指违反了法律和行政法规的强制性规定的行为，由于掩盖的目的是非法的，所以该行为因违法应被宣告无效。如果当事人所掩盖的目的并不是违法的，而是合法的，则应当按照当事人的真实意图认定及处理，使被掩盖的行为生效。如具有贷款业务经营资格的金融租赁公司与某企业之间所签订的名为融资租赁实为借贷合同，则其经营范围既有借贷、又有融资租赁，故其与其他企业之间所签订的贷款合同或融资租赁合同都不会因为违反国家关于经营金融业务的强制性规定而被认定为无效，所以此时即使按双方当事人的真实意思表示确定的合同关系即借款合同关系，也应当认定有效，而不能认定为无效。

以合法形式掩盖非法目的的合同与规避法律的行为并不完全相同，规避法律的行为有两种，其中一种就是以合法形式掩盖非法目的的行为，而另一种规避法律的行为界限则较为模糊，需要明确界定，此时该合同是否有效还需要解释合同的内容，然后才能确定合同的效力。同时以合法形式掩盖非法目的的合同是以一种得为掩盖另一种当事人所希望实施的行为，而规避法律行为只是通过实施某种规避行为达到违法的目的，而并没有实施掩盖的行为。

3. 当事人主观上具有规避法律的故意，知道其所隐匿的行为与外表

行为不一致，也就是说当事人所要达到的非法目的是故意的，而不是过失造成的非法结果。

从该种行为的法律规定特征来看，构成该种行为应当是当事人的故意行为，而不包括过失行为。如果当事人的意思表示与其外在的行为不一致，则按合同法的规定，应当按合同内容的解释规则进行解释与确定，以认定当事人的真实意思，继而按其真实意思确定相关合同的效力。

4. 结合《合同法》该条其他项下的规定

当事人以合法形式所掩盖的非法目的，主要也应当是损害国家、集体、第三人的利益；损害社会公共利益或者是违反法律、行政法规的强行性规定等的目的，一般的违法目的不宜作为确认无效的唯一原因。但是以合法形式掩盖非法目的的合同，其客观后果可能是造成了损害，也可能没有造成损害，无论损害造成与否，都可以构成以合法形式掩盖非法目的的合同。

【案例举要】

北京戎信建筑装饰工程有限公司诉光大国际
建设工程总公司居间合同纠纷案❶

〔案情〕

原告：北京戎信建筑装饰工程有限公司
被告：光大国际建设工程总公司

2000 年 12 月，光大国际建设工程总公司（以下简称光大公司）与北京戎信建筑装饰工程有限公司（以下简称戎信公司）签订联合协议约定：戎信公司保证光大公司获得华腾园二期两个楼座（一个公建、一个住宅楼）约 35 000 平方米左右的工程总承包施工；光大公司支付戎信公司费用应以中标价为基础，光大公司承诺支付工程合同总额的 10% 给戎信公司；光大公司在工程预付款到位时一次付给戎信公司应得上述款项（预付款数额不低于戎信公司所得的二倍。如不足二倍，相差多少按倍数少付戎信公司多少，在第二次拨款时补齐）。同时，双方还约定了变更洽商等条款。

---

❶ 北京市高级人民法院编：《北京法院指导案例》2005 年第 47 期（总第 745 期），2005 年 10 月 21 日编。

上述协议签订后，光大公司通过招投标取得联合协议所涉工程项目的施工。

2001 年 7 月 30 日，光大公司与北京北化房地产开发有限公司（以下简称北化公司）签订北京市建设工程施工合同，约定：北化公司为发包方，光大公司为承包方，光大公司承建华腾园小区乙 7 号楼的土建、给排水、采暖、电气工程，合同工程承包造价 47 788 600 元。2002 年 9 月 26 日，光大公司与北化公司签订建设工程施工合同，约定：北化公司为发包方，光大公司为承包方，光大公司承建华腾园小区乙 7 号住宅楼裙房工程，合同价款 10 989 998 元。2001 年 9 月 25 日，北化公司向光大公司支付第一笔工程款 500 000 元。截至案件起诉之日，光大公司已收到工程款 3 000 余万元。光大公司一直未向戎信公司给付联合协议约定的报酬。

另查，北化公司是戎信公司的股东之一，北化公司所属华腾园小区工程项目的发包方式是公开招标。

〔审判理由与结果〕

一审法院经审理认为，居间合同是居间人向委托人报告订立合同的机会或者提供订立合同的媒介服务，委托人支付报酬的合同。本案中戎信公司向光大公司提供了华腾园小区工程建筑施工的信息，而光大公司也通过招投标取得了联合协议中约定的华腾园小区的建筑工程。联合协议中确定的居间指向的标的物已经在其后的两个建筑工程施工合同中得到实现。所以，光大公司与戎信公司签订的联合协议符合居间合同的基本特征，其性质属于居间合同，戎信公司亦按照联合协议的约定履行了居间的义务。联合协议系双方当事人的真实意思表示，应属有效。北化公司已经向光大公司支付了工程款。光大公司在北化公司已经支付工程款的条件下，应按照其在联合协议中的承诺，向戎信公司支付居间的报酬。在光大公司逾期未能给付戎信公司居间报酬的情况下，光大公司还应当按照逾期付款的有关规定并依联合协议的约定，自北化公司支付第一笔工程款的第二日起赔偿戎信公司的损失。依据《中华人民共和国合同法》第 8 条、第 424 条、426 条第 1 款之规定，判决：光大公司于判决生效之日起 10 日内给付戎信公司人民币 5 877 859.8 元，并赔偿利息损失。光大公司不服一审判决，提起上诉。上诉理由之一是：联合协议内容严重违法，涉嫌不正当竞争，属于无效协议。被上诉人在未做任何工作的情况下，公然保证上诉人中标，主要原因是利用北化公司是其股东的特殊地位。

二审法院经审理认为，案件所涉及的工程项目施工，是北化公司根据法律规定以招投标方式进行发包的。《中华人民共和国招标投标法》第5条规定："招标投标活动应当遵循公开、公平、公正和诚实信用的原则。"但是在北化公司公开招标、光大公司投标行为开始之前，光大公司和戎信公司联合协议约定"戎信公司保证光大公司获得华腾园二期两个楼座约35 000平方米左右的工程总承包施工"，该约定明显违反了我国招投标法关于在招投标活动中要遵循公开、公平、公正和诚实信用原则的规定，属于以合法形式掩盖非法目的的行为，其扰乱了建筑市场的正常秩序，损害了其他参与招投标活动当事人的合法权益。虽然光大公司中标并承包该项目工程，但对于这种以"保证中标"为条件收取费用，明显违反招投标活动应遵循原则的行为，法院不应予以支持。故认定光大公司与戎信公司之间的联合协议无效。原审法院判决认定的事实清楚，但适用法律错误，应予改判。依法判决撤销一审法院的判决，戎信公司与光大公司签订的联合协议无效，驳回戎信公司的诉讼请求。

四、合同的履行

（一）对合同内容的争议无法通过协商补充的，可以根据交易习惯确定

【裁判要旨】

合同生效后，当事人就质量、价款或者报酬、履行地点等内容没有约定或者约定不明确的，可以协议补充；不能达成协议的，按照合同的有关条款或者交易习惯确定。

【理解与适用】

我国《合同法》第 61 条确定了一项对当事人之间协议的补充原则，即当事人在合同中没有约定或者约定不明确，又无法通过协商补充者，可以根据合同的有关条款或者交易习惯确定，这是我国法律首次运用交易习惯确定当事人权利义务的规范。但如何确认交易习惯，《合同法》中没有作出相应的规范，于是如何确认交易习惯，已成为在司法实践中当务之急。处理此类问题，关键是要把握以下两个问题：

1. 准确确定交易习惯

交易习惯广泛地存在于各个行业、地区以及一部分特定的人群中，合同法中也将交易习惯广泛地运用，有第 61、92、111、139、154、156、159、160、161、205、206、226、232、250、263、310、312、338、341、354、366、379、418、426 条等，其数量之多、涵盖之广是前所未有的，它不仅体现在总则，而且在分则的 14 个有名合同中，有 12 个明确有交易习惯的规则运用，交易习惯的广泛运用，一方面显示了当事人意思自治的契约自由原则在合同法中的重要地位，另一方面充分体现我国立法和法律

尊重市场秩序，维护交易安全和维护当事人平等权益的本质，考察新中国成立以来我国立法，一个法律概念如此反复地使用在同一部法律中尚属首次，因此如何确认交易习惯随着合同法的贯彻实施，已经成为司法实践中一个重要的法律问题。

我国法院普遍认为，所谓交易习惯就是当事人在长期的交易过程中形成的习惯性作法。❶ 这个观点已将习惯和惯例区别开来。明确地界定为交易习惯是指法律未作规定的交易习惯，而不是作为特定规则形式存在的交易惯例，强调了当事人的主体性和行为的惯常性。为了注释和界定该定义，最高法院的法官们进一步举例加以说明："例如，当事人在合同中没有约定货物的价格，但是当事人以前长期进行同一种货物买卖的价格都是一个固定的价格，那么本次合同的内容就可以依据以前合同的价格来确定"。❷ 由此可见，要确定交易习惯的存在，法院倾向于必须具有三个条件：一是当事人之间在此之前有长期的交易行为；二是当事人之间的交易行为具有某种惯常性；三是在前两个条件中引申出来的，当事人须要证明彼此之间的交易行为的长期性和行为内容的惯常性。这样就把习惯和惯例这两个不同的概念区别开来。这种区别使得我们在使用交易习惯处理相关法律事务时更能与世界各国普遍接受的法律制度相衔接，即可以与国际接轨。因此认为交易习惯的确定，需要从如下几方面来考虑❸：

（1）交易习惯确定的前提是当事人在合同中存在约定不明确或对条款的解释产生歧义的情况。从这个意义上说，交易习惯的确定是一种合同解释的形式，它不是一项独立的合同制度，只是立法提前将合同解释的前提和方向加以规范而已。对合同解释的超前规范，并不是我们首创，在《意大利民法典》中已有成功的例证。该法第 1368 条规定："模棱两可的条款要根据契约缔结地的一般惯例进行解释。在契约中，若当事人一方是企业主，则模棱两可的条款要根据企业所在地的一般惯例进行解释。"❹ 它非常典型地把合同的解释规范为根据合同的缔结地和合同的履行地一般惯例来

---

❶ 李国光主编：《中国合同法条文解释》，新华出版社 1999 年 5 月版，第 4 页。

❷ 李国光主编：《中国合同法条文解释》，新华出版社 1999 年 5 月版，第 4 页。

❸ 刘友国、周建伟：《刍议合同法中"交易习惯"的确定》，载《福建政法管理干部学院学报》2001 年 4 月第 2 期（总第 8 期），第 28—29 页。

❹ 费安玲、丁玫译：《意大利民法典》，中国政法大学出版社 1997 年 6 月版，第 366 页。

解释。我国《合同法》第61条同样地把合同约定不明或未约定的部分所作的解释确定为按照合同条款和交易习惯。因此对交易习惯的确定，是合同解释，而不是合同的制度。

（2）交易习惯的确定，必须是当事人之间在惯常的交易过程中所形成的一种双方均予认可的方式。在这里强调了当事人之间的交易行为多次的存在，并对所争议的事项始终按照一个相对固定的方式运作。对此我们可以从美国《统一商法典》找到相近似的规定，它说所谓的"交易过程是指该交易的当事人之间一系列先前的行为，在解释当事人的意思表示和其他行为时，将公平地认为这些行为对此确立了一个共同理解的基础。"[1] 因此行为的先前性，是交易习惯的确定所应具备的物质基础，只有具有丰厚的物质基础，它才能既弱化当事人主张的功利性，又淡化法官在解决合同纠纷的裁决中的主观性，以符合交易目的和维护交易安全为前提，最贴近地解释合同中所呈现出来的当事人真实意思表示，并据此来确定当事人间交易习惯的存在。

（3）交易习惯的确定，必须是基于当事人之间交易行为的多次发生。对于当事人间多次交易行为的界定，可以通过司法解释的方式加以确定，也可以赋予法官在解决纠纷过程中，根据当事人之间交易基础、交易目的和交易安全等因素来确定。但所确定的次数，除非当事人自己确认，一般要具有相当的倍数，才能真实准确地确定为多数，所确定的先前的交易行为宜以不得少于三次为认定多次的前提，否则就不能确定为多次。

（4）交易习惯的确定，必须由主张交易习惯存在的当事人进行举证，既要证明双方之间先前交易行为的存在，也要证明惯常性的交易方式的存在。因此所谓先前的交易行为，是在当事人间的交易过程中产生的，倘不发生纠纷，法官无法先知先觉地了解当事人间所存在的交易、契约及其真实意思表示，所以交易习惯确定的一个重要条件，必须有当事人充分的举证证明，从这个意义上说，交易习惯的确定是合同实体审理过程中的一个重要环节，它不仅仅具有程序上举证责任的意义，更具有实体权利上主张之意义，当事人未主张和举证的，就不存在需要确认双方交易过程中交易

---

[1] 《世界著名法典选编——民法卷之美国统一商法典》，中国民主法制出版社1997年7月版，第133页。

习惯问题了。

（5）当事人之间的交易习惯必须与惯例，尤其是贸易惯例相区别。不能简单地将贸易惯例作为当事人之间的交易习惯来确定。当事人之间的交易习惯比贸易惯例更符合当事人交易最初的意思，不应将贸易惯例作为当事人之间的交易习惯。美国《统一商法典》明确规定"明示条款优于交易过程和贸易惯例，交易过程优于贸易惯例"，❶因此将《国际贸易术语解释通则》《跟单信用证统一惯例》《托收统一规则》等国际惯例规则作为当事人之间的交易习惯来确定，是不符合当事人真实意思表示的。在实践中，当事人之间对某些贸易惯例的适用，一般都会在合同中加以明确约定，如买卖关系中对贸易术语的运用，往往是合同当事人在合同签订之时就已经作为一项利润与风险核算的条件加以确定，而信用证托收问题，则是支付对价的最基本方式，当事人一旦在合同中运用了贸易惯例术语等，由于该部分已经有着严格的法律惯例内涵，一般不会出现对条款解释歧义问题，即使有时当事人在合同约定中出现对所表述的内容的争执，由于对国际惯例的解释已经被人们普遍接受，只要将其重新阐述即可，其所应有的内涵无须再加以确定。

2. 正确把握可按交易习惯解释的内容及应注意的其他问题

依《合同法》第 61 条的规定，可按交易习惯来解释的合同内容，包括合同项下的质量、价款或报酬、履行地点、履行期限、履行方式和履行费用等与合同履行相关的内容。可解释内容范围相当广泛，涉及面也广，因此在具体适用过程中，必须深入研究合同当事人之间的订立契约的目的、交易安全、当事人对合同的实际履行情况等，按照交易习惯的解释规则，由当事人充分进行举证，在全面弄清当事人的真实意思表示的基础上，对合同约定不明之处作出最符合当事人签约目的的解释。

对交易惯例的确定与适用，是《合同法》第 61 条中数种合同解释中的一种，从法条的表述以及对几种解释的立法排列的顺序来分析，对交易习惯的确定和适用是处于后序的，即只有在当事人之间无法达成补充的协议时，才能确定交易习惯并适用之。

---

❶《世界著名法典选编——民法卷之美国统一商法典》，中国民主法制出版社 1997 年 7 月版，第 133 页。

必须强调指出的是，适用《合同法》第 61 条时，必须克服以往国家干预契约行为的观念，而以当事人的意思自治原则为核心来处理合同纠纷，不要未作相应的确定而径行适用相关的国家标准、行为标准等其他参考标准来确定当事人之间合同的内容。这是合同法所确定的契约自由理念主要内涵，所以《合同法》第 62 条中规定的合同内容不能确定的几项参照标准如国家标准、行业标准以及合同履行的其他确定方式，规定了适用的前提，即"当事人就有关合同内容约定不明确，依照本法第六十一条的规定仍不能确定的"。立法提供给我们新的合同理念，在新旧合同法律规范接轨时期，我们必须注意克服国家干预合同行为的计划经济传统观念，从市场经济和国际经济大循环的角度出发来理解新合同法所确定的观念。法定的参照标准是对当事人契约真实意思表示的补充，而不是代替当事人契约的真实意思。因此对《合同法》第 62 条的适用，必须严格执行该条款中所确定的前提条件，只有待该条件成就后，才予以适用该条款，不主动地适用相关国家标准等蕴涵着国家干预性质的规范。

【案例举要】

沈雄辉诉北京益生同和医药科技发展有限公司买卖合同纠纷案❶

〔案情〕

原告：沈雄辉
被告：北京益生同和医药科技发展有限公司（以下简称益生公司）

益生公司为济南维尔康生化制药有限公司销售"治开－胰激肽原酶肠溶片"之全国独家代理商。2005 年 4 月，沈雄辉与益生公司订立口头协议，沈雄辉向益生公司购买上述肠溶片。同月 20 日，沈雄辉向益生公司之法定代表人张帆汇款 7 480 元，益生公司于次日向沈雄辉发货 3 件，并同时开具 1 000 元保证金收据一张。后沈雄辉于同年 5 月 18 日、5 月 23 日又向张帆分别汇款 9 600 元、8 400 元，被告未再向沈雄辉发货。庭审中，诉争双方对汇款事实、金额均无异议，但对该种药品单价存在争议。被告提

---

❶ 北京市高级人民法院编：《对合同价款的争议应按举证难易程度及交易的习惯来认定》，载《北京法院指导案例》2008 年第 75 期（总第 1115 期），2008 年 12 月 31 日编。

供济南维尔康生化制药有限公司与被告签订的代理合同书一份，双方约定每盒肠溶片的零售价为 39.9 元，批发价为 34.69 元，供货价为 9 元。此外，益生公司提供该药 2005 年广东省属中标价为每盒 25.6 元，同年，广东省湛江市、汕头市、揭阳市、阳江市的中标价分别为每盒 23.5 元、28.5 元、23 元及 31.94 元。同时，益生公司解释中标价的含义为"国家对药品集中招标采购，是医院的购入价格"。益生公司还向法庭提供了同期向宁波天星医药有限公司及杨某的发货单，称该两批货物均为现金交易，无汇款凭证。益生公司后又向法院提供的其他汇款凭证、发货单，并称与其他公司的买卖合同均为口头合同。另外，双方对沈雄辉交纳保证金所担保的事项存在争议，但均未能提供书面合同。益生公司提供王某的证人证言一份，证明广东韶关的肠溶片串入安徽阜阳市场，但未出庭作证。另查明，原告与益生公司在 2005 年 4 月前未进行过任何其他交易。

〔审理结果〕

一审法院经审理认为，当事人在履行合同过程中应当遵守诚实、信用原则，在诉讼活动中应客观地陈述事实。在当事人对双方合同已成立没有异议，但对合同约定的标的物价款、交付方式、货款支付方式向人民法院做出差异较大的陈述且无其他证据能够对此事实予以证明时，人民法院将根据此类合同的交易习惯，并运用逻辑推理和日常生活经验对案件事实做出综合判断。本案中，双方均认可就货物交易、货款支付没有书面协议，而诉讼中双方对曾约定的货物单价各执一词。经法院审查认为，双方在 2005 年 4 月前素无生意往来，即沈雄辉个人对益生公司而言无任何信誉记录，故沈雄辉先付款、益生公司后交货是符合交易习惯的，益生公司虽就货物单价向本院提供了部分证据，但其提供的证据仍不能佐证其陈述系客观事实，故本院将采信沈雄辉的主张，认定沈雄辉于 2005 年 5 月 18 日、5 月 23 日向益生公司法定代表人张帆汇出的款项系欲再行购货的货款，而并非第一批货物的尚欠款。现沈雄辉在益生公司未继续发货的情况下要求益生公司退还货款并支付利息，法院予以支持。另外，保证金系保证双方正当地履行合同的权利义务。双方在庭审过程中对沈雄辉交纳保证金所担保的事项存在争议，但均无有效证据支持，故法院在双方合同已经无法继续履行的情况下，将判令益生公司返还此保证金。故依照《中华人民共和国合同法》第 60 条、第 107 条、第 135 条的规定判决：1. 被告北京益生同和医药科技发展有限公司于本判决生效后 7 日内返还原告沈雄辉货款人民币 1.8 万元，并退还原告沈雄辉保证金人民币 1 000 元。2. 被告北京益生同和医药科技发展有限公司于本判决生效后 7 日内以 1.8 万元为基数按同期银行贷款利率向原告沈雄辉支付 2005 年 5 月 23 日至 2006 年 9 月 19 日的利息。一审宣判后，益生公司不服，提起上诉。二审法院经审理认为，原审法院所作判决并无不当，应予维持。依法判决驳回上诉，维持原判。

（二）依双方当事人约定，可在合同中为第三人设定权利或义务

【裁判要旨】

在涉及第三人的合同中，当事人约定由债务人向第三人履行债务的，债务人未向第三人履行债务或者履行债务不符合约定，应当向债权人承担违约责任。当事人约定由第三人向债权人履行债务的，第三人不履行债务或者履行债务不符合约定，债务人应当向债权人承担违约责任。

【理解与适用】

民法理论中，以合同是否严格贯彻了合同相对性原则为标准，将合同分为束己合同和涉他合同。束己合同是指严格遵循合同的相对性原则，合同当事人为自己约定并承受权利义务，第三人不能向合同当事人主张权利和追究责任，合同当事人也不得向第三人主张合同权利和违约责任的合同。实际上就是合同产生之债权债务只能对合同的当事人各方有效，这是传统合同法恪守的基本原则，是合同的常态，绝大多数合同都是束己合同。随着社会生活的发展，有些合同已突破了合同相对性原则，合同当事人在合同中为第三人设定了权利或义务的合同，这种合同叫涉他合同。涉他合同，又称涉及第三人的合同，是指当事人约定，向第三人履行债务或者由第三人向债权人履行债务的合同。两者之间的简单区别如下：设甲与乙分别是债权人和债务人，丙为第三人，则"向第三人履行"合同就是乙向丙履行债务，而"由第三人履行"合同则是丙向甲履行债务。在审判实践中处理涉他合同纠纷，应当重点把握好以下两个问题：

1. 准确把握第三人利益合同的特征

涉他合同包括第三人利益的合同与由第三人履行的合同。第三人利益合同，又称向第三人履行合同，又称利他合同，是指双方当事人约定，由债务人向第三人履行债务，第三人直接取得请求权的合同。我国《合同法》第 64 条规定："当事人约定由债务人向第三人履行债务的，债务人未向第三人履行债务或者履行债务不符合约定，应当向债权人承担违约责任。"

根据传统民法理论，合同是基于当事人之间的相互信赖而建立的，债务人仅对债权人履行义务，第三人不得参与其间，不能享有权利，也无须负担义务，这是合同的相对性原则。罗马法中的"任何人不得为他人为缔约"的格言，就是这一原则的集中概括。近代以来，由于社会发展和人们生活的需要，契约关系在不断扩大，严格的合同相对性原则带来了诸多不便与不公正的结果。因此将第三人纳入合同条款的范围已成为合同法的发展趋势，合同相对性的原则正在逐渐被突破。一般认为，《合同法》第 64 条的规定建立了我国的第三人利益合同法律制度的雏形。第三人利益合同在生活中较常见，主要在保险、货、海商等方面的法律制度中有所体现。比如，我国《保险法》第 49 条规定：保险人对责任保险的被保险人给第三人造成的损害，可以依照法律的规定或者合同的约定，直接向该第三者赔偿保险金。因而在法律有规定的情况下，责任保险合同发生第三人效力。货运合同也具有第三人效力，收货人虽不是货运合同的当事人，却可依该合同取得对承运人请求货物的权利。《合同法》第 308 条规定："在承运人将货物交付收货人之前，托运人可以要求承运人中止运输、返还货物、变更到达地或者将货物交给其他收货人，但应当赔偿承运人因此受到的损失。"《海商法》中设有实际承运人制度，实际承运人包括接受转委托从事此项运输的其他人。实际承运人对其造成的货物损失，应负赔偿责任，发货人可以任意向承运人或实际承运人索赔。实际承运人并不是运输合同当事人，但发货人却有权向其索赔，从表面上看是运输合同发生了第三人负担的效果，实际上承运人成为受运输合同约束的第三方。而实际上发货人的权利，应是来自于承运人和实际承运人的合同，该合同为第三人利益合同。

第三人利益合同具有以下特征：①除应具备债权人合意等合同成立的

一般要件外，还需具备两项特别要件分别是：债务由债务人向第三人履行，而不是向债权人履行；不但债权人享有请求债务人向第三人履行的权利，第三人亦直接取得请求债务人履行的权利。②债权人与债务人订立第三人利益合同，债权人可以事先征得第三人的同意，也可以不告知第三人。③债务人按照合同向第三人履行时，应当通知第三人。④债务人不向第三人履行债务的，债权人按照约定有权请求其向第三人履行，或者向第三人赔偿损失，第三人也有权请求债务人履行，或者赔偿损失。⑤债务人基于对债权人的抗辩，可用以对抗第三人。⑥债务人与债权人订立向第三人履行的合同后，在第三人未表示受领前，利益尚未确定，债权人与债务人可以变更或解除合同。第三人表示受领后，利益已经确定，债权人与债务人不得变更第三人的条款或解除合同。⑦在向第三人履行中，第三人对债务人虽取得债权人的地位，可以行使一般债权，但是由于第三人不是合同当事人，第三人不得行使解除权、撤销权等合同本身的权利。

以下考察各国对于第三人利益合同制度的立法。《德国民法典》第 328 条规定："当事人得依契约订定向第三人为给付，第三人有直接请求给付的权利。"《法国民法典》第 1165 条规定，合同仅在当事人之间有效，合同当事人不能强加义务于第三人，仅在第 1121 条规定的情况下可以为第三人设定利益。依第 1121 条的规定，人们在为自己与他人订立合同时，或对他人为赠与时，亦得订定第三人利益的条款，作为该合同或赠与的条件，如果第三人声明有意享受此条款的利益时，合同当事人即不得撤销之。《法国民法典》的上述规定表明，仅在严格限定的条件下，第三人利益合同才被承认。英国法恪守合同相对性原则，没有承认第三人可以强制执行为其利益而订立的合同的制度，第三人无直接请求权。但是出于实践的需要，英国的立法及判例创建了许多合同相对性的例外，在特定情况下赋予第三人以直接请求权，使第三人可以强制执行合同。这些例外主要涉及代理、合同债权转让、海上货运、准合同、流通票据、信托、保险、土地等方面。美国州法院很早就承认第三人利益合同，许多州已经通过立法确立该项制度，如加利福尼亚州民法第 1559 条规定：明示地为第三人利益而设立的合同，在合同当事人撤销它之前，第三人随时可强制执行之。美国法学会编写的《合同法重述》也对第三人利益合同作了详细的规定。我国《合同法》第 64 条规定为"当事人约定由债务人向第三人履行债务的，债务人未向第三人履行债务或者履行债务不符合约定，应当向债权人承担违约责任。"即规定债务人只能向债权人承担违约责任，否定了第三人的直接请求权。比较上述国家的第三人利益合同法律制度，可以看出，第三人利益合同制度在英美及大陆法系得到了广泛的承认，而我国《合同法》第64条的规定，由于否定了第三人的直接请求权，则很难说是建立了真正的第三人利益合同制度；进而，《合同法》第64条的规定也很难说是完全突破了合同相对性原则。但是该条规定将第三人利益保护纳入契约利益的同等保护中，不仅体现了对于第三人的保护，而且体现了合同法对于债权人行使其权利的自由给予充分保护的精神。

2. 准确把握由第三人履行合同的特征

由第三人履行的合同是指合同当事人为第三人约定了合同义务，由第三人向合同债权人履行该合同义务的合同。我国《合同法》第65条规定："当事人约定由第三人向债权人履行债务的，第三人不履行债务或者履行债务不符合约定，债务人应当向债权人承担违约责任。"由第三人履行的合同具有独特的法律特征：①第三人不是缔约人，不需要在合同上签字或盖章，也不需要通过其他代理人参与缔约。②合同为当事人的约定并未增加第三人的负担，合同实际上是以第三人既负的给付为标的。③该约定不约束该第三人，当第三人拒绝履行合同时，合同债务人负责履行。可见在由第三人履行的合同中，虽然合同约定了由第三人代替债务人履行债务，但是第三人不履行债务或履行债务不符合约定的，债务人仍应向债权人承担违约责任。法律之所以这样规定的原因在于：一方面在这类合同中，第三人并非因此代替合同债务人成为合同债务人。也就是说，第三人与合同债权人之间不发生任何法律关系，债权人向第三人主张权利的基础根本就不存在，他不能基于他与债务人的合同关系向第三人主张权利。另一方面，第三人虽然介入合同中，对债权人履行合同义务，但是债务人与债权人的合同法律关系仍然存在。这也是第三人不履行或不完全履行债务时，债权人要求债务人承担责任的基础。当然在债务人因第三人不履行或者履行不符合约定而承担违约责任后，他有权根据他与第三人之间的法律关系追究第三人相应的责任，这就是另一个法律关系了。

【案例举要】

马斯特公司、翔利公司与风尚心盟公司承揽合同纠纷案❶

〔案情〕

原告：北京马斯特科技发展有限责任公司（以下简称马斯特公司）

原告：北京翔利彩印有限责任公司（以下简称翔利公司）

被告：北京风尚心盟广告有限责任公司（以下简称风尚心盟公司）

1999 年 5 月 25 日，风尚心盟公司与马斯特公司签订一份承揽合同，约定由马斯特公司为风尚心盟公司提供 24 小时输出、打印、彩喷及一定的技术咨询服务；双方结算方式严格按月结算，月结日期为每月 20 日；马斯特公司每月向风尚心盟公司出具对账结算清单，由双方进行核对并结算；双方之间的营业合同单，风尚心盟公司应认真签收，有争议时及时商量，共同处理，不能因此作为拖款的原因，同时双方还对价格结算、违约责任等做了约定。合同签订后，马斯特公司委托翔利公司向风尚心盟公司出具加工单，代其履行与风尚心盟公司的承揽合同。翔利公司向风尚心盟公司出具的系空白加工单，由风尚心盟公司业务员填写出片内容后，交还翔利公司并在客户签字一栏中签字确认加工单的出片、打样价格。翔利公司在第二个月的 20 日到风尚心盟公司结算上个月的加工费。风尚心盟公司累计拖欠翔利公司 2000 年 5 月 8 日至 6 月 15 日的加工费 23 259.7 元，一直未付。2000 年年底，马斯特公司与翔利公司诉至北京市海淀区法院，要求法院依法判令风尚心盟公司给付加工费 23 259.7 元并偿付滞纳金。庭审中，马斯特公司与翔利公司放弃了滞纳金的诉讼请求。

〔审理结果〕

北京市海淀区法院经审理认为，马斯特公司与风尚心盟公司签订的承

---

❶ 案号：北京市海淀区人民法院（2000）海经初字第 3947 号民事判决书。

揽合同,未违反国家法律规定,应属有效。马斯特公司在合同履行中委托翔利公司代为履行合同,翔利公司与风尚心盟公司在履行合同中发生的债权、债务,依法应由马斯特公司承受。故马斯特公司要求风尚心盟公司给付加工费的诉讼请求,证据充足,于法有据,法院予以支持。风尚心盟公司未给付马斯特公司加工费的行为,系违约行为,对引起本案纠纷应负主要责任。马斯特公司放弃滞纳金的诉讼请求,本院不持异议。风尚心盟公司以其已给付 2000 年 5 月 8 日至 5 月 26 日的加工费 1.1 万元的辩称,与法院查明事实不符,法院对其该辩称理由不予采信。风尚心盟公司以应由翔利公司承担还款义务的辩称,因翔利公司系代马斯特公司履行合同,其应向马斯特公司承担还款责任,故其该辩称理由亦不能成立。风尚心盟公司称其因翔利公司一张加工单出片错误,而拒付加工费的辩称,不能作为免除其债务的抗辩理由。法院依据《中华人民共和国合同法》第 8 条、第 64 条之规定,判决被告风尚心盟公司给付马斯特公司、翔利公司加工费 23 259.7 元。

一审判决后,双方当事人均没有提起上诉。

(三) 在有先后履行顺序的双务合同中,后履行一方有权因先履行一方未履行而拒绝履行合同义务

【裁判要旨】

当事人互负债务,有先后履行顺序,先履行一方未履行的,后履行一方有权拒绝其履行要求。先履行一方履行债务不符合约定的,后履行一方有权拒绝其相应的履行要求。

【理解与适用】

抗辩权是对抗他人的请求权或者否认他人的权利主张的一种民法上的权利。我国合同法就合同义务具有履行先后顺序的合同履行抗辩权规定了两种情况,即不安抗辩权和后履行抗辩权。其中,后履行抗辩权是指在有先后履行顺序的双务合同中,后履行债务一方在先履行债务一方未为对待给付之前,有权拒绝履行合同义务。《合同法》第 67 条规定:"当事人互

负债务，有先后履行顺序，先履行一方未履行的，后履行一方有权拒绝其履行要求。先履行一方履行债务不符合约定的，后履行一方有权拒绝其相应的履行要求。"该条是我国法律首次对后履行抗辩权进行规定。行使后履行抗辩权的当事人从表面上看处于一种违约的状态，其违约的原因在于应当先履行义务的对方已经违约，后履行义务的当事人无法履约或为避免履约后造成损失，不得不违约。后履行抗辩权的出现，是对一种特殊违约的救济，故后履行抗辩权也可以称为违约救济权。处理因后履行抗辩权引发的纠纷，应当注意把握好以下依法问题：

1. 正确把握后履行抗辩权的适用条件

合同当事人行使后履行抗辩权，应当满足下列条件：

（1）双方当事人由同一双务合同产生对待给付义务。当事人在合同中互负对待给付的债务，这是行使后履行抗辩权最基本的条件；后履行抗辩权只能发生在双务合同中，单务合同不具有行使抗辩权的前提，这是由双务合同的特点以及抗辩权的内容所决定的；行使后履行抗辩权还要求当事人之间的债务关系发生在同一合同中，如果当事人之间的债务是基于几个合同发生的，那也不具备适用后履行抗辩权的条件。

（2）当事人履行债务有先后顺序。合同当事人双方互负债务但并非同时履行，而是异时履行；一方履行在先，另一方履行在后。当事人互负债务有先后履行顺序，是由于合同明确规定或根据交易习惯确定的，而且这种先后履行顺序是合法的和无争议的。当事人履行债务的先后顺序，既可能表现为合同规定当事人双方应分别在两个不同的具体时间履行债务，而这两个具体时间是有先后的，也可能表现为合同规定当事人一方在另一方履行债务后才履行自己的义务。在这两种情况下，后履行债务的一方均享有后履行抗辩权。特别是在第一种情况下行使该项权利，其意义更为重要。因为在当事人双方均逾期未履行债务的情况下，履行时间在后的当事人往往可以通过行使后履行抗辩权，一方面维护自己的权益不受损害，另一方面还可以免去可能承担的违约责任。

（3）先履行债务一方未履行债务或履行债务不符合约定。后履行抗辩权只能由合同当事人中后履行债务一方来行使。因此作为行使该项权利的一个重要条件，就是先履行债务一方未履行债务或履行债务不符合约定。

"未履行债务"既可以是先履行义务一方当事人丧失了履行义务的能力，也可以是其拒绝履行义务。"履行不符合约定"包括迟延履行、部分履行、瑕疵履行等情况。

（4）须为先履行一方当事人应当先履行的债务是可以履行的。若先履行的一方的债务已经不可能被履行了，则后履行一方当事人行使后履行抗辩权已失去意义。

2. 准确把握后履行抗辩权的适用情形

在以下情形中，合同当事人可以适用后履行抗辩权：

（1）应当先履行的当事人不履行债务，已到履行时间应当后履行的对方当事人就有不履行债务的权利。如房屋租赁合同中，双方约定，先使用房屋，后交付租金，若出租人不交付房屋，承租人有权拒付租金。

（2）应当先履行的当事人履行债务完全不符合约定，实际构成不履行，已到履行时间应当后履行的对方当事人就有不履行债务的权利。如甲乙双方在买卖合同中约定，甲方于 6 月 5 日交红塔山香烟 30 件，计款 120 000 元，乙方在 6 月 15 日将款付清。若甲在 6 月 5 日交付了假红塔山香烟 30 件，则甲实为不履行合同，则乙可行使后履行抗辩权，拒绝付款。

（3）应当先履行的当事人履行的债务部分符合约定，构成部分不履行，已到履行实践时应当后履行的对方当事人就有部分不履行相应债务的权利。这种给付应当先履行的当事人部分符合约定的债务履行的对价，是诚实信用原则在抗辩中的表现。如上述案例举要中，若甲在 6 月 5 日交付红塔山香烟 20 件，尚有 10 件未交，则乙应当支付 20 件的烟款，对尚欠的 10 件享有后履行抗辩权。

3. 正确认定后履行抗辩权的法律效力

合同当事人行使后履行抗辩权旨在阻止对方当事人请求权的行使，为延期抗辩权，而非永久抗辩权。当对方当事人完全履行了合同债务，后履行抗辩权即行消失。当事人应当履行自己的债务。当事人行使后履行抗辩权致使合同延迟的，延迟履行责任由对方当事人承担。

【案例举要】

北京多益元电子技术有限责任公司与北京新北
广告制作公司委托发布广告合同纠纷案❶

〔案情〕

原告：北京多益元电子技术有限责任公司（以下简称多益元公司）

被告：北京新北广告制作公司（以下简称新北公司）

2000 年 3 月 1 日，王世芳代表新北公司（由新北公司加盖了公章）与多益元公司签订广告代理合同，约定由新北公司代理多益元公司在《北京晨报》上发布广告三次，广告发布费用总计 14 250 元。2000 年 3 月 16 日，王世芳代表新北公司与多益元公司签订"京元电脑整体宣传策划方案"，约定由新北公司选择《北京日报》《北京晚报》等 10 余家报纸，为多益元公司的产品——京元电脑发布新闻，并同时在《北京青年报》发布 20 次广告，在多益元公司的产品实现出口之际，在数家报纸进行宣传，运作资金共计 6 万元，付款时间为 2000 年 3 月 16 日，新北公司若有违约，退还总款项的 50%。该方案签订前一日，多益元公司即向新北公司支付了合同价款 6 万元。2000 年 4 月 23 日，王世芳代表新北公司与多益元公司签订"京元电脑整体宣传策划方案（补充修改方案）"，确认由新北公司在《北京青年报（下周刊）》刊登广告，并约定：新北公司为多益元公司发布新闻时间在 4 月月底开始实施，如在发布时修改方案，必须经双方同意方能生效；第二次新闻热点安排在 6 月份（多益元公司必须有新闻点）。后新北公司依约履行了为多益元公司发布第一次新闻热点和广告的义务。2000年 5 月，多益元公司原订发布的第二次新闻热点——产品出口未能实现，将第二次新闻热点更改为"多媒体电子教室"，并自行在报刊上发布了此项新闻热点。原告多益元公司认为新北公司未依约发布第二次新闻热点，并造成原告多益元公司经济损失，遂诉至法院要求新北公司赔偿违约金 3万元。被告新北公司认为多益元公司所主张第二次新闻热点未能发布的原

---

❶ 案号：北京市朝阳区人民法院（2001）年朝经初字第 02061 号民事判决书。

因，在于多益元公司未向新北公司提供第二次新闻热点的素材，故被告新北公司并未违约，请求法院驳回多益元公司的诉讼请求。

〔审理结果〕

北京市朝阳区人民法院经审理认为，多益元公司与新北公司签订的京元电脑整体宣传策划方案和补充修改方案，系双方当事人真实意思表示，亦未违反国家法律和行政法规，应属合法有效。根据多益元公司与新北公司签订的策划案及补充修改方案，多益元公司负有先向新北公司提供新闻点的义务，但多益元公司未能举证证明其将更改的第二次新闻热点通知新北公司，并自行发布，造成新北公司未为多益元公司发布第二次新闻热点的事实，故新北公司关于其享有后履行抗辩权而不承担违约责任的答辩理由成立。由于在履行过程中，多益元公司没有按照合同约定向新北公司提供第二次新闻热点，致使新北公司无法为多益元公司发布第二次新闻热点，故新北公司具备行使后履行抗辩权的条件。多益元公司主张新北公司按双方策划案赔偿违约金3万元，缺乏事实和法律依据，法院不予以支持。法院判决驳回原告北京多益元电子技术有限责任公司的诉讼请求。

一审宣判后，双方当事人均未提起上诉。

（四）有证据证明对方有不能履行对待义务的现实危险时，先履行债务的当事人可以中止履行

【裁判要旨】

应当先履行债务的当事人，有确切证据证明对方有下列情形之一的，可以中止履行：①经营状况严重恶化；②转移财产、抽逃资金以逃避债务；③丧失商业信誉；④有丧失或可能丧失履行债务能力的其他情形。

【理解与适用】

在双务合同中，一方当事人依约定应先履行其债务时，应先履行义务的一方当事人无同时履行抗辩权。合同成立以后，发现后履行义务一方当事人财产状况显形减少，可能危及先履行一方当事人债权实现时，如仍强迫应先履行义务的一方当事人先为给付，则可能出现先履行一方当事人履

行了债务，自己的债权却无法实现的情形。这有悖于公平原则。法律为贯彻公平原则，避免一方当事人蒙受损失，特设了不安抗辩权制度。在审判实践中，处理因不安抗辩权引发的纠纷，应当重点把握好以下问题：

1. 正确理解不安抗辩权的概念及法律渊源

所谓不安抗辩权又称为保证履行抗辩权，或先履行抗辩权，是指当事人互负债务，有先后履行顺序的，先履行的一方当事人有确切证据证明另一方当事人丧失履行债务能力时，有中止合同履行的权利。我国《合同法》第68条规定：应当先履行债务的当事人，有确切证据证明对方有下列情形之一的，可以中止履行：①经营状况严重恶化；②转移财产、抽逃资金以逃避债务；③丧失商业信誉；④有丧失或可能丧失履行债务能力的其他情形。当事人没有确切证据中止履行的，应当承担违约责任。该条即为不安抗辩权的法律规定。

不安抗辩权制度源于德国法，法国、奥地利、瑞士等大陆法系国家均已确定了该项制度。[1]《德国民法典》第321条规定，双务契约当事人的一方应向他方当事人先为给付者，如他方的财产状况于契约订立后显形减少有危及对待给付的请求权时，在他方未为对待给付或提供担保前，得拒绝履行自己负担的给付。《法国民法典》第1613条规定，如买卖成立后，买受人陷于破产或处于无清偿能力致使出卖人有丧失价金之虞时，即使出卖人同意延期支付，出卖人亦不负交付标的物的义务；但若买受人提供到期的保证则不在此限。我国《合同法》关于不安抗辩权的规定，是在原《涉外经济合同法》第17条"当事人一方有另一方不能履行合同的确切证据时，可以暂时中止履行合同，但是应当立即通知另一方；当另一方对履行合同提供了充分的保证时，应当履行合同……"

纵观各国不安抗辩权，尤以德国的规定最为典型。法国法的规定仅适用于买卖合同的出卖人，而依德国法，凡双务合同，其中任何一方当事人先付给义务而遇对方财产显形减少时，均可主张不安抗辩权。我国原《涉外经济合同法》的规定在这一点上与德国法相同，但在关于不安抗辩权成立条件的规定上，则与德、法两国民法典的规定均有差异，具有自己的特色。我国《合同法》第68、69条对不安抗辩权制度做出了系统的规定，

---

[1] 何志编著：《合同法原理精要与实务指南》，人民法院出版社2008年1月版，第226页。

完善了抗辩权制度。

2. 准确把握不安抗辩权的适用条件

合同当事人行使不安抗辩权，应当符合下列条件：

（1）须基于同一双务合同且具有对价关系的互负债务

没有对价关系的互负债务，不发生不安抗辩权。单务合同根本不存在互负债务，自然不会发生不安抗辩权。

（2）须负有先履行义务的一方当事人才有权行使不安抗辩权

该点与后履行抗辩权正好相反。不安抗辩权是依照合同负有先履行义务的当事人，在对方当事人不能为对待给付的现实危险时，暂时中止自己给付的行为。法律之所以如此规定，是为了维护先履行义务当事人的合法权益。

（3）须先履行合同义务的当事人有确切证据证明对方当事人有不能对待给付的现实危险

设立不安抗辩权的目的在于解决先履行一方在明知对方没有履行能力的情况下，因没有法律保障而不得不履行，否则就承担违约责任的不公平现象。是为了保护先履行义务一方的合法权益，而不是赋予当事人任意猜测、任意中止履行合同的权利。合同法要求当事人诚实信用地履行合同、促进交易，保障交易安全。因此对不安抗辩权的行使应当严格限制。必须有确切证据证明对方有不能履行对待义务的现实危险时才能发生，而不是可能发生。合同有效成立后，后履行义务的当事人的财产状况恶化，且此种财产状况的恶化在双方当事人订立合同时不能为双方所熟知，致使后履行当事人履行能力丧失或其他情况以致不能保证合同的履行，则先履行义务的当事人有权行使不安抗辩权。

3. 准确认定实现不安抗辩权的情形

根据《合同法》第68条之规定，后履行义务的当事人有下列情形之一的，先履行义务的当事人可以行使不安抗辩权：

（1）经营状况严重恶化

这种情况并非当事人恶意所为，而是在经营中力所不及，或经营不善，而造成经济状况严重恶化的后果。经营状况严重恶化，该方当事人极有可能无力清偿债务，因此，先履行的当事人可以行使不安抗辩权。

（2）转移财产、抽逃资金，以逃避债务

后履行债务的当事人在履行期届至前，转移财产、抽逃资金，以逃避债务，其意图是十分明显的，是严重的默示预期违约。在这种情况下，后履行债务的当事人如果仍按照合同的约定先履行给付义务，则有可能使自己的债权不能实现，造成自己的损失。因此，先履行债务的当事人可以行使不安抗辩权。

（3）严重丧失商业信誉

商业信誉是商家的生命，也是其经济能力的具体表现，是履约能力的具体体现。严重丧失商业信誉的商家，其履约能力必然受到影响，构成先期履约危险。对此，先履行债务的当事人可以行使不安抗辩权。

（4）有其他丧失或者可能丧失履行债务能力的情形

这是一条弹性的规定，使不安抗辩权的使用范围加以扩大，以适应市场经济发展的需要，按照本项条件的规定，只要后履行债务的一方当事人表现出丧失或者可能丧失债务履行能力的情形，先履行债务的当事人就可以行使不安抗辩权。

4. 恰当确定行使不安抗辩权当事人的附随义务

我国合同法为兼顾合同双方利益得以受到公平保护，在赋予应当先履行债务的一方当事人享有不安抗辩权的同时，又为主张不安抗辩权的应当先履行债务的当事人规定了两项附随义务：

（1）通知义务

即主张不安抗辩权的应当先履行债务的一方当事人，应当及时通知对方，由于不安抗辩权之行使，只取决于权利人一方的意思，无须征得对方的同意，主要是为了避免对方因不知应当先履行债务一方当事人中止履行的情形而蒙受损失。同时也是为了对方在获得通知之后采取对应措施，及时提供充分担保，以消灭此不安抗辩权，使自己的合同债权得以实现。

（2）举证义务

为了防止不安抗辩权之滥用，杜绝任意借口对方不履行债务或者有不能履行债务之可能而中止履行自己应当先为履行之债务，破坏合同之债的严肃性，合同法明确规定主张不安抗辩权的应当先履行债务的一方当事人应当举出对方有法定的不能履行债务或者有不能履行债务的可能情形之一存在的确切证据。有确切证据的，则应当先履行债务的当事人的不安抗辩权主张成立；相反，没有确切证据的，则应当先履行债务的当事人的不安抗辩权不能成立，并构成违约。《合同法》第68条明文规定，当事人没有确切证据中止履行的，应当承担违约责任。这也正是《中华人民共和国民事诉讼法》第64条规定"当事人对自己提出的主张，有责任提供证据"的法律要求，亦是行使不安抗辩权当事人义不容辞的义务。

5. 正确把握不安抗辩权行使的法律效力

《合同法》第69条"当事人依照本法第六十八条的规定中止履行的，应当及时通知对方。对方提供适当担保时，应当恢复履行。中止履行后，对方在合理期限内未恢复履行能力，也未提供适当担保的，中止履行的一方可以解除合同。"该条规定了行使不安抗辩权的法律效力。

（1）暂时中止履行合同债务

一般而言，不安抗辩权亦是一种延期抗辩权。因为中止履行合同债务，只是暂时中止履行或延期履行合同债务，而并非终止合同债务或者消灭合同债务。因此倘若应当后履行债务的一方当事人提供了适当担保或者作了对待履行，不安抗辩权即行消灭，主张抗辩权的应当先履行债务的一方当事人就应当恢复履行自己的债务。

（2）解除合同

行使不安抗辩权的当事人中止履行后，对方在合理期限内未恢复履行能力，也未提供适当担保的，中止履行的一方可以解除合同。所谓"解除合同"就是终止合同关系，或者消灭合同关系，换言之，就是终止合同之债，或者消灭合同之债。这就是说，主张不安抗辩权的应当先履行能力并且提供适当担保情形下，即有权解除合同，消灭对方的请求权。因此不安抗辩权在这一情形下的行使，即由延期抗辩权变成了永久抗辩权。

6. 正确把握不安抗辩权与后履行抗辩权的区别

（1）不安抗辩权与后履行抗辩权的适用条件不同

我国《合同法》第67条规定："当事人互负债务，有先后履行顺序，先履行一方未履行的，后履行一方有权拒绝其相应的履行要求。"由此可见，后履行方的抗辩权产生的条件是：①买卖合同中互负义务；②买卖合同约定了履行的先后顺序；③先履行一方没有履行或没有按照约定适当履行义务；④约定的先履行方向约定的后履行方提出了履行请求。而《合同法》第68条规定："应当先履行债务的当事人，有确切证据对方有下列情形之一的，可以中止履行：（一）经营状况严重恶化；（二）转移财产、抽逃资金，以逃避债务；（三）丧失商业信誉；（四）有丧失或者可能丧失履行债务能力的其他情形。当事人没有确切证据中止履行的，应当承担违约责任。"可知，不安抗辩权与后履行抗辩权二者最显著的区别就是行使抗辩权的双方当事人在买卖合同中约定履行合同义务的先后顺序不同，由此决定了其适用主体及相关权利义务的不同。

（2）行使不安抗辩权与后履行抗辩权的法律效果不同

两者都能产生合同义务延缓履行的效果，但后履行抗辩权在负先给付义务方迟延履行导致合同目的不能实现的情况下，可直接导致合同的解除。除此以外，负先给付义务方已履行其义务，后履行义务方即应恢复履行，否则将承担违约责任，后履行抗辩权的行使不以通知义务的履行为必要条件。而不安抗辩权的行使，必须履行通知义务，在对方当事人提供担保或恢复履行能力的情况下，行使抗辩权一方须恢复履行；在对方当事人既不能提供担保，也不能在合理期限内恢复履行能力的，先履行一方可以单方解除合同，先履行义务方没有确切证据中止履行，错误适用不安抗辩权，应当承担违约责任。

【案例举要】

北京仁达中学与长沙潺林水暖空调有限公司买卖合同纠纷案❶

〔案情〕

原告（反诉被告）：北京仁达中学（以下简称仁达中学）
被告（反诉原告）：长沙潺林水暖空调有限公司（以下简称潺林公司）

2000年6月22日，仁达中学与潺林公司签订一份锅炉及配套设备买卖安装合同，该合同约定，潺林公司向仁达中学提供两台燃油中央热水机组（锅炉）、与锅炉相匹配的设备、材料，并负责安装调试；合同还约定仁达中学在合同签订后一周内向对方支付第一笔货款25万元，于一个月后支付13万元；合同还就工期等进行了约定。仁达中学同年7月5日将25

---

❶ 一审案号：北京市海淀区人民法院（2001）海经初字1885号民事判决书；二审案号：北京市第一中级人民法院（2001）一中民终字第1700号民事判决书。

万元交付给其他单位，并委托该单位于 7 月 13 日以转账的方式将 25 万元支付给潺林公司，潺林公司收款后向对方出具了 25 万元的收据。仁达中学又于同年 9 月 25 日向对方支付 13 万元，对方亦向其出具收条，仁达中学向潺林公司支付货款共计 38 万元。潺林公司既未按约履行合同义务亦未退还货款。原告仁达中学遂诉至北京市海淀区人民法院，要求解除合同，判令潺林公司返还工程款 38 万元，并支付利息。被告潺林公司辩称并未违约，仁达中学第一次付款延迟了 14 天，第二次付款延迟了 63 天，潺林公司认为仁达中学无支付能力，遂依法行使了不安抗辩权，故请求法院驳回仁达中学的诉讼请求。同时，仁达中学提出反诉，请求解除合同，判令仁达中学赔偿经济损失 708 128.47 万元。原告（反诉被告）仁达中学认为，己方两次付款均未超过合同约定期限，其反诉理由不能成立，请求法院驳回其反诉请求。

〔审理结果〕

北京市海淀区人民法院经审理认为，仁达中学与潺林公司之间以书面形式形成的买卖合同，系双方当事人经过要约、承诺后的真实意思体现，此买卖合同关系未违反国家法律规定，未侵犯他人合法权益，应属有效。仁达中学在履行合同中，依据其提供的付款证明，确实能够认定第一笔付款时间超过了合同约定的时间 15 天，第二笔付款时间约定在一个月之后，原告仁达中学第二笔付款时间未超合同的约定，上述情况只能认定原告仁达中学付款时间存在违约，但不能确认其违约行为足以致使该合同的目的无法实现。被告潺林公司收到上述的款项，系买卖合同的货款，而非定金，对方付款时间延迟，对方仅应承担相应的违约责任，而被告潺林公司拒绝履行合同义务，又不退还货款的行为，对引起本案纠纷负有主要责任，其除应立即退还所收全部货款外，还应承担违约责任。原告仁达中学在诉讼中没有请求被告承担违约责任，法院不予追究。被告潺林公司辩称行使不安抗辩权的理由于法无据，在审理期间被告潺林公司不能提供有效支持其反诉请求的证据，其辩称理由及反诉理由均不成立，对其反诉请求法院不予支持。法院依据《中华人民共和国合同法》第 10 条第 1 款、第 44 条第 1 款、第 94 条第 4 项、第 97 条之规定判决，解除仁达中学与潺林公司签订的锅炉及配套设备买卖安装合同，潺林公司返还仁达中学货款 38 万元，驳回潺林公司的反诉请求。

被告潺林公司不服一审判决，提出上诉。北京市第一中级人民法院经审理后，判决驳回上诉，维持原判。

（五）在合同履行过程中，双方当事人应遵守附随义务

【裁判要旨】

附随义务，是指在合同履行过程中，为辅助实现债权人之给付利益或周全保护债权人之人身或其财产利益，债务人遵循诚实信用原则，根据合同的性质、目的和交易习惯而履行的通知、协助、保密、保护等给付义务以外之义务。❶ 处理合同附随义务纠纷，重点应处理好以下问题：

1. 注意把握附随义务与其他义务的区别

（1）与给付义务的区别

给付义务分为主给付义务和从给付义务。所谓主给付义务是指债之关系上固有、必备，并用以决定债之关系类型的基本义务。例如，在买卖合同中，出卖人应交付其物及移转其所有权之义务，买受人应支付价金之义务，均属主给付义务。从给付义务，是不具有独立的意义，仅具有补助主给付义务的功能，其存在目的，不在于决定合同的类型，而在于确保债权人的利益能够获得最大满足的义务。

附随义务与主给付义务的区别有三：①主给付义务自始确定，并决定合同类型。附随义务则是随着合同关系的发展而不断形成的。它在任何合同关系中均可发生，不受特定合同类型的限制。②主给付义务构成双务合同的对待给付，一方在对方未为对待给付前，得拒绝自己的给付，附随义务原则上不属于对待给付，不能发生同时履行抗辩权。③不履行给付义务，债权人得解除合同。反之，不履行附随义务，债权人原则上不得解除合同，但可就其所受损害，依不完全履行的规定请求损害赔偿。当然，有些合同上的义务，究竟属于给付义务还是附随义务尚有争论。

附随义务与从给付义务存在争论，德国通说认为，应以可否独立以诉

---

❶ 道文：《试析合同法上的附随义务》，载《法学》1999 年第 10 期，第 26 页。

请求履行为判断标准加以区别。可以独立以诉请求的义务为从给付义务，有人称之为独立的附随义务。不得独立以诉请求的义务而附随义务，有人称之为不独立的附随义务。如，甲卖车给乙，甲交付车辆并办理过户手续为主给付义务，提交必要文件（如行驶证、保险书等）为从给付义务，告之该车的特殊危险性为附随义务。但有时判断某义务为从给付义务或附随义务并不容易，如，出卖人对物品的使用说明是从给付义务还是附随义务，货物需方受领货物是从给付义务还是附随义务就存在争论。一般认为前例义务人所负义务为附随义务，后例为从给付义务。❶

（2）附随义务与先合同、后合同义务的区别

《合同法》第42、43条规定了先合同义务，第92条规定了后合同义务，第60条规定了合同履行过程的附随义务，法条的详细规定为准确区分三者，提供了条件。虽然先合同义务、后合同义务和合同履行中的附随义务皆派生于诚实信用原则，抽象出合同缔结、履行、消灭三个阶段当事人始终应当照顾、保护相对方人身、财产利益的共性，但是三者之间的差异仍很明显。主要表现在两个方面：第一，义务的功能不同。先合同义务、后合同义务的功能主要在于保护相对人的人身财产上的利益。合同履行中的附随义务除了承担这一功能，还具有辅助实现债权人给付利益的功能。第二，义务违反后的责任类型不同。违反先合同义务，承担缔约过失责任，该责任已成为不同于侵权责任也区别于违约责任的一种独立责任。违反后合同义务，与违反合同义务后果相同，当事人依据合同法原则，承担债务不履行的责任。❷《合同法》第107条中对违反"合同义务"而承担违约责任的规定，亦适用于对合同履行中附随义务的违反，所以对附随义务的违反承担责任的性质应为违约责任。

（3）附随义务与不真正义务的区别

所谓不真正合同义务是指合同相对人虽不得请求义务人履行，义务人违反也不会发生损害赔偿责任，而仅使负担此义务者遭受权利减损或丧失后果的义务，理论上也称间接义务。《合同法》上为受害人规定的不真正义务主要就是减轻损害的义务，简称减损义务。减损义务所指的损害是指

---

❶ 王泽鉴著：《债法原理》（第一册），中国政法大学出版社2001年7月版，第39—41页。
王利明、崔建远著：《合同法新论·总则》，中国政法大学出版社1996年7月版，第213—214页。
❷ 王泽鉴著：《债法原理》（第一册），中国政法大学出版社2001年7月版，第46页。

受害人自己的损害，对这种义务的违反不得让义务人赔偿他人损害，而是使其自负损害，与一般法定义务违反的后果颇不相同，所以才称为"不真正义务"。如《合同法》第 119 条第 1 款规定"当事人一方违约后，对方应当：采取适当措施防止损失的扩大；没有采取适当措施致使损失扩大的，不得就扩大的损失要求赔偿。"二者的区别主要在于，附随义务是向对方所承担的义务，违反该义务应向对方承担责任；而不真正义务并非是向对方承担的义务，违反该义务亦不会产生向对方担责的情况，只是自我遭受不利益。

2. 正确把握合同附随义务的内容

债之关系为一种发展性之过程。附随义务是在债之不断发展过程中表现为不同的义务，唯其产生不得脱离诚实信用原则，其功能仅为辅助给付义务的实现。我国《合同法》中对附随义务内容的规定大体包括了以下几个方面：

依据诚实信用原则产生的附随义务并非自始确定，而是随着合同关系的发展，要求当事人有所作为或不作为。一般而言，附随义务的内容主要体现在以下几方面：

（1）注意义务

注意义务主要是对债务人在履行债务时的一般要求，即当事人应尽到合理地注意以避免债权人利益受到损失。当事人的注意程度，因当事人的地位、职业、判断能力及债务性质而不同。一般来说，当事人应尽到善良管理人或者如同管理自己的事物的注意。

（2）告知义务

一方当事人负有对有关对方当事人利益的重大事项的告知义务。如出卖人在将机器设备交付买受人时，应告知其机器的装配、使用及维修、保养方法；订立借款合同，借款人应当按照贷款人的要求提供与借款有关的业务活动和财务状况的真实情况；出卖或赠与有瑕疵物品的，应将标的物的瑕疵，特别是隐藏的瑕疵告知买受人或赠与人；债务人因不可抗力或意外事件而致给付不能时，应及时将给付不能的原因事实告知债权人，以及债权让与或债务承担时有关债权债务的重要事项的告知义务；等等。

（3）协力义务

一方面是指在缔约过程中，双方应尽力促成交易，无不正当理由而终止谈判。这是先合同义务最主要的体现。意大利判例法将其分解为许多具体义务，包括不就已达成的事项提出异议，不对共同做出的让步反悔，不进行与特别要求相反的行为，不破坏意向书中已达成的特别或最后协议，一旦开始谈判必须持慎重态度，不因不断修改条件而无限期地拖延谈判，不无正当理由而终止谈判。我国《合同法》第42条第（一）项"假借订立合同，恶意进行磋商"即指违反协力义务的情形，即一方当事人并无订约的目的，只是为了损害对方利益，如假借谈判让对方丧失与他人计约的机会或假借谈判故意增加对方的缔约成本。另一方面是指当事人在履行义务过程中要互相配合，像对待自己的事务一样对待对方的事务，不仅严格履行自己的合同义务，而且要配合对方履行义务，给对方履行提供便利条件。

（4）保护义务

合同当事人一方的人身和财产置于另一方所能控制的危险中，另一方即被期待提供所要求的保护。如一方当事人到另一方当事人提供的场所谈判缔约时，提供交易场所的一方应当负有保护对方人身、财产利益的义务。在商场、饭店、洗浴中心等公共场所，经营者对于载客电梯、吊灯、座椅等设施要保证其安全使用。承运人在运输过程中，应当尽力救助患有疾病、分娩、遇险的旅客，等等。

（5）保密义务

指对于对方当事人的商业秘密或要求保密的信息、事项不对外泄露。如承揽人应当按照定作人的要求保守秘密，未经定作人许可，不得留存复制品或者技术资料；保险柜的出卖人应向任何他人保守该保险柜的开启方法及对码锁的秘密；在缔约或履行合同阶段获知的对方的商业秘密，即使在合同履行完毕之后，亦负有保密义务。

3. 准确把握违反附随义务的法律后果

合同关系为一个发展性的过程，附随义务在各个阶段均可能发生，因违反附随义务而给对方当事人造成人身或财产上的损失，会产生损害赔偿法律责任。但由于附随义务发生的阶段不同，违反附随义务的法律责任性质亦不同。在缔约阶段发生的附随义务也称为先合同义务，违反此义务，应成立缔约上过失责任。所谓缔约过失责任是指在合同订立过程中，一方当事人因故意或过失违反依诚实信用原则所应负的先合同义务而致对方信赖利益损失时所应承担的民事赔偿责任。缔约过失责任的主要特征在于：第一，缔约一方的过失行为发生在合同的谈判、磋商过程中。在此阶段，合同尚未成立，但双方已有了缔约上的联系，即一方已实施了具有一定法律意义的行为，而另一方对这种行为则产生了合理信赖。第二，缔约过失行为违背的是基于诚信原则而应承担的法定义务，即告知、协助、忠实和保护等附随义务。第三，缔约过失责任的承担是为了弥补受害一方信赖利益的损失。所谓信赖利益的损失，是指因一方的缔约过失行为而使合同不能成立，导致信赖人所支付各种费用和其他损失不能得到弥补。这种损失既包括合同不生效导致信赖人所支出的各种费用和其他无法弥补的直接利益损失，也包括信赖人信赖合同生效可能获得的间接利益损失，但间接利益的损失必须在当事人预见的范围之内，且严格加以适用，一般仅在财产损失中运用，不适用人身伤害中的精神损害赔偿。缔约过失责任的责任形式是损害赔偿。

违反合同履行阶段的附随义务的法律责任，究竟是违约责任抑或是一种独立的合同责任，学者有不同的见解。有学者认为，在合同履行过程中，如果债务人不履行附随义务，债权人虽然原则上不得解除合同，但可就其损害，依不完全履行的规定请求损害赔偿。而不完全履行责任即属违约责任，换言之，违反合同履行中的附随义务产生违约责任。此观点为现今大多数学者所持有。另有学者认为，在违反瑕疵告知等附随义务导致债权人人身及财产利益受损的情况下，构成加害给付，发生违约责任和侵权责任的竞合。此观点实际上是对前一观点的补充，是在承认违反附随义务产生违约责任的前提下，特别说明在特定情况下违反附随义务会产生责任竞合问题。另外，有学者认为，违反附随义务的责任既不同于违约责任，也不同于侵权责任，而是一种独立的合同责任。理由在于，责任发生的基础、归责原则的适用以及责任形式均有不同。笔者不赞同这种观点，因为从合同法原理讲，在合同履行阶段，合同关系上的义务基本上可以分为两类：给付义务与附随义务。当事人违反合同的给付义务和附随义务均可能构成不完全给付，即债务人虽然履行了义务，但其履行有瑕疵或给债权人造成了损害。这种损害可分为两类，一是侵害债权人的履行利益，使给付本身减少价值或丧失效用；二是对履行利益以外的其他利益的侵害。如机器出卖人未告知机器的特殊使用方法致使减少其价值或效用的，是对履行利益的损害，若因此致使机器爆炸，伤害买受人的人身或其他财产的，则是对履行利益以外的其他利益的损害，也称为加害给付。在上述两种情形下，债权人均得以义务不履行为由，就所发生的损害请求债务人给予赔偿。在侵害履行利益的场合，法律责任的性质为违约责任；在加害给付的场合，在性质上具有违约行为和侵权行为的双重特征，会发生违约责任与侵权责任的竞合。因此，违反附随义务产生的责任依然属违约责任。

【案例举要】

徐官清诉泸州宏运公司不履行客运救助义务案[1]

〔案情〕

原告：徐官清

被告：四川省泸州宏运（集团）运通有限公司

2006 年 9 月 17 日，原告徐官清之妻张永珍由亲友曹海波送上被告四川省泸州宏运（集团）运通有限公司川 E16467 号大客车自粤返川。该车全程连续行驶时间为 41 小时。曹海波告知该车驾驶员和乘务员：张永珍是一人乘车，希望途中给予照顾。车行至贵州省大方县地界时，张永珍出现身体不适现象：坐立不稳，小便失禁，频繁要求解小便，多次呻吟并喊叫"受不了"。该车司乘人员认为张永珍属于普通乘车不适反应，除多次停车让张永珍小便外，没作其他询问和处置。张永珍最后一次小便后不能自主上下车和返回座位，该车司乘人员仍未行疾病询问和寻求医疗救治，继续前行直奔客运目的地。到达目的地泸州时，该车司乘人员见张永珍独自一人不下车，且呼之不应，遂向公安 110 和急救中心 120 呼救。泸州医学院第二人民医院入院检查记录："患者神志不清，不省人事 2 + 小时……呼之不应，无抽搐，口吐白沫，大小便失禁……血压为 0"。后张永珍经抢救无效死亡。

---

[1] 案号：四川省泸州市龙马潭区人民法院（2007）龙马民初字第 162 号民事判决书，载《人民法院报》2009 年 5 月 15 日。

〔审理结果〕

四川省泸州市龙马潭区人民法院经审理认为，旅客张永珍自购票乘坐被告四川省泸州宏运（集团）运通有限公司川 E16467 号客运大客车，便与被告建立了公路客运合同关系。我国《合同法》第 301 条规定：承运人在运输过程中，应当尽力救助患有急病、分娩、遇险的旅客。这是旅客运输合同的承运人承担"救助"义务——拯救、救护、帮助、援助义务的法律依据。该义务既是旅客运输合同附随义务，也是法定义务。

运输过程中，承运人对旅客的人身安全负有保护注意义务，对身患急病的旅客负有尽力救助义务。承运人对患有急病的旅客履行尽力救助义务，应当知晓救助常识（普通急病救助常识），预备救助方案（救助措施、工具、物品、药品、呼救通讯等），注重救助效果，及时、尽力、有效寻求就近医疗机构急救。承运人对患有急病的旅客不履行、错误履行、不尽力履行救助义务，导致旅客伤亡的，应当承担相应的损害赔偿责任。

张永珍自出现身体不适到不省人事，期间长达 10 多小时，其急病特征明显，为具有正常智力的成年人依据日常生活经验可判断，负有尽力救助患急病旅客义务的承运人依据救助常识更应当判断、知晓，应当观察、询问患急病的旅客张永珍，积极寻求医疗救治。被告对张永珍没有履行谨慎注意和尽力救助义务：既没有根据客运救助常识对患急病的旅客张永珍进行疾病询问，也没有积极寻求医疗救治，而是想当然地认为张永珍属于普通乘车不适反应，不是身患急病、急需救治，连续行驶直奔客运目的地，导致患急病的旅客张永珍延误救治而死亡。被告不履行救助义务与张永珍延误救治而死亡有一定的因果关系，应当承担相应的法律责任。

张永珍死亡结果的发生，自身患有急病是主要原因，被告没有履行尽力救助义务是次要原因。张永珍死亡给原告造成的财产和精神损害，应当包括医疗费、丧葬费、死亡补偿费、交通费和误工费等，应当按照张永珍的死因由原告和被告分担。

据此，法院判决被告四川省泸州宏运（集团）运通有限公司给付原告医疗费、误工费、交通费、丧葬费、死亡补偿费共计 54 550 元。判决后双方当事人均服从判决，被告已自觉履行判决义务。

五、合同的变更与转让

（一）合同内容变更约定不明的推定为变更

【裁判要旨】

合同变更是指有效成立的合同在尚未履行或未履行完毕之前，由于一定法律事实的出现而使合同内容发生改变。当事人对合同变更的内容约定不明确的，推定为未变更。

【理解与适用】

合同变更是指有效成立的合同在尚未履行或未履行完毕之前，由于一定法律事实的出现而使合同内容发生改变。合同变更的常见方式有：双方合意；法院或仲裁机关的裁决（分为因重大误解和因情事变更）和法律的直接规定。在司法实践中，处理当事人因合意变更合同内容约定不明引发的纠纷，关键是要准确理解我国《合同法》第78条的规定。

合同是当事人之间设立、变更、终止民事关系的协议。当事人意思表示的一致性是合同得以成立的本质要件。我国《合同法》第77条规定："当事人协商一致，可以变更合同。法律、行政法规规定变更合同应当办理批准、登记等手续的，依照其规定。"当事人合意变更合同内容实质上就是成立新合同以取代旧合同，故而合意变更合同的程序，应该遵循合同订立时的要约承诺规则。按我国《合同法》的规定，当事人意思表示一致即要约和承诺的统一。合同既然是双方当事人协商一致的结果，当然应当允许当事人对原合同重新协商，并达成新的意思表示一致，即对合同进行变更。合同变更一律都应当由各方当事人协商一致，否则，达不成协议就不发生合同的变更。既然合同的变更必须由双方当事人作出一致的意思表示，任何一方未经对方同意都不得擅自变更合同，那么，双方协商同意的意思表示必须通过一定的形式表现出来。如签订新的变更后的合同书，或一方提出变更通知，对方收到后在法定期限内给予肯定的答复。若在新的变更合同书中或变更通知中没有明确约定变更的内容，则视为没有变更。我国《合同法》第78条明确规定："当事人对合同变更的内容约定不明确的，推定为未变更。"但是对于"合同变更的内容约定不明确"有两种不同的理解角度：一是合同是否变更约定不明，二是当事人对合同内容已变更无异议，但对变更后的内容约定不明确。这两种情况，即合同是否变更以及合同变更后的内容是什么为两个层面的问题，当事人作出的变更合同的意思表示，有时只具有第一层意思，有时具有两层意思。但是，无论哪种情况，法院都应当探寻当事人的真实意思，区别不同情况对待，而不应当教条地从法律条文的字面意思中去理解，在当事人均不能提供合同变更的证据或者各自证据的证明力大小是相当的时候，才应当适用第78条的规定推定合同未变更，从而有利于确定当事人的权利义务。但是，如果当事人对合同变更已无异议，只是对变更后的合同在内容上存在争议，我们认为，此时若再以"合同变更的内容不明确"而认定合同未变更，则会违背双方当事人的真实意思，也是与事实相违背的，侵犯了当事人的意思自治原则。

【案例举要】

鑫森金属门窗有限公司诉北京市朝阳区第二建筑工程公司加工承揽合同纠纷案[1]

〔案情〕

原告：北京市鑫森金属门窗有限公司（以下简称鑫森公司）
被告：北京市朝阳区第二建筑工程公司（以下简称朝阳二建）

2000年4月，鑫森公司与朝阳二建下属第八工程处（不具备法人资格，以下简称第八工程处）经过口头协商后，由第八工程处提供图纸及门

---

[1] 案号：北京市通州区人民法院（2001）通经初字第00858号民事判决书。

窗尺寸，鑫森公司为其承建的北京市环保局工地加工塑钢推拉双玻窗、平开窗、平开门以及全木玻璃门、纤维板门等门窗及附件。后双方于同年5月25日补签合同，详细规定了门窗种类、数量及单价，合同总金额为167 623元，结算方式为订合同付30%~50%的预付款，随着进度再付余款的50%，全部送齐后在1个月内余款全部付清。朝阳二建在合同上盖章后，因为对其中规定的单价有异议，又在公章上画了叉，并在公章上注明"废"字样，但双方后来一直没有对单价达成新的协议。至7月6日，鑫森公司方将塑钢门窗安装完毕，第八工程处出具了证明，并写明"符合设计要求，质量基本合格"。2000年4月至9月，第八工程处陆续向鑫森公司付款8万元。2001年1月9日，鑫森公司与第八工程处经过协商，达成保修协议，双方约定鑫森公司所安装的门窗保修期为两年，在保修期内如有质量问题，鑫森公司负责维修更换，如不能维修，由第八工程处代修，从保修款中扣除，暂留保修金5 000元，保修期从2000年9月13日至2002年9月12日。同时，第八工程处给付鑫森公司北京市商业银行转账支票一张，金额为65 000元，后因支票书写不规范被银行退票，故1月16日又为鑫森公司另行更换支票。鑫森公司为第八工程处开具了7万元的发票，多开具的5 000元作为第八工程处扣留鑫森公司的保修金。现鑫森公司认为按照合同约定，第八工程处尚未结清加工费，因第八工程处不具备法人资格，故诉至北京市通州区人民法院，要求其上级单位即朝阳二建承担付款责任。

〔审理结果〕

北京市通州区人民法院经审理认为：鑫森公司与第八工程处建立加工定作关系在先，订立合同在后，双方签订的合同系对双方加工定作关系的确认，系双方自愿签订，亦不违反有关法律规定，符合合同生效的要件，因此该合同合法有效。第八工程处在公章处画叉并写明作废，朝阳二建在开庭时对此一致认为，其意为第八工程处对合同规定的单价有异议，对除单价及金额以外的其他项目并无异议，因此这并不影响整个合同的效力。但是在合同履行过程中，鑫森公司与第八工程处对单价一直未形成新的约定，根据我国《合同法》第78条的规定，当事人对合同变更的内容约定不明确的，推定为未变更。所以双方在就单价达成新的变更意见以前，均应以原合同为准执行。后双方订立保修协议，并不必然证明双方已经结清加工费，鑫森公司从第八工程处给付的加工费中扣除 5 000 元作为保修金，并无不妥。因此，第八工程处在双方未对单价变更达成一致以前，拒绝给付剩余的加工费款，对此纠纷应负主要责任。现因第八工程处不具备法人资格，应由朝阳二建承担给付之责。该院依法判决朝阳二建给付鑫森公司加工费 17 623 元。

（二）在保证合同中，保证人的变更必须经债权人同意

【裁判要旨】

保证合同是当事人之间意思表示一致的结果，保证人的变更必须经债权人同意。债权人和保证人之间没有形成消灭保证责任的合意，即使债务人或第三人为债权人另外提供了相应的担保，债权人亦表示接受，也不能因此免除保证人的保证责任。

【理解与适用】

所谓保证，是指保证人与债权人约定，当债务人不履行债务时，保证人将按照约定向债权人履行债务或承担责任的行为，因此而订立的合同即为保证合同。由于保证合同是主合同的从合同，所以主合同变更与保证合同的效力有着密切的联系，对保证人的保证责任也有很大影响。主合同变更包括主合同主体的变更和主合同内容的变更，它们都会对保证人的保证责任产生相应的影响。处理此类纠纷，在审判实践中，应当注意把握好以下几个问题：

1. 准确把握主合同主体变更对保证合同的影响

主合同主体变更中合同的主体又称为合同当事人，包括债权人与债务人，因此主合同主体的变更就包括债权人的变更，债务人的变更与债权人、债务人同时变更。

（1）债权人的变更

债权人的变更即债权让与，是指主合同的当事人将其享有的债权转让给第三人，而其应承担的义务仍由其自行承担的情形。由于债权人的变更只是改变了债务人履行债务的对象，并没有加重债务人的责任，保证人的

风险也没有增加，所以《最高人民法院关于适用〈中华人民共和国担保法〉若干问题的解释》（以下简称为《解释》）第28条规定："保证期间内，债权人依法将主债权转让给第三人的，保证债权同时转让，保证人在原保证担保的范围内对受让人承担保证责任。但是保证人与债权人事先约定仅对特定的债权人承担保证责任或者禁止债权转让的，保证人不再承担保证责任。"依其规定，主合同的此项变更无须得到保证人的同意，保证人必须对变更后的债权人继续承担保证责任，但保证人与原债权人另有约定的除外。

（2）债务人的变更

债务人的变更又称债务承担，是指主合同的当事人将其承担的债务让由第三人承担，而其应享有的债权仍由其享有的情形。由于债务人的变更可能会导致没有实际履行能力的第三人承担债务的结果，这对于保证人来说，无疑是加重了其保证责任，为了保护保证人的合法权益，《解释》第29条规定："保证期间内，债权人许可债务人转让部分债务未经保证人书面同意的，保证人对未经其同意转让部分的债务，不再承担保证责任。但是，保证人仍应当对未转让部分的债务承担保证责任。"依其规定，此种情形的主合同的变更，必须在取得保证人的书面同意后，保证人才继续对转让的债务承担保证责任，否则保证人将不再对转让的债务承担保证责任。但对于未转让的债务，保证人仍应继续承担保证责任。

（3）债权人、债务人同时变更

债权人、债务人同时变更又被称为债权、债务的概括转让，是指主合同的当事人将其享有的债权和承担的债务一起转让给第三人的情形。由于合同大都是双方当事人既享有一定的权利，又要承担相应的义务，所以债权人变更、债务人变更在实践中并不多见，更普遍的是债权人、债务人同时变更。由于这种情形的主合同变更包括了债务人的变更，所以《中华人民共和国担保法》（以下简称《担保法》）和《解释》规定，此情形的主合同变更要得到保证人的书面同意后，保证人才继续对新的债权人承担保证责任，没有得到保证人书面同意的，保证人不再承担保证责任。

2. 准确把握主合同内容变更对保证合同的影响

合同内容的变更是指合同的数量、价款、履行期限等具体规定的变更。

依《担保法》的规定，合同当事人未经保证人书面同意而变更主合同内容的，无论主合同变更的结果是加重了债务人的责任还是减轻了债务人的责任，保证人均不再承担保证责任。这种规定过于绝对，不尽合理，不利于对债权人的保护，在实践中，保证人借口主合同变更未经其同意而拒绝承担保证责任的情况屡见不鲜。《解释》公布后，主合同内容变更并不当然导致保证人不承担保证责任。《解释》第30条规定："保证期间内，债权人与债务人对主合同数量、价款、币种、利率等内容作了变动，未经保证人同意的，如果减轻债务人的债务的，保证人仍应当对变更后的合同承担保证责任；如果加重债务人的债务的，保证人对加重的部分不承担保证责任。债权人与债务人对主合同履行期限作了变动，未经保证人书面同意的，保证期间为原合同约定的或者法律规定的期间。债权人与债务人协议变动主合同内容，但并未实际履行的，保证人仍应当承担保证责任。"依此规定，主合同当事人可以经协商一致而变更主合同内容，此种变更得到保证人同意的，保证人应对变更后的主合同承担保证责任；此种变更未得到保证人同意的，保证人仍应对变更后的主合同承担相应的保证责任，但不应超过保证人对原合同所承担的保证责任的范围：主合同变更后，债务人的债务减轻的，由于减轻后的债务没有超过保证人对原合同所承担的保证责任的范围，所以保证人对此应承担保证责任，即对变更后的主合同承担保证责任，保证期间为原合同约定的保证期间，原合同没有约定的，则为法律规定的保证期间；主合同变更后，债务人的债务加重的，由于此结果已经超过了保证人对原合同所承担的保证责任的范围，所以保证人不应对此承担全部保证责任，而应在对原合同所承担的保证责任的范围内对变更后的主合同承担保证责任，保证期间为原合同约定的保证期间，原合同没有约定的，则为法律规定的保证期间。

另外，当事人对主合同的内容作了变更，即使变更后的主合同并未实际履行，保证人也应按前面的规定对变更后的主合同承担相应的保证责任。

通过以上分析，我们可以发现，《解释》与《担保法》相比，在主合同未经保证人同意而发生变更时，对保证人的保证责任免除规定了更为严格的条件，这在实践中应予以特别注意。

【案例举要】

信达公司石家庄办事处与中阿公司等借款担保合同纠纷案❶

〔案情〕

上诉人（原审原告）：中国信达资产管理公司石家庄办事处（以下简称信达石办）

被上诉人（原审被告）：中国—阿拉伯化肥有限公司（以下简称中阿公司）

原审被告：河北省冀州市中意玻璃钢厂

1993年10月20日，冀州中意与中国建设银行河北省分行（以下简称省建行）签订外汇借款合同，约定：借款金额182万美元，借款用途为河北中意玻璃钢有限公司（以下简称河北中意）项目投入，借款期限自1993年10月20日至1997年6月30日，借款利率为浮动利率，自1995年12月31日开始还款，共分三次还清。中阿公司为该笔贷款向省建行出具《不可撤销现汇担保书》，其中载明："本保证书保证归还借款方在93008号借款合同项下不按期偿还的全部或部分到期借款本息，并同意在接到贵行书面通知后十四天内代为偿还借款方所欠借款本息和费用。本保证书自签发之日生效，至还清借款方所欠的全部借款本息和费用时自动失效。"借款担保合同签订后，省建行依约发放了贷款。该笔贷款作为冀州中意的出资投入河北中意。

1995年11月25日，河北中意向省建行出具《承诺书》，内容为："河北省冀县中意玻璃钢厂1993年10月20日根据93008号《外汇借款合同》从贵行借款182万美元，为此我公司郑重承诺：我公司对归还该笔贷款本息承担连带还款责任，并放弃一切抗辩权。本承诺书为93008号《外汇借款合同》的补充，具有同等的法律效力。"

借款到期后，借款人和担保人均未偿还。省建行进行了催收。1998年7月8日，冀州中意的法定代表人岳红军在省建行的催还逾期贷款通知书

---

❶ 一审案号：河北省高级人民法院（2005）冀民二初字第2号民事判决书；二审案号：最高人民法院（2005）民二终字第200号民事判决书。载《最高人民法院公报》2006年第3期。

上签字确认。1999 年 11 月 16 日，省建行向冀州中意发出债权转让通知，冀州中意在通知回执上加盖了公章，法定代表人岳红军签字。1999 年 12 月 3 日，省建行与信达石办签订了《债权转让协议》约定：省建行将借款人冀州中意截至 1999 年 9 月 20 日贷款债权本金 182 万美元，表内应收利息 375 110.75 美元，催收利息 366 274.01 美元转让给信达石办。省建行于 1999 年 12 月 21 日向河北中意发出《担保权利转让通知》（冀建外第 4 号），河北中意在回执上签字盖章。2000 年 12 月 1 日，信达石办向借款人冀州中意和河北中意进行了催收。2002 年 10 月 22 日，信达石办以公证方式对中阿公司进行了催收。2004 年 11 月 19 日，信达石办在《河北经济日报》发布债权转让、催收及出售公告，其中包括冀州中意和中阿公司。2004 年 11 月 23 日，信达石办和省建行共同在《河北经济日报》发布债权转让、催收公告，其中包括冀州中意和中阿公司。2004 年 11 月 30 日，信达石办提起诉讼，请求判令冀州中意归还借款本息，中阿公司承担担保责任。

另查明：1992 年 3 月，河北中意（甲方）和冀县财政局（乙方）签订《河北中意玻璃钢有限公司租赁冀县中意玻璃钢厂协议》，约定：由甲方对乙方的中意玻璃钢厂实行租赁。乙方不承担任何经营管理亏损及风险。租赁期为 10 年（从合营公司批准之日算起）。甲方拥有冀州中意的债权，同时承担原冀州中意合资前的全部债务。

河北中意出具的《河北中意玻璃钢有限公司现状》载明：河北中意于 1992 年 9 月 3 日签约于石家庄，由三方投资建立，即河北省乡镇企业经贸发展有限公司（甲方）、冀州中意（乙方）和意大利萨普拉斯集团（丙方）。注册资金为 1 000 万美元。冀州中意所贷 182 万美元，经省建行向冀州中意要求还本付息未果后，省建行想让河北中意接起这笔 182 万美元的贷款，即更改贷款人。经几次协调，中阿公司不仅不想改变担保主体，而且想退掉为冀州中意的担保责任，从而未能使该笔贷款转移。为此，在省建行的强烈建议下，河北中意于 1995 年承诺河北中意对该笔贷款的本息承担无条件还款责任，并放弃一切抗辩权。河北中意《关于将 182 万美元贷款调至石市中意玻璃钢有限公司的说明》，其内容为：在你厂账上登记的省建行 182 万美元贷款，系租赁你厂初期由石市中意玻璃钢有限公司代为办理的，是以你厂名义贷入的，因此登记在你厂账上。但根据贷款时石市玻璃钢有限公司对省建行的书面承诺，该笔贷款和利息的归还不由你厂承担，而是由石市中意玻璃钢有限公司负责。该笔贷款已与你厂无任何关系，因此请将该笔贷款及相应利息调回。

〔审理结果〕

河北省高级人民法院审理认为，信达石办关于冀州中意的诉讼请求及理由成立，予以支持。其请求中阿公司承担民事责任的理由不成立，不予支持。该院依照上述相关法律以及《民法通则》第 111 条、《合同法》第79 条、《民事诉讼法》第 128 条之规定，判决：一、冀州中意于判决生效后十日内偿还信达石办借款本金 182 万美元，利息 2 172 656.50 美元（利息计算至 2004 年 9 月 21 日，之后的利息按中国人民银行规定的同期逾期罚息标准计算至付清之日止）；二、驳回原告信达石办的其他诉讼请求。案件受理费 87 553 元由被告冀州中意负担。信达石办不服河北省高级人民法院的判决，向最高人民法院提起上诉。

最高人民法院经审理认为：本案系借款担保合同纠纷。省建行与冀州中意签订的借款合同以及中阿公司出具的不可撤销担保书系各方当事人的真实意思表示，且形式完备，内容不违反我国法律、法规的强制性规定，应认定为合法有效。该担保书中未明确约定担保责任方式，但根据该担保书的内容，担保人承担保证责任的条件是借款人"不按期偿还"时。根据最高人民法院法释（2002）38 号《关于涉及担保纠纷案件的司法解释的适用和保证责任方式认定问题的批复》第 2 条规定，"保证合同中明确约定保证人在被保证人不履行债务时承担保证责任，且根据当事人订立的合同的本意推不出为一般保证责任的，视为连带责任保证。"因此，原审判决认定保证人承担的是连带责任保证，并无不当。

本案中，河北中意在省建行出具的《承诺书》中承诺，对归还该笔贷款本息承担连带还款责任，并放弃一切抗辩权，该承诺书与 93008 号《外汇借款合同》具有同等的法律效力。一审判决基于该承诺书，认定该笔贷款的担保人已经变更为河北中意，省建行和信达石办已经放弃了对中阿公司的担保债权，中阿公司不应再承担本案的担保责任。但是，根据《民法通则》第 85 条与第 91 条的规定，保证合同是当事人之间合意的结果，保证人的变更需要建立在债权人同意的基础上，即使债务人或第三人为债权人另为提供相应的担保，而债权人表示接受担保的，除债权人和保证人之间有消灭保证责任的意思表示外，保证责任并不免除。而本案并无债权人省建行或信达石办同意变更或解除中阿公司保证责任的明确意思表示，因此，一审判决的这一认定显属认定事实不当，适用法律错误，应予纠正。并且，双方当事人均未主张保证人变更，一审法院也未将保证人是否变更列为法庭调查的重点，双方在庭审时均未就此问题进行举证和质证，一审法院以此作为认定案件事实的关键，显属不妥。对于上诉人的该项上诉理由，最高人民法院予以支持。

根据该《承诺书》的内容，河北中意愿意承担债务并无疑问，问题的关键在于：河北中意出具该承诺书的行为是被上诉人中阿公司主张的债务人变更，还是上诉人信达石办主张的增加保证人，抑或是新债务人的加入。根据《合同法》第84条的规定："债务人将合同的义务全部或部分转移给第三人的，必须以债权人同意为前提。"在本案中，河北中意表示愿意承担连带还款责任，债权人省建行在接受的同时，并无明确的意思表示同意债务人由冀州中意变更为河北中意，因而河北中意的承诺行为不能构成债务转移，即不能构成债务人的变更。对被上诉人中阿公司以债务转移未经其同意为由拒绝承担保证责任的抗辩理由，最高人民法院不予支持。至于河北中意的行为应当定性为上诉人信达石办所主张的保证人增加，还是定性为债务人的增加，最高人民法院认为，二者在案件的实质处理上并无不同，只是在性质上有所不同：保证系从合同，保证人是从债务人，是为他人债务负责；并存的债务承担系独立的合同，承担人是主债务人之一，是为自己的债务负责，也是单一债务人增加为二人以上的共同债务人。判断一个行为究竟是保证，还是并存的债务承担，应根据具体情况确定。如承担人承担债务的意思表示中有较为明显的保证含义，可以认定为保证；如果没有，则应当从保护债权人利益的立法目的出发，认定为并存的债务承担。因此本案中，根据承诺书的具体内容以及向河北中意的催收通知中的担保人身份的注明，对河北中意的保证人身份有较为明确的表示与认可，上诉人信达石办主张的此行为系保证人增加的上诉理由，于法有据，最高人民法院予以支持。

根据最高人民法院法释（2001）12号《关于审理涉及金融资产管理公司收购、管理、处置国有银行不良贷款形成的资产的案件适用法律若干问题的规定》第 6 条之规定，"金融资产管理公司受让国有银行债权后，原债权银行在全国或省级有影响的报纸上公布债权转让公告或通知的，人民法院可以认定债权人履行了《合同法》规定的通知义务。在案件审理中，债务人以原债权银行转让债权未履行通知义务为由进行抗辩的，人民法院可以将原债权银行传唤到庭调查债权转让事实，并责令原债权银行告知债务人债权转让的事实。"省建行和上诉人信达石办分别于 2002 年 11 月 19 日以公证催收的方式，2004 年 4 月 2 日以报纸公告催收的方式向被上诉人中阿公司主张过权利。按照该规定，即使省建行和上诉人信达石办没有向其通知债权转让事宜，法庭也可传唤原债权银行并责令其当庭向被上诉人中阿公司告知债权转让事实。因此，被上诉人中阿公司以债权转让通知未送达为由拒绝承担保证责任的主张不能成立。对于上诉人有关其没有放弃过对被上诉人中阿公司担保债权的上诉理由，最高人民法院予以支持。对于被上诉人中阿公司质疑的催收方式问题，根据《民事诉讼法》第 67 条规定和最高人民法院《关于民事诉讼证据的若干规定》第 9 条第 6 款的规定，公证催收方式具有法律效力，能够产生法律规定的效力。上诉人信达石办提交的（2002）秦证经字第 3791 号公证书复印件，经与原件核对，其公证送达债权催收文书的内容真实，意思表示明确，最高人民法院对其效力予以认定。中阿公司主张的关于为本公司员工办理社保时不包括韩克建其人，因属事后提供，且该公司是否确有韩克建此人，并不影响公证处公证送达的真实性和有效性，故中阿公司所提交的社保名单之证据，不能对抗 2002 年 11 月 19 日由河北省秦皇岛市公证处出具的（2002）秦证经字第 3791 号公证书的证明效力，对于中阿公司的抗辩理由，最高人民法院不予采信。

本案借款合同签订在《担保法》生效之前，如果当时的法律、法规没有规定的可以参照《担保法》的规定，但在《担保法》的规定与当时的法律、法规规定不一致的地方，应该适用本案合同签订履行时的法律、法规的规定。因此，本案应当适用最高人民法院 1994 年颁布的《关于审理经济合同纠纷案件有关保证的若干问题的规定》，同时，最高人民法院（2002）144 号通知也应作为处理本案的法律依据之一。依据最高人民法院 1994 年颁布的《关于审理经济合同纠纷案件有关保证的若干问题的规定》第 11 条和第 29 条规定，没有约定保证责任期间或约定不明确的保证合同，保证人应当在被保证人承担责任的期限内承担保证责任，主债务的诉讼时效中断，保证债务的诉讼时效亦中断。省建行在 1998 年 7 月 8 日对冀州中意进行催收，即产生了对主债务人冀州中意诉讼时效中断的法律效力，也产生了对担保人中阿公司保证债务诉讼时效中断的法律效力。其后，根据最高人民法院（2002）144 号通知的规定，即"对于当事人在《担保法》生效前签订的保证合同中没有约定保证期限或约定不明确的，如果债权人已经在法定诉讼时效期间内向主债务人主张了权利，使主债务没有超过诉讼时效期间，但未向保证人主张权利的，债权人可以自本通知发布之日起 6 个月内，向保证人主张权利，逾期不主张的，保证人不再承担责任"，上诉人信达石办在该通知发布之日起 6 个月内，即自 2002 年 8 月 1 日起至 2003 年 1 月 31 日止的 6 个月内，于 2002 年 11 月以公证方式向中阿公司进行了催收，从而中断了对担保债权的诉讼时效。其后，上诉人信达石办于 2004 年 4 月 2 日在《河北经济日报》对冀州中意和中阿公司进行了公告催收，再次中断担保债权的诉讼时效。至上诉人起诉时，对被上诉人的担保债权尚在诉讼时效之内。因此省建行和上诉人并未放弃对中阿公司的担保债权，对其上诉请求最高人民法院予以支持。

综上，上诉人信达石办要求被上诉人中阿公司对冀州中意的 182 万美元借款本金和利息承担连带清偿责任的请求合理，最高人民法院予以支持。被上诉人中阿公司提出的由于债务转移，省建行和信达石办已经放弃了对中阿公司的担保债权，中阿公司不再承担保证责任的抗辩理由和上诉人主张权利已过诉讼时效的抗辩理由不能成立，最高人民法院予以驳回。原判决以"该笔贷款的担保人已经变更为河北中意，省建行和信达石办已经放弃了对中阿公司的担保债权"为由，认定被上诉人中阿公司不承担担保责任，属认定事实不当，适用法律错误，应依法予以纠正。

最高人民法院依照《民法通则》第 85 条、第 91 条，最高人民法院《关于审理经济合同纠纷案件有关保证的若干问题的规定》第 11 条、第 29 条，最高人民法院《关于民事诉讼证据的若干规定》第 9 条第 6 款的规定，以及《民事诉讼法》第 153 条第 1 款第（一）项、第（二）项及第 158 条的规定依法判决，维持河北省高级人民法院（2005）冀民二初字第 2 号民事判决主文第一项；撤销河北省高级人民法院（2005）冀民二初字第 2 号民事判决主文第二项；中国—阿拉伯化肥有限公司对原审被告河北省冀州市中意玻璃钢厂的 182 万美元借款本金及其利息承担连带清偿责任。

（三）合同主体变更后，保险利益并不随财产所有权转移而自动变更

【裁判要旨】

保险利益原则是《保险法》的基本原则，财产保险合同的保险标的所有权发生转移的，被保险人必须在保险标的所有权转移时通知保险人，经保险人同意，并将保险单或保险凭证批改后方为有效，否则保险合同从保险标的所有权转移时即行终止，如果发生保险事故，被保险人不能行使保险金的请求权。根据《保险法》第 34 条的规定，财产保险合同的保险标的转让，应当通知保险人，经保险人同意继续承保后，依法变更合同。

【理解与适用】

保险利益原则是保险行业中的一个基本原则，又称"可保利益"或"可保权益"原则。正确处理保险利益纠纷，在司法实践中，应当重点掌握以下两个问题：

1. 准确理解保险利益的概念及其重要作用

保险利益，是指投保人对保险标的具有法律上承认的利益，即保险事故发生时可能遭受的损失或失去的利益。许多国家的法律都明文规定，无保险利益的保险合同不发生法律效力。英国早在 1745 年的《海商法》中就规定："没有可保利益的，或除保险单以外没有其他合法利益的证明的，或通过赌博方式订立的海上保险合同无效。"1774 年的《人寿保险法》也确立了保险利益原则，该法规定："人寿保险的投保人与被保险人之间必须具有保险利益，否则合同无效。"1906 年的《海上保险法》将没有保险利益的保险合同视为赌博合同而无效。我国《保险法》第 12 条也规定："投保人对保险标的的应当具有保险利益。投保人对保险标的的不具有保险利益的，保险合同无效。保险利益是指投保人对保险标的的具有的法律上承认的利益。保险标的是指作为保险对象的财产及其有关利益或者人的寿命和身体。"各国法律将保险利益作为保险合同生效的重要条件，主要有两层含义：其一，对保险标的的有保险利益的人才具有投保人的资格；其二，保险利益是保险合同生效的依据。签订保险合同时投保人必须具有保险利益。履行保险合同时投保人如果丧失保险利益，保险合同一般也随即失效。如

果投保人对保险标的不具有保险利益，直接的法律后果就是保险合同无效，投保人或被保险人无权再向保险人请求赔偿。

保险利益原则作为《保险法》的一项基本原则，有其重要作用。首先可以减少道德风险的发生。保险利益原则要求投保人或被保险人对保险标的具有保险利益，保险人的赔付以被保险人遭受损失为前提，这就可以防止投保人或被保险人放任或促使其不具有保险利益的保险标的发生保险事故，以谋取保险赔偿。其次，可使危险因素相对稳定。危险因素的变化会直接影响保险关系，而保险利益的变动正是导致危险因素发生变化的一个重要原因。再次，限制赔偿程度。保险利益是保险人所补偿损失的最高限额，被保险人所主张的赔偿金额不得超过其保险利益的金额或价值。如果不坚持这个原则，投保人或被保险人可能会获得与所受损失不相称的高额赔偿，从而损害保险人的利益。最后，有消除赌博的可能性。保险与赌博的区别就在于保险中存在保险利益，赌博中不存在，如果投保人对于保险标的不具有保险利益，就意味着投保人可以不受损失而得到赔偿。

保险利益是构成保险法律关系的一个要件。保险利益是保险合同有效成立的要件，保险合同有效必须建立在投保人对保险标的具有保险利益的基础上，具体构成需满足三个要件：①可保利益必须是合法利益。在英国一般称为"被保险人与保险标的物之间的关系是法律所承认的"。❶ 保险利益作为投保人或被保险人享有的利益，必须是符合法律、法规，符合社会公共利益，为法律认可并受到法律保护的利益，对不法利益，如以违反善良风俗所生的利益而为的保险，不问投保人是善意还是恶意，任何人对贪污、盗窃、诈骗等非法手段取得的财产，均无可保利益，因为这些利益是违反法律和公共利益的，虽然签订了合同，但合同一律无效。②可保利益必须是有经济价值的利益，这样才能使计算做到基本合理。如果损失不是经济上的利益，便无法计算。如所有权、债权、担保物权等，还有精神创伤、政治打击等，难以用货币衡量，因而不构成保险利益。③可保利益必须是可以确定的和能够实现的利益。"确定利益"指被保险人对保险标的的现有利益或因现有利益而产生之期待利益已经确定。所谓"能够实现"是指它是事实上的经济利益或客观的利益。保险利益可以是现有利益和直接利益，也可以是预期利益和间接利益，现有利益较容易确定，期待利益

❶ 覃有土著：《保险法概论》，北京大学出版社2003年6月版，第133页。

则往往引起争议。

2. 准确认定合同主体变更保险利益是否随之转移

在财产保险合同主体的变更中，保险利益往往随着保险标的的转让而转移。但对保险合同在保险利益与保险标的转移后是否应对保险标的的受让人继续发生效力，各国法律规定不尽相同。有的国家的法律允许保险合同随着保险标的的转让而自动转让，但受让人或让与人应当立即通知保险人。有的国家的法律则要求保险合同转让要经保险人同意，否则保险合同自转让之日起失效，保险公司不再承担保险责任。如我国《保险法》第34条规定："保险标的的转让应当通知保险人，经保险人同意继续承保后，依法变更合同。但是，货物运输合同和另有约定的合同除外。"因此，在我国，除货物运输合同和另有约定的合同以外，保险合同的转让要得到保险人的同意，否则保险合同自保险标的的转让时起即行终止。具体而言，对一般财产保险合同，其主体的变更并不随财产所有权转移而自动变更，必须经保险人同意，并且由保险人在原保险单或其他保险凭证上批注或者附贴批单，作为保险人同意变更的证明。

对于机动车辆保险，在保险期限内，经常发生被保险人将保险车辆转让给第三者，但没有通知保险人的情况。保险车辆发生保险事故后，受让人或原保险人向保险人索赔，无论是根据我国《保险法》第34条的规定，还是根据保险合同条款的规定，保险人均有权拒绝承担赔偿责任。

【案例举要】

王文达、徐秀利诉中华联合财产保险股份
有限公司北京分公司保险合同纠纷案❶

〔案情〕

原告：王文达、徐秀利
被告：中华联合财产保险股份有限公司北京分公司

2005年12月10日，王文达在中华联合财产保险股份有限公司北京分公司（以下简称保险公司）为其所有的一辆本田雅阁牌小轿车投保了车辆

---

❶ 案号：北京市东城区人民法院（2007）东民初字第03268号民事裁定书。

损失险等险种，其中车辆损失险的保险金额为 24 万元，保险期限为 2005 年 12 月 11 日 0 时起至 2006 年 12 月 10 日 14 时止。保险条款约定，在保险合同有效期内，保险车辆转卖、转让、赠送他人，变更用途或增加危险程度，被保险人应当事先书面通知保险人并申请办理批改手续。被保险人不履行事先书面通知并申请办理批改义务的，保险人有权拒绝赔偿。2006 年 12 月 4 日，王文达将保险车辆转让给徐秀利并办理了车辆过户手续，但并未事先告知保险公司且未办理保险单批改手续。2006 年 11 月 6 日，徐秀利在驾车前往大连的途中发生交通事故，造成车辆损失。事故发生后，保险公司以原告未履行事先书面通知及办理批改义务为由拒赔。

王文达、徐秀利共同将保险公司起诉至法院，认为保险公司应承担保险责任，要求保险公司给付车辆修理费 53 914 元、施救费 820 元、交通费 676 元及律师费 2 000 元，本案诉讼费由保险公司负担。

被告辩称，原告将保险车辆转让给徐秀利时，未事先书面通知被告并申请办理批改手续，违反了《保险法》及保险条款的相关规定，故被告对保险车辆过户后发生的保险事故有权拒绝赔偿。

〔审理结果〕

北京市东城区人民法院审理后认为：保险公司于 2005 年 12 月 10 日出具的机动车辆保险单中被保险人为原告王文达，2006 年 11 月 4 日，原告王文达将保险车辆转让给原告徐秀利，但未通知被告亦未办理批改手续。根据《民事诉讼法》第 108 条第 1 项之规定，原告应是与本案有直接利害关系的公民、法人和其他组织。根据《保险法》第 22 条第（二）款、第（三）款之规定，被保险人、受益人享有保险金的请求权。本案中，原告徐秀利不是保险单中记载的被保险人或者受益人，故不享有保险金的请求权。其作为本案原告主体不适格。故裁定驳回了原告徐秀利的起诉。保险公司《机动车辆综合保险条款》中也约定，在保险合同有效期内，保险车辆转卖、转让、赠送他人，变更用途或增加危险程度，被保险人应当事先书面通知保险人并申请办理批改手续。被保险人不履行事先书面通知并申请办理批改义务的，保险人有权拒绝赔偿。原告王文达在与徐秀利办理车辆过户手续后，未按照保险合同约定通知被告亦未办理批改手续，故保险合同的效力从被保险车辆的所有权转移时即行终止。据此，保险公司作出拒赔决定理由成立。故判决驳回原告王文达的诉讼请求。

宣判后，原告未提出上诉。

（四）在免责的债务承担中原债务人不承担责任

【裁判要旨】

债务承担属于合同转让的范畴。承担人（第三人）承担债务人所移转的债务，债务人脱离债务关系称为免责的债务承担。承担人（第三人）加入到债的关系中，与债务人共同承担债务称为并存的债务承担，亦称债务的加入。在免责的债务承担中，原债务人不再承担责任，而由承担人（第三人）承担债务人所转移的全部债务。

【理解与适用】

债务承担属于合同转让的范畴。所谓合同的转让，是指合同成立后，合同的一方当事人与第三人协商达成协议，将自己在合同中的权利义务转让给第三人，由第三人代替自己向合同的对方当事人享受权利、履行义务和承担责任。[1] 合同转让包括债权转让和债务转移两种形式。在债务转移中，以移转债务的量为标准，债务承担可分为全部债务的债务承担和部分债务的债务承担。依债务人就其所移转的债务是否还须负责为标准，债务承担可分为免责的债务承担和并存的债务承担。无论全部还是部分债务承担，当事人可自由约定原债务人就移转的债务是否仍承担责任，如不承担，则为免责的债务承担，如相反，则为并存的债务承担。在审判实践中，对于如何正确界定免责的债务承担和并存的债务承担，应当注重以下三个问题：

1. 关于债务承担

债务承担是指在不变更债的同一性的前提下而转移债务。债务承担可因当事人的合意而发生，也可以基于法律的规定产生。债务承担可分为免责的债务承担和并存的债务承担，免责的债务承担是指第三人取代原债务

---

[1] 吴合振主编：《合同法理论与实践应用》（修订本），人民法院出版社2002年3月版，第122页。

人而承担全部债务，原债务人退出债的关系；并存的债务承担是指原债务人并不脱离债务关系，而第三人又加入了债务关系，与债务人共同承担债务。在这种情况下，根据意思自治原则，债权人和承担人、原债务人可以做出特别约定，由承担人和原债务人分别按照确定的份额对债权人承担责任，也可以由承担人与原债务人约定在其内部成立按份责任，而他们一起对债权人承担连带责任，还可以由承担人与原债务人一起对债权人承担连带责任，而在承担人与原债务人之间的债务份额不做任何约定。

2. 免责债务承担的成立要件

免责的债务承担既可以通过债权人与第三人之间或债务人与第三人之间的协议实现，还可以由债权人、债务人与第三人共同订立协议来加以实现。如果债权人与第三人或者债权人、债务人与第三人共同达成免责债务承担的协议，该协议一经成立即发生债务转移的效力，无须债务人的同意。因为这种协议实质上是免除了原债务人的负担，且多数时候符合原债务人的利益，债务人一般也不会反对。如果其反对，则表示其不愿享受该协议给自己带来的利益，应当视为其自始未脱离原合同关系，仍然可以向债权人进行清偿。如果债务人与第三人之间通过协议实现免责债务承担，由于此种债务人的改变将直接影响到债权人的债权能否实现以及安全性，因此，只有在债权人同意之后，方能发生债务转移的效力。可见，我国《合同法》第84条规定："债务人将合同的义务全部或者部分转移给第三人的，应当经债权人同意。"应当明确的是，债权人的同意，明示或默示均可，也不须一定方式。债权人即使未明确表示承认，但如其向第三人请求履行或受领第三人以债务承担为意图的债务履行，可推定其已经同意。

3. 免责债务承担的效力

免责的债务承担发生以下的效力：①债务人脱离债务关系，而由承担人直接向债权人承担债务。但承担人不履行债务时，债权人仅得向承担人请求损害赔偿或请求法院对承担人强制执行，与原债务人无涉。②债务人基于债权债务关系取得的对于债权人的抗辩权，移归承担人。我国《合同法》第85条规定："债务人转移义务的，新债务人可以主张原债务人对债权人的抗辩"，第86条也规定："债务人转移义务的，新债务人应当承担与主债务有关的从债务，但该从债务专属于原债务人自身的除外"，可见，债务承担使债务以承受时的状态移转于承担人，因此承担人得以承担债务时已经存在的理由作为对债权人的抗辩，例如债的关系具有无效原因时，承担人得向债权人主张无效。但专属于合同当事人的解除权和撤销权，只能由原债务人行使，承担人不得行使。债务承担为无因行为，因而承担人不得以承担债务的原因为由对抗债权人。同时，还应注意到，法律、行政法规规定转让权利或者转移义务应当办理批准、登记等手续的，依照其规定。③从属于主债务的从债务，移归承担人负担。例如附随于主债务的利息债务，即随着主债务的移转而转移于承担人。

【案例举要】

中国机床总公司诉北京牡丹园公寓有限公司、
北京大有克拉斯家具商城合同纠纷案●

〔案情〕

原告：中国机床总公司（以下简称机床公司）

被告：北京牡丹园公寓有限公司（以下简称牡丹园公寓公司）

被告：北京大有克拉斯家具商城（以下简称北京大有集团）

1998年3月4日，机床公司和牡丹园公寓公司签订一份《代理进口合同》，约定：机床公司代理牡丹园公寓公司进口洁具，货款共计2 074 900美元；对外合同签订后机床公司负责对外开出信用证，牡丹园公寓公司须在合同规定的开证日期10日前将相当于开证金额100%的货款划入机床公司银行账户，结算以开证日的汇率为准；机床公司按合同到岸价格向牡丹园公寓公司收取2%的代理手续费。机床公司在合同上签字的人为周秉智，牡丹园公寓公司在合同上签字的人为靳卫星。

1998年2月27日，机床公司作为买方与卖方香港信贸发展有限公司（以下简称信贸公司）签订一份《进口合同》，约定：机床公司向信贸公司购买与《代理进口合同》约定的型号相同的货物，总价款2 074 900美元；机床公司于交货时间前45天凭信贸公司开证通知，开立以信贸公司为受益人、金额为装货总值100%的不可撤销的信用证。上述合同签订后，1998

● 北京市高级人民法院编：《北京法院指导案例》2009年第57期（总第1097期），2009年6月16日编。

年 3 月 3 日，机床公司收到北京大有商贸公司支付的人民币 2 066 600.4 元。1998 年 3 月 31 日，北京大有集团向机床公司出具担保函，承诺愿为牡丹园公寓公司提供担保，担保数额为货款 1 867 410 美元、迟付款利息及其他费用，担保期间为 1998 年 8 月 19 日至欠款清偿完毕止。

后机床公司作为申请人在中国银行开立信用证，机床公司于 1998 年 9 月 10 日对外支付货款 2 074 900 美元。机床公司还提供了一份署名为王伟的《同意付款通知书》，称牡丹园公寓公司于 1998 年 4 月 20 日收到机床公司转来的 98LQCZA/12V100VD 合同所订货物的正本提单 4 份、保单 3 份、正本发票 3 份、正本装箱单 1 份及产地证明等文件。经验单，单据无误，牡丹园公寓公司同意按双方代理合同规定的条款按期支付全额货款，提货报关事宜将由牡丹园公寓公司自行申报。机床公司称王伟即是牡丹园公寓公司单位负责此业务的工作人员，但牡丹园公寓公司否认王伟是其公司人员。

1998 年 10 月 22 日，信贸公司向机床公司发函，称双方所订货物由于发现严重质量问题，信贸公司建议将 100% 货款及利息全部退还给机床公司。1998 年 11 月 5 日，机床公司收到信贸公司汇款 899 975 美元。机床公司还提供了一份 2000 年 12 月 27 日的《会议纪要》，参加人员为牡丹园公寓公司及上级主管北京大有集团的靳卫星、谭中士、陆瑶，机床公司的周少青、孙卫国、尚婉员、刘娅，主要内容为：机床公司已依与牡丹园公寓公司的合同及其指令向外商信贸公司支付了全额合同货款 2 074 900 美元。牡丹园公寓公司向机床公司仅支付了货款人民币 2 066 600.4 元，后因外商变更合同，上述贸易中止执行。在牡丹园公寓公司的催办下，机床公司收到外商部分退款，目前尚有约 95 万美元未能收回。为解决欠款事宜，牡丹园公寓公司提出双方派代表共同诉讼外商追回欠款，机床公司提出先由牡丹园公寓公司就欠款作出还款计划后方可与牡丹园公寓公司共同起诉外商。牡丹园公寓公司同意回公司开会研究后给机床公司一个满意的答复。该《会议纪要》有靳卫星、周少青等个人的签字，并未加盖任何公司印章。

2001 年 1 月 15 日，牡丹园公寓公司和潮福源公司共同向机床公司出具《保证书》，由机床公司与牡丹园公寓公司在 2001 年 3 月前共同对信贸公司及深圳派豪公司提起诉讼，以追偿信贸公司在 98LQCZA/12V100VD 项下的所有欠款。倘若诉讼终止后或其他原因未能追回欠款，牡丹园公寓公司和潮福源公司承诺并保证：届时 2001 年年底将按原合同欠款数额向机床公司支付全部款项。

2002 年 11 月 1 日，机床公司、北京大有克拉斯家具商城（以下简称家具商城）、潮福源公司和北京大有集团共同签署一份《备忘录》，内容为：机床公司代理牡丹园公寓公司进口事宜，机床公司在牡丹园公寓公司的通知下对外开出信用证，1998 年 9 月 10 日信用证到期。后因合同不能履行，在牡丹园公寓公司督促下信贸公司共退回 1 099 975 美元，尚欠954 925 美元，折合人民币 7 948 407.91 元及利息 912 117 元（截至 2000 年8 月）。几方一致同意潮福源公司及家具商城自愿承担牡丹园公寓公司对机床公司代理合同项下的未付款项以及相应履行的连带还款责任（已还款 20万元）。2003 年，机床公司、家具商城和潮福源公司又签订一份《协议书》，内容为：1. 机床公司、家具商城和潮福源公司各委派一人共同代理广东省高级人民法院（2000）粤法经一终字第 455 号民事判决的再审工作。2. 再审所需费用由家具商城和潮福源公司垫付。若再审请求获得支持，执行回转的全部财产划至机床公司后，优先扣除再审的全部费用以及信贸公司对机床公司的全部欠款和相应利息，其余款项按照其他约定分别划入指定账户。3. 鉴于牡丹园公寓公司进行了资产重组，家具商城和潮福源公司自愿承担牡丹园公寓公司对机床公司的代理进口合同项下未付款项以及相应利息的还款责任。家具商城和潮福源公司根据 2001 年 1 月 15日签订的《保证书》已于 2002 年 1 月向机床公司支付了 20 万元，在再审过程中，家具商城和潮福源公司仍应继续承担其还款责任。若再审请求获得支持，机床公司应在执行回转的全部财产到达账户后 1 个月内将家具商城和潮福源公司支付的还款全额返还给家具商城和潮福源公司；若再审请求未获得支持，家具商城和潮福源公司应在再审工作结束后 1 个月内（最迟不超过 2003 年 6 月 1 日）向机床公司支付其还款责任项下的全部款项。

2003 年 10 月 15 日，机床公司以特快专递形式向牡丹园公寓公司、家具商城发出催款函，称按代理进口合同及后来几方的约定，牡丹园公寓公司承诺于 2001 年年底按原合同欠款数额支付全部款项，但至今未履行，现牡丹园公寓公司尚欠货款 954 925 美元及相应利息，家具商城承诺自愿承担牡丹园公寓公司对机床公司欠款的还款责任，故请牡丹园公寓公司和家具商城尽快予以偿还。牡丹园公寓公司否认收到该函件。

2004 年 1 月 6 日，机床公司向北京市东城区人民法院（以下简称东城区法院）申请支付令，要求牡丹园公寓公司支付代理进口合同项下欠款954 925 美元，折合人民币 7 948 407.91 元。东城区法院于 2004 年 1 月 14日向牡丹园公寓公司发出支付令，限其在指定期限内给付机床公司人民币7 948 407.91 元。后因牡丹园公寓公司提出书面异议，故东城区法院于2004 年 1 月 30 日终结了督促程序。

2005 年 8 月 5 日和 2006 年 1 月 13 日，机床公司向家具商城发出催款函，要求其履行承诺向机床公司偿还牡丹园公寓公司的欠款，但家具商城仍未偿还。

另查明，牡丹园公寓公司于 1994 年成立，成立时其公司股东为北京牡丹电子集团公司和香港林达国际投资集团公司，后经几次股权变更，现公司股东为北京大地花园酒店和北京大地科技实业总公司，北京大有集团从未成为牡丹园公寓公司的股东。

二审法院北京第二中级法院对一审法院东城区法院查明的事实补充如下：2003 年 12 月 26 日，机床公司向东城区法院申请支付令，并于当日以特快专递形式将支付令申请书寄到东城区法院。

〔审理结果〕

一审法院东城区法院经审理认为，牡丹园公寓公司与机床公司存在形式上的委托代理关系。从机床公司提供的《进口合同》及信用证、付款凭证等证据看，可以认定机床公司已依约对外支付了货款。但机床公司所提其他关于退货、退款等的证据没有牡丹园公寓公司签字或盖章认可，不能证明机床公司已按合同约定通知了牡丹园公寓公司提取货物以及货物如何又被退还给了信贸公司。牡丹园公寓公司和潮福源公司 2001 年 1 月 15 日给机床公司出具《保证书》，承诺在 2001 年年底按原合同欠款数额向机床公司支付全部款项，但机床公司没有证据证明其在 2003 年 12 月 31 日以前向牡丹园公寓公司主张过权利。尽管机床公司在超过诉讼时效期间以后的2004 年 1 月 6 日向东城区法院申请了支付令，但牡丹园公寓公司对此持有异议，不能认定双方对债权债务重新达成协议，故机床公司现在起诉牡丹园公寓公司已超过诉讼时效期间，其对牡丹园公寓公司的诉讼请求不能得到支持。在机床公司和家具商城等单位签订的《备忘录》和《协议书》中，家具商城承诺自愿承担牡丹园公寓公司对机床公司代理进口合同项下欠款954 925美元的还款责任，该承诺不违反法律规定，家具商城应按其承诺对机床公司承担还款责任。机床公司提供了2003年10月15日、2005年8月5日、2006年1月13日向家具商城催款的函件及特快专递邮件详情单，家具商城未出庭，其放弃了对此进行抗辩的权利，故可以认定机床公司在诉讼时效期间内向家具商城主张了权利，家具商城应按约向机床公司偿还欠款954 925美元。综上，依照《中华人民共和国民法通则》第135条、《中华人民共和国合同法》第60条的规定判决：1. 家具商城于判决生效后10日内支付机床总公司欠款954 925美元；2. 驳回机床公司对牡丹园公寓公司的诉讼请求。

一审宣判后，机床公司不服，提起上诉，其主要上诉理由及请求是：一审法院认定机床公司对牡丹园公寓公司起诉超过诉讼时效期间是错误的，机床公司一直在向牡丹园公寓公司主张自己的债权，根本不存在超过诉讼时效期间的问题。故请求二审法院撤销一审法院判决，改判牡丹园公寓公司、家具商城共同承担还款责任。

被上诉人牡丹园公寓公司针对上诉人机床公司的上诉请求及理由答辩称，机床公司未提供有效的证据证明本案存在诉讼时效中断的事由，故一审法院以本案诉讼时效已过为由，判决驳回机床公司对牡丹园公寓公司的诉讼请求，属适用法律正确，请求二审法院驳回上诉人的上诉请求，维持原判。

被上诉人家具商城经本院合法传唤，无正当理由未出庭应诉，亦无答辩意见。

二审法院北京第二中级法院经审理认为，机床公司和牡丹园公寓公司签订的《代理进口合同》，以及机床公司提供的《会议纪要》，牡丹园公寓公司与潮福源公司向机床公司出具的《保证书》，机床公司、家具商城、潮福源公司和北京大有集团签署的《备忘录》，机床公司与家具商城、潮福源公司签订的《协议书》是其真实意思表示，未违反强制性的法律、法规的规定，应认定为有效。牡丹园公寓公司在 2001 年 1 月 15 日给机床公司出具《保证书》中承诺在 2001 年年底还款，现有证据证明机床公司于 2003 年 12 月 26 日向牡丹园公寓公司主张过权利，故应认定机床公司在牡丹园公寓公司承诺还款期限后的两年内向牡丹园公寓公司催款。一审法院认定机床公司起诉牡丹园公寓公司已超过诉讼时效期间有误，本院予以纠正。

本案二审的争议焦点在于家具商城、潮福源公司承诺向机床公司还款是免责的债务承担，还是并存的债务承担或债务加入。根据 2003 年机床公司与家具商城、潮福源公司签订的《协议书》中家具商城、潮福源公司关于"向机床公司支付其还款责任项下的全部款项"的承诺，应当认定该《协议书》的内容不仅具有将原债务人牡丹园公寓公司的债务全部转移于第三人家具商城、潮福源公司的目的，而且有经债权人机床公司同意的内容。综上，本案家具商城、潮福源公司承诺向机床公司还款是免责的债务承担，而不是并存的债务承担或债务加入。牡丹园公寓公司脱离债务关系，原债务人牡丹园公寓公司的债务由家具商城、潮福源公司全部承担，承担人家具商城、潮福源公司直接向债权人机床公司承担债务。家具商城、潮福源公司不履行债务时，机床公司只能向家具商城、潮福源公司主张权利，与原债务人牡丹园公寓公司无涉。一审法院判决家具商城应按其承诺对机床公司承担还款责任正确，本院对此予以维持。故依照《中华人民共和国合法同》第 84 条、《中华人民共和国民事诉讼法》第 130 条、第 153 条第 1 款第（一）项的规定缺席判决：驳回上诉，维持原判。

（五）股权禁止转让期内达成的转让协议并不当然无效

【裁判要旨】

当事人在法律规定的禁止转让期内达成股权转让的合意，并约定在禁止转让期届满后进行实际转让，不违反公司法的禁止性规定，应认定有效。

【理解与适用】

股份可以自由转让是股份有限公司区别于有限责任公司重要的特征之

一。但股份转让不仅影响股东和受让人的利益，也会对公司产生重大影响，所以公司法对股份有限公司的股份转让作出了专门规定，以平衡和保护公司、股东和第三人的利益。《中华人民共和国公司法》（以下简称《公司法》）第142条第1款规定："发起人持有的本公司股份，自公司成立之日起一年内不得转让。公司公开发行股份前已发行的股份，自公司股票在证券交易所上市交易之日起一年内不得转让。"我国《合同法》第52条规定："有下列情形之一的，合同无效：……（五）违反法律、行政法规的强制性规定。"处理此类股权转让纠纷，本案的关键在于如何理解这两条规定。对此，应注意从以下两个方面进行分析。

1. 我国公司法第142条第1款是否属于法律、行政法规的强制性规定

对于法律规范，学理上有任意性规范（或倡导性规范）与强制性规范（或禁止性规范）之分。一般认为，凡涉及公共利益、社会秩序、市场秩序、市场交易安全及直接关系第三人利益事项，法律设强行性规定，以排斥当事人意思自治。凡涉及当事人个人利益的事项，法律设任意性规定，允许当事人依意思自治原则协商决定。强制性规范在法律条文中一般用"禁止""不得""必须"或"应当"等词语来表述。对于《公司法》第142条第1款的规定，其立法目的在于，由于公司发起人在公司成立初期对公司的稳定发展有着重要的作用，因而让公司发起人负担更多的责任和义务，以保障公司及与公司有利害关系的当事人的利益，维护交易的安全和市场秩序的稳定，并且在该条规定中也出现了"不得"等词语。据此，《公司法》第142条第1款属于法律强制性规定应无疑问。

2. 《股权转让协议》是否违反了《公司法》第142条第1款的规定

如果双方当事人在《股权转让协议》中约定，甲公司在丙公司成立一年内某个时间点将其股权转让给乙公司并办理过户登记手续，这显然是违反了《公司法》第142条第1款的规定，可能会导致合同无效的法律后果。但如果双方当事人在丙公司成立一年内签订股权转让协议，但约定的办理过户登记手续却在法律禁止的期限之外，并不违反《公司法》第142条第1款的规定，应认定是合法有效的。这是因为：

第一，《股权转让协议》不违反《公司法》第142条第1款规定的立法目的。《公司法》第142条第1款规定的立法目的在于，由于公司发起人在公司成立初期对公司的稳定发展有着重要的作用，因而让公司发起人

负担更多的责任和义务，以保障公司及与公司有利害关系的当事人的利益，维护交易的安全和市场秩序的稳定。如果双方当事人在法律禁止股份转让的期限内签订股份转让协议，但并未约定在该期限内进行股份转让的登记，而是约定在法律禁止的期限之外办理过户登记手续，因此，这在法律禁止股份转让的期限内并没有发生股权转让的法律效果，更不影响转让方对外责任的承担。因此，此种转让协议并不违反该条规定的立法目的。

第二，《股权转让协议》符合股份自由转让的原则。股份的自由转让，是公司法的一项重要原则，如果不是出于公共利益、社会秩序等方面原因就不应当予以限制。我国公司法禁止股份有限公司发起人的股份在一定期限内进行转让，但只要期限届满，股份转让便是自由的。发起人将自己的股权转让给谁、以何种方式转让完全由自己决定，并且，这种决定可以在法律禁止股份转让的期间届满后做出，也可以在法律禁止股份转让的期间内做出。在法律禁止股份转让的期间内做出股份转让决定，只要不在这一期间内进行过户登记手续，不但不违反公司法的规定，反而是股份自由转让原则的体现。

因此，《股权转让协议》尽管是在法律禁止股权转让的期限内签订，但约定的办理过户登记手续却在法律禁止的期限之外，是发起人对其股权在未来期限内进行依法转让的预先设置，并不构成对《公司法》第142条第1款的违反。同时，《股权转让协议》中的约定，也说明了当事方已充分认识到《公司法》第142条第1款的禁止性规定，并遵守了这一禁止性规定，这并未违背现行法律，是当事方自愿、真实的意思表示，是对民事权利的自由处分，符合资本市场与证券市场的交易秩序和交易规则。

当事人在法律规定的禁止转让期内达成股权转让的合意，并约定在禁止转让期届满后进行实际转让，不违反公司法的禁止性规定，应该是合法有效的。这符合世界上其他国家公司法发展的趋势。在比较法上，只有我国台湾地区所谓"公司法"规定"发起人股份在公司成立后一年内不得转让"，英、美、德、法、日、韩等诸国均未规定发起人所持股份在公司成立后一定时间内不得转让。事实上，发起人与他人先行签订股份转让协议，待法律禁止的转让期届满后再办理过户登记手续，这种做法既尊重了公司法的强制性规定，也体现了民法意思自治的精神，不应当予以禁止。

【案例举要】

江山公司诉港口公司股权转让纠纷案❶

〔案情〕

原告：江山公司
被告：港口公司

2004 年 6 月 17 日，江山公司与港口公司签订一份买卖合同，约定江山公司向港口公司购买不锈钢板 513 吨，总价款 1 000.35 万元。江山公司预付货款 980 万元，如港口公司不能按时交货，应当全额退款，如不能退款，则以其拥有的文峰公司 607.04 万股股权抵偿。买卖合同签订后江山公司按约支付了预付款，但港口公司未能交付货物，也无力退还预付款。同年 10 月 30 日，港口公司股东会决议同意按照买卖合同的约定以文峰公司股权抵偿欠款，并与江山公司签订了股权抵债协议。协议约定港口公司以其拥有的文峰公司 4.54% 的股权抵偿所欠江山公司 980 万元的货款，双方于 12 月 27 日起办理股权交割过户的正式手续，在此之前由江山公司对港口公司的股份进行托管等。文峰公司系股份有限公司，成立于 2001 年 12 月 26 日，港口公司是其发起人之一，占有 4.54% （607.04 万股）的股权。港口公司与江山公司签订股权抵债协议时文峰公司成立未满三年。后港口公司认为根据《公司法》（2005 年修订之前）第 147 条 "（股份有限公司）发起人持有的本公司股份，自公司成立之日起三年内不得转让" 的规定，其与江山公司签订的股权抵债协议无效，拒绝办理股权过户手续。江山公司为此诉至法院，要求判令港口公司按约办理股权过户。

〔审理结果〕

江苏省南通市中级人民法院经审理认为，虽然江山公司和港口公司股权抵债协议签订的时间是在法律规定的禁止转让期内，但协议同时约定双

---

❶ 案号：江苏省南通市中级人民法院（2005）通中民二终字第 0090 号民事判决书。

方于 2004 年 12 月 27 日起，即文峰公司成立满三年之后，才开始办理股权交割过户的正式手续。也就是说在法律规定的禁止转让期内只有当事人关于股权转让的合意，并没有股份转让的实际行为。而上述《公司法》第 147 条规定的"不得转让"从法条字面解释、立法目的解释、可操作性和立法趋势来看，其禁止的都只是股份转让的实际行为，而并不是股份转让的合意。

首先，从字面上看，"不得转让"中的"转让"是一个行为动词，所指向的是实际转让行为。从普通动产来说，转让行为是"交付"；从普通不动产来说，转让行为是办理相关"登记"；从本案涉及的股份有限公司股份来说，转让行为是"股东背书或者法律、行政法规规定的其他方式，并且由公司将受让人记载于股东名册"。所以当事人仅达成股份转让的合意而没有背书、变更股东名册等实际转让行为，并不构成《公司法》第 147 条禁止的对象。借用债权行为和物权行为区分理论和物权行为独立性理论来分析的话，《公司法》上述禁止性规定的对象只是直接导致股份所有权转移的物权行为；而约定对股份进行转让的债权行为只产生请求权发生的债权效力，并不在该禁止性规定范围内。其次，从立法目的上看，《公司法》规定发起人股份三年内不得转让，主要是为了加强发起人的责任，避免发起人以设立公司为名，行资本炒作之实，损害公司和公司其他股东及受让人的利益。而如果当事人之间只有股权转让的合意，没有股权转让的行为，则不能导致股份所有权人的改变，不能导致发起人股东身份的变化，发起人的责任也并不会减轻，所以也就不会违反《公司法》上述规定的立法目的。再次，从可操作性上看，如果没有书面合同，当事人又有争议的情况下，判断股份转让的合意形成时间比判断股份的实际转让时间难度更大。如果客观的转让行为发生在法律规定的禁止转让期后，如何确定其主观的转让意思形成在何时呢？同时，确定其主观转让意思形成的时间也并没有实际意义。最后，从立法趋势上看，2005 年新修订的公司法缩短了股份有限公司发起人股份的禁止转让期（新法规定为一年），说明立法者有意放宽发起人责任、放宽对发起人股权流转的限制。所以认定本案股权转让有效也符合这一立法趋势。

综上，本案当事人在法律规定的禁止转让期内达成股权转让的合意，并约定在禁止转让期届满后进行实际转让，不违反《公司法》的禁止性规定，应认定有效。江苏省南通市中级人民法院依照《合同法》《公司法》的相关规定，判决：港口公司所持有的文峰公司的607.04万股股份归江山公司所有。在判决生效之日起一个月内，港口公司与江山公司依法办理该股份过户的手续。该判决已发生法律效力。

六、合同权利义务的终止

（一）协商解除合同，须经双方当事人一致同意

【裁判要旨】

一方当事人提出解除合同后，在未与对方协商一致的情况下，拒绝对方提出减少其损失的建议，坚持要求对方承担解除合同的全部损失，并放弃履行合同，致使自身利益受到损害的，应自负全部责任。

【理解与适用】

合同解除的方式，是指合同依法可以按照什么途径加以解除的问题。根据我国合同法的规定，合同解除的方式有二：一为协商解除，二为法定解除。在司法实践中，正确把握协商解除合同纠纷，关键是要把握好以下几个问题：

1. 正确理解合同解除的概念和特征

合同解除是指在合同有效成立后、履行完毕前，合同当事人依照法律规定或者合同约定的条件和程序，终止合同效力，结束合同确定的权利、义务关系的一种民事行为。它具有以下特征：

（1）合同解除的对象必须是有效成立的合同

合同解除的目的在于通过合同当事人的解除行为使有效成立的合同归于消灭。因此，它只适用于有效成立的合同。没有成立的合同不可能成为合同解除的对象，也不可能产生合同的解除问题。无效合同和可撤销合同，也不能用合同解除制度来调整，而是用与其相适应的合同无效和合同撤销制度来调整。

（2）合同解除的时间必须是在合同履行完毕之前

合同解除是对尚未履行或者尚未履行完毕的合同进行解除。如果合同已经履行完毕，则不存在合同解除的问题。

（3）合同解除必须具备一定的条件

为了维护交易秩序和合同双方当事人的合法权利，合同签订后，任何一方当事人都不得随意解除合同。如果要解除合同，就必须具备一定的条件。这种条件可以是法定的，也可以是约定的。所谓有法定的解除条件，是指法律规定的可以解除合同的情形，当这种情形出现时，当事人就有权解除合同。所谓约定的解除条件，是指合同双方当事人在合同中约定的可以由当事人一方或者双方解除合同的事由，当这种事由出现时，有权解除合同的当事人一方就可以解除合同。

（4）合同解除必须有解除合同的行为

合同解除的条件只是合同解除的前提，具备条件则可以解除合同，但它并不必然导致解除合同的后果。要解除合同，就必须有当事人实施解除合同的行为。

（5）合同解除的效力是使合同关系归于消灭

合同解除后，合同的权利义务因解除而终止，基于合同所产生的权利义务关系即行消灭，当事人既可以约定合同解除后合同自始消灭，也可以约定合同在解除时消灭。

2. 正确区分合同解除与合同无效、合同撤销

在合同法中，合同解除与合同无效、合同撤销是既有联系又有重大区别的概念，不能将它们加以混淆。

合同无效是指因当事人所订立的合同不符合法定条件而产生自始不具有法律效力的后果。它与合同解除的联系在于：二者都可以使合同不具有法律效力，从而对当事人不具有约束力。但二者是有区别的：其一，标的不同。合同解除的标的是依法有效成立的合同，所解除的合同本身是有效的。而合同无效的标的，则是因不符合法定条件而自始就不具有法律效力的合同。其二，原因不同。合同解除可以基于法定事由，也可以基于约定事由的发生。而合同无效则是基于合同违反国家法律、法规的强制性规定、损害国家利益和社会公共利益等法定原因。其三，确定的途径不同。

合同的解除主要由当事人自己决定，它通过合同一方或双方当事人的解除合同的意思表示和解除行为实现。而合同无效则是由人民法院或国家仲裁机构依法加以确定，不能由当事人自己确定。其四，效力不同。合同解除既可以溯及既往，向前和向后都发生效力，也可以不溯及既往，不向前只向后发生效力。而合同无效则是自始无效，溯及既往，既向前也向后发生效力。

合同撤销是指在合同具备撤销的法定条件时，由撤销权人依法提请有权撤销合同的机关宣布撤销合同，使当事人之间的合同关系归于消灭的行为。它与合同解除既有联系，又有区别。二者的联系表现在：它们都是已经生效的合同，都产生消灭当事人之间的合同关系的效力，使合同自始不具备法律约束力。二者的区别主要表现在以下几个方面：第一，原因不同。合同解除既可以是基于法定事由，也可以是基于当事人自己的约定。而合同撤销的原因只能基于法律的规定，而不能由当事人约定，并且合同撤销的原因主要是当事人的意思表示不真实，包括重大误解、显失公平、合同欺诈或者乘人之危所为的合同等。第二，确定途径不同。合同的解除主要由当事人自己决定，它通过合同一方或双方当事人解除合同的意思表示和解除行为来实现。而合同的撤销只能由撤销权人依法向人民法院或者国家仲裁机关提出申请，由受理其申请的机关确认撤销。第三，效力不完全相同。合同解除既可以具有溯及既往的效力，也可以不具有溯及既往的效力，即只对后发生效力而不对前发生效力。但合同撤销，则在合同撤销后，自始不具备法律约束力，既对前发生效力，也对后发生效力。

3. 准确把握合同协商解除的特点

协商解除是指合同当事人根据合同中事先约定的条件或者根据双方在合同成立之后履行完毕之前协商一致的结果解除双方的合同关系。它可以分为协议解除和约定解除两种情况。

所谓协议解除，又称合意解除，是指在合同成立后，尚未履行或尚未全部履行之前，合同双方当事人经过协商一致同意解除合同的行为。协议解除是合同法的合同自由原则在合同解除制度中的具体体现。当事人可以经协商一致订立合同，也就可以经协商一致解除合同。协议解除具有以下特点：其一，协议解除以当事人双方达成的解除合同的协议为基础。协议解除本身是通过一个新的合同来解除原来的合同关系。因此，双方当事人协商一致，达成新的解除合同的协议是协议解除的重要条件。其二，协议解除的时间是在合同成立之后，尚未履行或者尚未全部履行之前。合同如果还没有成立，就不会产生合同的解除问题；合同如果已经履行完毕，则不需要再解除合同。其三，协议解除不得违反法律、行政法规的强制性规定，不得损害国家和社会公共利益。合同当事人虽然可以协议解除合同，但是如果其解除行为违反了法律、行政法规的强制性规定，或者是损害了国家和社会公共利益，则其解除合同的行为无效。其四，协议解除的具体效力由当事人自己协商确定。在协议解除中，合同的解除是否具有溯及既往的效力完全由当事人双方协商确定。

所谓约定解除，是指合同当事人在合同订立之时，就在合同条款中明确约定一方解除合同的条件，当合同约定的条件成就时，有权解除合同的当事人即可以依法行使解除权，解除双方的合同关系。简言之，它是指当事人以合同形式，约定为一方或双方保留解除权的解除。我国《合同法》第93条明确规定："当事人可以约定一方解除合同的条件。解除合同的条件成就时，解除权人可以解除合同。"这一规定是合同约定解除的法律依据。约定解除具有以下特点：首先，约定解除是以合同中对解除权的约定为基础的。如果合同中没有约定解除合同的条件，则当事人不能通过约定解除的方式解除合同。其次，约定解除是在合同订立时，双方当事人就在合同条款中明确约定了解除合同的条件。它是合同双方订立合同时对将来可能发生的能够引起合同解除的事由所作出的约定。在约定的事由出现时，一方当事人就可以解除合同。最后，约定解除必须以合同双方约定的解除合同的条件的成就为前提，而且必须是有解除权的人依法行使解除权的行为。如果合同约定的解除条件不成就，任何一方当事人都不能行使解除权；如果合同约定的解除合同的条件已经成就，但有权行使解除权的人放弃行使解除权，约定解除也不可能发生。

【案例举要】

孟元诉中佳国际合作旅行社旅游合同纠纷案❶

〔案情〕

原告：孟元
被告：中佳国际合作旅行社（以下简称中佳旅行社）

2004 年"五一"期间，被告中佳旅行社组织了"三亚自由人旅行团"，旅行社为该旅行团提供的具体服务为：为游客提供往返机票和入住酒店，游客到达后自由活动。4 月 21 日，孟元为参加该旅行团，与中佳旅行社签订了《中佳国际合作旅行社三亚协议》。协议约定：旅行社为孟元及其余 5 人提供 4 月 30 日北京去海南三亚和 5 月 4 日返回北京的机票，并提供 6 人入住三亚椰林滩大酒店的 3 间花园房，每人为此支付的费用是 3 580 元。协议还约定：旅行社提供的机票为团队折扣票，不得签转、退换、更改。协议签订后，孟元当即交付了 6 人的全部费用共计 21 480 元。4 月 22 日，中佳旅行社向三亚椰林滩大酒店交付旅游团全部预订房费，共计 43 804 元，其中孟元及其余 5 人的预订房费为 5 460 元，人均 910 元；并向赛特国际旅行社交付了往返包机票费用 106 680 元，预订 42 位包机的往返机位，每位往返机票为 2 540 元，其中为孟元及其余 5 人预订的往返机票交款 15 240 元。

4 月 24 日，孟元以北京市及外地出现"非典"疫情为由，口头提出退团，并要求中佳旅行社退还全款。中佳旅行社表示，可以代为转让机位和酒店，但不同意全部退款，双方未能达成一致意见。4 月 26 日，孟元到北京市旅游局反映情况，该局调解未果。4 月 28 日，孟元传真通知中佳旅行社退团，中佳旅行社以孟元未正式办理退团手续为由，拒绝解除合同。4 月 30 日，孟元及其余 5 人未参团旅游，中佳旅行社预订的 CZ3112 航班空余 6 个座位；孟元及其余 5 人亦未入住被告预订的椰林滩大酒店客房。关于中佳旅行社已预付的机票和住店费用，赛特旅行社表示，该机票费用属

---

❶ 案号：北京市第一中级人民法院民事判决书，载《最高人民法院公报》2005 年第 2 期。

包机票款,按约定不能退款;椰林滩大酒店表示,"五一"黄金周期间的订房有专门约定,客人未入住亦不退款。

2004年5月26日,孟元向北京市宣武区人民法院提起诉讼。北京市宣武区人民法院经审理认为双方的主要争议焦点是:①孟元要求免责解除合同是否成立;②合同未履行的责任应如何确定。

关于孟元要求免责解除合同是否成立的问题。法院认为孟元和被告中佳旅行社签订的"三亚自由人旅行团"旅游合同,是双方真实意思的表示,合同的内容不违背法律的禁止性规定,应认定有效,双方都应遵守合同约定的权利和义务。在合同签订后,孟元交付了6人的全部旅游费用,中佳旅行社为孟元预订了6人机票和酒店客房,并支付了费用。至此,双方已经按照合同的约定履行了各自的义务。在中佳旅行社履行了自己义务后,孟元以出现"非典"疫情为由,要求与中佳旅行社解除合同并全部退款,其免责解除合同请求权的行使,应符合《合同法》的规定。当时我国虽然出现了"非典"病例,但疫情范围很小,不构成对普通公众的日常生活形成危害,即孟元不能以当时"非典"疫情的出现作为免责解除合同的依据。且根据《合同法》第117条的规定,不可抗力因素亦不是当事人不承担解除合同责任的必然条件,故孟元以此为由,单方面要求解除合同并由对方承担全部责任的主张,缺乏事实和法律依据。中佳旅行社表示可以解除合同,但要求孟元自己承担因解除合同造成的经济损失,理由正当。本案中,根据双方协议的内容,中佳旅行社的义务是负责为孟元代购机票和代订酒店,确具有委托的性质。中佳旅行社根据孟元的要求,为其代购机票和代订酒店后,有权利按协议收取必要的费用。孟元称与旅行社签订的旅游合同具有委托合同的性质,委托人可随时解除合同,中佳旅行社作为被委托人应无条件退款,没有法律依据。孟元在距旅游出发日期50小时以传真形式发出解除合同的通知,但因未办理退团手续,应视为合同继续有效。

关于合同未履行的责任应如何确定的问题。我国《合同法》第93条规定:"当事人协商一致,可以解除合同。"本案中,孟元虽提出解除合同,但同时附加了全部退款的条件,孟元与被告中佳旅行社并未就如何解除合同达成一致意见,应认定孟元单方违约。孟元称已通知中佳旅行社中止合同,但孟元提出中止合同时,中佳旅行社的代购机票和代订酒店行为已经发生，其法律后果应由孟元承担。孟元称双方签订的协议是中佳旅行社提供的格式合同，中佳旅行社在签订合同时没有告知其机票和房款不能退还，双方的协议显失公平，故合同无效，并由中佳旅行社承担一切责任。经查，双方协议中已载明"机票为团队折扣票，不得签转、退换、更改"，这说明双方在签订合同时，已就有关事宜作出了约定，该约定不属于合同法规定的格式合同禁止条件，孟元根据协议享受的权利与中佳旅行社提供的服务相当，主张其显失公平没有法律依据。由于孟元未向中佳旅行社提供登机人名单，亦没有委托其转让机票，造成中佳旅行社既无法拿到其他5人已支付票款的机票，又无法对机票予以转让，应承担由此产生的经济损失。孟元以未享受旅行社提供的服务为由，要求中佳旅行社按协议退还21 480元，依法不予支持。

据此，北京市宣武区人民法院判决终止原、被告签订的《中佳国际合作旅行社三亚协议》，驳回孟元的诉讼请求。

判决后，孟元不服，向北京市第一中级人民法院提出上诉。北京市第一中级人民法院认为：合同生效后，双方当事人按照合同的约定认真履行义务。一方提出解除合同的，应积极与对方协商，而不能强行要求解除合同，并要求对方承担全部损失。上诉人未与对方协商一致即单方面终止合同，由此造成的经济损失，应自行负责。据此，判决驳回上诉，维持原判。

（二）合同解除权的行使须以解除权成就为前提，解除行为应当符合法律规定的程序

【裁判要旨】

催告对方履行的当事人应当是守约方，处于违约状态的当事人不享有基于催告对方仍不履行而产生的合同解除权。合同解除权的行使须以解除权成就为前提，解除行为应当符合法律规定的程序，否则不能引起合同解除的法律效果。

【理解与适用】

合同解除的难点在于合同法定解除条件的认定。在司法实践中，处理此问题关键要把握好以下几点：

1. 正确理解法定解除的概念和特点

所谓法定解除，是指合同有效成立以后，尚未履行或者尚未完全履行之前，当事人一方根据法律规定的解除条件行使法定解除权，从而使双方合同关系归于消灭的行为。法定解除的有以下三个特点：

（1）法定解除由法律直接规定解除合同的条件，只有当法律规定的解除条件出现时，享有法定解除权的一方当事人才有权解除合同。

（2）法定解除是一种单方法律行为，当法律规定的解除合同的条件成就时，享有解除权的一方当事人即有权依其单方意思表示解除合同，而不需征得对方当事人的同意，只要享有解除权的一方将解除合同的意思表示直接通知对方即可发生解除合同的效果。

（3）法定解除必须通过当事人行使法定解除权、实施解除行为才能实现，如果当事人不行使法定解除权，合同就不可能被解除。

2. 准确把握法定解除的条件

法定解除必须在具备法律规定的解除条件出现时才能实现。根据我国《合同法》第94条的规定，法定解除的条件主要有以下五个方面，只要具备了其中任何一种情形，就是具备了合同的法定解除条件，享有解除权的当事人即可行使法定解除权。

（1）因不可抗力致使合同目的不能实现

这是合同法定解除条件的第一种情形。当事人依照这一情形行使法定解除权依法解除合同的，必须符合以下条件：第一，合同有效成立后，尚未履行完毕之前发生了不可抗力的情况。所谓不可抗力，是指当事人不能预见、不能避免并不能克服的客观情况。不可抗力既包括自然现象，也包括社会现象，前者如地震、台风、水灾等，后者如战争、政治事件、封锁禁运等。对于不可抗力的范围，当事人可以在合同中明确加以约定。遇到不可抗力时，当事人即可以依法解除合同。第二，由于不可抗力致使合同的目的不能实现。当事人订立合同的目的在于实现合同规定的权利和义务，当不可抗力的事由发生时，就必然会影响合同的履行。这种影响主要表现在由于不可抗力致使合同部分或者全部不能履行，或者由于不可抗力致使合同不能按期履行。如果不可抗力只是致使合同不能按期履行，则当事人不能解除合同，在不可抗力消失后，应当继续履行合同。只有在不可抗力致使当事人不能履行合同，从而导致当事人订立合同的目的无法实现时，当事人才可以解除合同。可见，不可抗力的出现，并不必然导致合同的解除。只有不可抗力导致合同的目的不能实现时，合同才可以解除。第三，当事人解除合同应通知对方，合同自解除通知到达对方时解除。

（2）履行期限届满之前，当事人一方明确表示或者以自己的行为表明不履行主要债务

这是合同法定解除条件的第二种情形。这种情形在理论上被称为先期违约或预期违约。先期违约可以分为明示违约和默示违约两种情况。所谓明示违约，它是指在合同履行期限届满之前，一方当事人无正当理由明确表示不履行其合同的主要义务。所谓默示违约，是指在合同履行期限届满之前，一方当事人虽未明确表示但其行为表明其不履行合同规定的义务。合同当事人根据先期违约的情形行使合同的法定解除权，必须注意以下几点：第一，必须是在合同履行届满之前行使。如果当事人在合同履行届满之后表示不履行其债务，对方当事人可以依法追究其违约责任，而不必解除合同。第二，必须在对方当事人明确表示或者以自己的行为表明不履行合同债务时才能行使。当事人不得以自己的主观推断或想象而解除合同。第三，必须是当事人明示或者默示所不履行的是合同的主要债务时才能行使。所谓主要债务是相对次要债务而言的，是指对于债权人的权利有重要影响或根本性影响的那部分债务。如果对方当事人不是对主要债务不予履行，只是对次要债务不予履行，则不能构成合同的法定解除理由。

（3）当事人一方迟延履行主要债务，经催告后在合理期限内仍未履行

这是合同法定解除条件的第三种情形。这种情形可以简称为迟延履行主要债务。在合同的条款之中，履行期限是非常重要的条款。因此，当事人在合同中都应明确约定履行合同的期限。如果一方当事人不能按期履行合同，则有可能导致合同当事人订立合同的目的无法实现，履行也就失去了意义。此外，还有可能给非违约方当事人造成严重损失。因此，法律规定迟延履行合同主要债务是构成合同解除的法定条件之一。但是，当事人根据这一法定条件行使法定解除权时，应当符合以下条件：第一，对方当事人违反了双方对履行期限的约定，在履行期限届满时没有完全履行债务。债务的履行分为定有履行期限和未定有履行期限两种情况。定有履行期限的，是指履行期限的最后时间的到来。未定有履行期限的，债权人随时可以要求债务人履行，但必须给债务人必要的准备时间，准备时间届满

后，即视为履行期限届满。第二，对方当事人迟延履行的是合同中约定的主要债务。当事人的迟延履行并不一定会导致合同目的的落空，只有当事人在合同规定的时间内未履行合同规定的主要债务，才会导致合同目的的落空。因此，一方当事人在合同履行期限内已经履行了合同规定的主要债务。只是迟延履行了合同的次要债务，则只能要求迟延方承担违约责任，而不能因此解除合同。第三，必须对迟延方进行催告。所谓催告，是指债权人催促债务人及时履行合同债务的通知。催告必须采取书面形式，如信函、电报、传真、电子邮件等。采用非书面形式，必须有证据加以证明，否则，不能认为已经催告。第四，催告之时，必须给予迟延方合理的履行期限。期限是否合理，可以根据债务人的履行能力、债务的多少以及履行债务的外部条件来确定，一般不应少于准备和履行债务本身所允许的时间。如果不给迟延方合理的履行期限，则任何一方当事人都不得解除合同。第五，必须是迟延方在对方催告之后，仍不履行合同规定的主要债务。如果在合理的履行期限内迟延方履行了合同规定的主要债务，只是未履行合同中的次要债务，则另一方当事人不得解除合同。只有当迟延方在另一方给予其合理的履行期限内仍不履行其主要债务时，另一方才可以行使其法定的合同解除权。

（4）当事人一方迟延履行债务或者有其他违约行为致使不能实现合同目的

这是合同法定解除条件的第四种情形。这种情形可以简称为根本违约不能实现合同目的。这里的违约不是一般的轻微违约，而是严重违约，其严重程度达到了使合同的履行成为不必要或不可能，包括合同不履行、不完全履行和迟延履行等。因为这种违约已经严重影响了对方当事人实现其订立合同时所期望的经济利益，在这种情况下，违约方的行为即构成根本违约。当事人一方根本违约，合同的目的已经不能达到，再维持合同的效力已没有必要，否则就有可能继续给另一方造成更大的损失。为了保护守约方的利益，避免或减少其不应有的损失，法律赋予其法定解除权是十分必要的。一方当事人因对方当事人迟延履行而解除合同，应当符合以下条件：第一，必须是债务人迟延履行了债务或者有其他违约行为。所谓迟延履行，是指债务人在合同规定的履行期限内未履行或者未完全履行合同约定的债务。所谓其他违约行为，是指能够导致债务人不能在合同规定的履行期限内履行合同债务的其他行为。第二，迟延履行或者其他违约行为构成根本违约，也就是导致合同的目的根本无法实现。债务人的迟延履行并不必然导致合同的解除。只有当迟延履行或其他违约行为致使合同的目的必然落空时，守约方才能解除合同。

（5）法律规定的其他情形

这是合同法定解除条件的最后一种情形。这里所说的其他情形，是指法律规定的上述四种情形以外的其他可以依法解除合同的情形。根据合同法的立法宗旨，所谓其他情形，至少应当包括以下几种情形：第一，合同所根据的法律或者国家计划被修改或者国家制定了新的法律，当事人可以解除合同。这种情况下履行合同就可能违反法律，导致违法行为的出现。第二，合同的性质和内容决定了当事人可以解除合同。有些合同条款或者合同的性质决定它是专为一方当事人的利益而订立的，这一方当事人就可以通过放弃自己的利益而解除合同。如房屋租赁合同，承租方在交清其房租后，当其不需要再租该房屋时，即可以提前解除合同。第三，因不完全给付导致合同的解除。如《合同法》第148条规定，因标的物质量不符合质量要求，致使不能实现合同目的的，买受人可以拒绝接受标的物或者解除合同。这一规定表明，出卖人交付的标的物与约定的质量不符，并能导致合同的目的不能实现时，买受人即可以解除合同。《合同法》第165条还规定，标的物为数物，其中一物不符合规定的，买受人可以就该物解除，但该物与其他物分离使标的物的价值显受损害的，当事人可以就数物解除合同。第四，因部分债务不履行导致合同的解除。如《合同法》第167条规定，分期付款的买受人未支付到期价款的金额达到全部价款的五分之一的，出卖人可以要求买受人支付全部价款或者解除合同。出卖人解除合同的，可以向买受人请求支付该标的物的使用费。

3．准确把握合同解除的程序

合同解除的程序，是指合同解除所应当遵守的法定方式和手续问题。无论是合同的协商解除，还是合同的法定解除，都必须遵守法律规定的程序。只有按照法律规定的程序解除合同，其解除行为才具有法律效力。在合同解除中，协商解除又分为协议解除和约定解除。协议解除的程序与约定解除和法定解除的程序相比较，还是要简单一些。除法律和行政法规规定解除合同应当办理审批、登记手续的以外，协议解除一般只需要一方当事人发出解除合同的要约，另一方当事人予以承诺，并经双方协商一致即可以解除合同。但约定解除与法定解除的程序相对要复杂一些。根据合同法的有关规定，无论是约定解除，还是法定解除，都是在解除合同的条件成就时，由解除权人依法行使解除权来实现合同的解除。解除权的行使是一种单方法律行为，是解除权人单方的意思表示。解除权人只需要向当事人作出解除合同的意思表示就可以达到解除合同的效果，而无需经对方当事人承诺。一般而言，通过行使约定解除权和法定解除权来解除合同，应当遵守以下法定程序：

(1) 在合同约定或者法律规定的解除事由出现时，依法行使解除权。约定解除以合同约定解除合同的事由的出现为前提，法定解除则以法律规定的解除合同的事由的出现为前提。如果约定解除或者法定解除的条件没有成就，则任何一方当事人都不得行使解除权解除合同。

(2) 解除权人必须在法定或者约定的期限内行使解除权。我国《合同法》第95条规定，法律规定或者当事人约定解除权行使期限，期限届满当事人不行使的，该权利消灭。法律没有规定或者当事人没有约定解除权行使期限，经对方催告后在合理期限内不行使的，该权利消灭。这一规定是对当事人行使合同解除权的时间要求。它表明合同解除权的行使期限由法律规定或者由当事人协商约定。在法律规定了合同解除权的行使期限或者当事人协商约定了合同解除权的行使期限的情况下，当事人应当遵守法律的规定、恪守合同的约定，在确定的期限内行使解除权，依法解除合同。如果期限届满当事人仍不行使解除权解除合同，则其解除权消灭，当事人应当继续履行合同，不得再以同样的理由解除合同。这里所说的法定期限和约定期限，在民法理论上称之为除斥期间，所谓除斥期间，是指法定或者约定的权利的存续期间，因该期间的超过而发生权利消灭的法律效果。此外，如果法律没有规定，当事人也没有约定解除权的行使期限，只有经对方催告后在合理期限内解除权人仍不行使解除权的，该权利才告消灭。如果对方没有催告，或者虽经催告，但没有给予解除权人合理的期限，则解除权人的解除权并不当然消灭。在合同的有效期内，解除权人仍然可以依法行使其解除权。

(3) 解除权人在解除合同时，应当通知对方当事人。通知对方当事人，是解除权人的一项义务，也是合同解除的必经程序。通知原则上应该采取书面形式。解除合同的通知在到达对方当事人时生效，合同自通知到达对方时解除。

(4) 对方当事人对解除合同有异议时，可以请求人民法院或者仲裁机构确认解除合同的效力。

（5）法律、行政法规规定解除合同应当办理批准、登记手续的，必须办理有关批准、登记手续，合同的解除才发生法律效力。否则，合同的解除不发生法律效力。

4. 准确把握合同解除的法律后果

合同解除的后果，是指合同解除对双方当事人权利义务所产生的变化及其影响。无论是合同的协商解除，还是合同的法定解除，在合同解除之后，必然会产生相应的法律后果，引起双方当事人权利义务的变化。我国《合同法》第97条规定，合同解除后，尚未履行的，终止履行；已经履行的，根据履行情况和合同性质，当事人可以要求恢复原状，采取其他补救措施，并有权要求赔偿损失。这一规定是有关合同解除的溯及力问题的规定，也是合同解除的法律后果的规定。笔者认为，我国《合同法》既承认了合同解除可以产生溯及既往的效力，同时也允许在特殊情况下，合同解除只向后发生效力。如果合同解除使基于合同发生的债权债务关系溯及既往的消灭，合同自始不成立，这是合同解除有溯及力。如果解除之前的债权债务关系仍然有效，只是合同解除时的债权债务关系消灭，这是合同解除无溯及力。有溯及力的合同解除才能够产生恢复原状的问题，无溯及力的合同解除不恢复原状。恢复原状是合同解除有溯及力时所具有的直接效力，是双方当事人基于合同发生的债务全部消灭的必然结果。所谓恢复原状，是指在合同部分履行或者全部履行的情况下，一旦解除合同，就应当将当事人双方的权利义务关系恢复到合同履行前的状况。恢复原状时，原物存在的，应当返还原物；若原物是种类物，现在原物又不存在的，应当返还原物的种类物。如果原物是不可代替的特定物或者是一定的劳务时，则应返还相应的价款或支付相应的酬金，这也就是所谓的其他补救措施。与合同解除的法律后果相关的另一个问题是，合同解除后可否发生赔偿损失的责任，以及在什么情况下发生赔偿损失的问题。我国《合同法》第97条的规定表明，在合同解除时，解除权人因为对方当事人的行为遭受了财产损失的，有权要求赔偿。协议解除合同的，当事人可以在解除协议中规定损失赔偿责任。因对方违约而解除合同的，如果守约方遭受了财产损失，违约方应当赔偿其损失。因不可抗力而解除合同的，当事人一般不负赔偿责任，但不可抗力是发生在迟延履行之后的，迟延履行人应当承担赔偿责任；不可抗力发生后，当事人未采取适当措施防止损失扩大的，应当就扩大的损失部分承担赔偿责任。

【案例举要】

万顺公司诉永新公司等合作开发协议纠纷案●

〔案情〕

上诉人（原审原告）：上海万顺房地产开发公司
被上诉人（原审被告）：永新实业发展有限公司
原审第三人：义乌永新房地产开发有限公司

1993 年 2 月 7 日，永新实业发展有限公司（其前身为永新技术开发有限公司及永新投资贸易有限公司，1996 年 1 月 4 日变更名称为永新实业发展有限公司，以下一并简称为永新公司）与浙江省义乌市政府签订了《关于经济技术合作意向书实施问题的协商备忘录》，主要内容：1. 关于义乌造纸厂搬迁改造及房地产开发问题。义乌方面赞成永新公司提出的关于"将义乌造纸厂现有大部分厂区按城市总体规划要求，建成一座类似于香港的太古城那样的，具有显著地方特色和现代化城市气息的园区，对外公开招商、拍卖，并以土地使用权招商出让的大部分资金用于扶植义乌造纸厂实现产品结构调整，上其他工业项目，同时以小部分资金用于房地产开发的启动资金，把二者结合起来，综合考虑"的思路；2. 义乌方面对永新公司所提的彩印、包装及真空镀铝项目都表示有极大的兴趣，并将尽快组成专门班子就上述三个项目的产品方向、规模深度、市场前景等进行必要的调研分析，然后根据市场状况及资金实力等选择其中的 1~2 项，采用双方合资的方式共同进行开发，永新公司对上述选中的项目负责技术及设备引进，合资方式及出资比例等届时再进一步协商；3. 永新公司建议义乌方面以一家综合性的实业公司直接与永新公司接洽实施，并请市政府在政策上给予大力支持，义乌方面答应回去研究后尽快予以落实。3 月 31 日，绍兴轻纺账号 115014906288 汇入义乌绒毛化工总厂 1 000 万元。4 月 12 日，义乌绒毛化工总厂汇给上海万顺房地产开发公司（以下简称为万顺

● 案号：最高人民法院（2003）民一终字第 47 号民事判决书，载《最高人民法院公报》2005 年第 3 期。

公司）1 000 万元。4 月 14 日，万顺公司汇入永新公司北京办事处 1 000 万元。4 月 23 日，南汇农行汇给义乌农行 1 000 万元。4 月 26 日，义乌农行汇给义乌绒毛化工总厂 1 000 万元。4 月 27 日，义乌绒毛化工总厂汇给万顺公司 1 000 万元。4 月 28 日，义乌市政府（甲方）与永新公司（乙方）签订协议书一份，约定：1. 原无偿拨给义乌造纸厂的约 8 万平方米的国有土地使用权（具体位置和准确面积，根据规划图纸确定）由甲方负责收回，并以优惠的出让方式协议出让给乙方，供乙方开发商服、住宅楼，出让土地使用权年限，按国家规定确定。2. 出让地块为每亩 65 万元，签订协议时，乙方付定金 1 000 万元，签订合同之日起三个月内再付 2 000 万元，其余地价款在签订之日起 7 个月内全部付清。3. 乙方应自负受让地块内的三通一平、绿化、小区道路建设费。工人路段的建设配套由乙方全负；化工路、义东路在原造纸厂相关路段的建设费乙方负担一半，小区内水电增容费由乙方自负。4. 甲方应保证在正式签订土地出让合同后 5 个月内负责将出让土地内的建筑物、构筑物及设备拆除、搬迁完毕。5. 乙方应根据甲方提供的小区规划要点及有关指标，编制小区高层的详细规划，由甲方审核批准后方可实施。6. 双方共同出资创办国内第一流的印刷企业，总投资在 4 000 万元以上，投资比例暂定为甲方 70%，乙方 30%，双方共同努力争取 2 年内建成投产；由于乙方的责任，如合资项目未能办成，土地出让地价款按每亩 85 万元计算，且据此计算全部地价款付给甲方后，甲方才给予乙方办理转让房地产的有关发证手续；由于甲方责任给乙方造成损失，甲方应给予补偿。7. 新办合资企业所需工人，应优先从原造纸厂职工中选择，新置印刷设备所需美元由乙方负责调剂。同年 5 月 4 日，永新公司（甲方）与万顺公司（乙方）签订协议书一份，约定：1. 甲方负责与义乌市土地管理局根据义乌市《城镇国有土地使用权有偿出让和转让试行办法》和国家有关法律、法规订立原义乌造纸厂约 8 万平方米的国有土地使用权转让合同，并以甲方名义在义乌市成立本项目的房地产开发公司；2. 甲方负责在本项目的房地产开发中，办妥与义乌市有关当局的一切前期手续，及协调有关出现的问题；3. 乙方负责筹措资金，并根据甲方与义乌市土地管理局签订的合同及有关协议规定，支付全部地价款（支付办法按有关合同规定时间）；4. 乙方应根据有关规定，自负受让地块内的三通一平、绿化、小区道路建设费及水电增容费；5. 乙方应根据义乌市土地管理局提出的小区规划要求及有关指标，编制小区高层的详细规划，由义乌市有关当局批准后方可实施；6. 根据甲方与市政府的协议，甲方在新建的印刷企业（总投资 4 000 万元以上）占股 30%，投资约 1 500 万元，该项资金加入房地产项目内的土地成本；7. 在甲方注册的房地产公司内，乙方派员参与管理，并全面负责财务工作；8. 甲、乙双方在开发房地产项目中的利润分成，甲方 60%，乙方 40%。协议最后载明该协议双方签字后，具有法律效力，双方不得违约。同一天，永新公司支付义乌市土地管理局定金 1 000 万元。此后，万顺公司指派楼仁耀、张其镇参与义乌永新房地产开发有限公司（1994 年 6 月 23 日，经浙江省人民政府外经贸资浙府字（1993）5595 号批准书批准设立，1993 年 12 月 15 日，领取了企业法人营业执照，其中载明企业类型为外商独资经营，注册资本美金 300 万元，总经理何志强，副总经理贾三弟。该公司设立前成立了义乌香港城房地产开发公司筹备处，以下一并简称为义乌永新公司）的日常管理工作。楼仁耀、张其镇被义乌永新公司聘为顾问，张其镇任销售部经理，向义乌永新公司领取工资。副总经理余建军，主管办公室、财务部并兼任办公室主任、财务部经理。义乌永新公司于同年 5 月开始预收房款。同年 6 月 10 日，永新公司与万顺公司又签订补充协议一份，约定：1. 主协议第 6 条修改为：甲方在新建的印刷企业（总投资 4 000 万元以上）占股 30%，按 30% 的实际投资计算，但最高不超过 1 500 万元，列入土地成本；2. 主协议第 8 条利润分成修改为甲方 55%，乙方 45%。补充协议同时载明该补充协议与主协议同样具有法律效力。同年 8 月 2 日，义乌市土地管理局（甲方）与义乌永新公司（乙方）签订了义地合字（1993）第 34 号出让国有土地使用权合同，载明：1. 出让地块坐落于化工路 10 号（原义乌造纸厂厂址），面积 121.5 亩，土地用途为商服、住宅综合开发，居住用地 70 年，商服综合用地 50 年，1996 年 12 月月底前建成完工。2. 土地使用权出让金为每亩 65 万元，总额为 7 897.5 万元，签订合同时，乙方必须向甲方交纳定金 1 000 万元，签订合同之日起 2 个月内再付 2 000 万元，其余地价款在签订合同之日起 6 个月内全部付清，逾期未全部支付，甲方有权解除合同，定金不予退还，并有请求违约赔偿的权利。3. 乙方应自负受让地块内的通讯、供电、供水、排水、绿化、道路各类公共设施配套费；工人路穿越原造纸厂厂区地段的道路建设按城建规划要求由乙方负责实施，费用由乙方全负（包括给排水、排污、电缆通信、道路照明及绿化费等），并需按建设程序验收；化工路、义东路、规划 10 米路（未定名）与出让地块界临地段的筑路费乙方负担一半，出让地块内的水电增容费由乙方自负。4. 甲方应保证在正式签订合同后 5 个月负责将出让地块内的建筑物及其附属物拆迁完毕。1993 年 8 月 4 日，万顺公司汇入义乌永新公司 11.28 万元。8 月 7 日，义乌永新公司按万顺公司的指令支付给义乌农行 1 000 万元及利息 10.56 万元，余额 7 200 元退回给万顺公司，1994 年 6 月 28 日，万顺公司出具了收到该 7 200 元的收据一份。1993 年 8 月 12 日、11 月 8 日，义乌永新公司分别支付土地出让金 540 万元、1 260 万元。同年 11 月 18 日，义乌永新公司通过万顺公司向上海阳明房地产发展有限公司（以下简称为阳明公司）借款 600 万元。同年 12 月 18 日、24 日、28 日、31 日，义乌永新公司分别支付给阳明公司、金华市农行国际业务部、义乌服装公司 71 万元、29 万元、200 万元、300 万元，合计 600 万元，付清了欠阳明公司的债务。1994 年 1 月 13 日，义乌永新公司支付万顺公司利息 20 万元。1994 年 1 月 28 日，义乌市审计师事务所出具了关于义乌永新公司的验资报告，其中载明投资方于 1993 年 4 月 22 日从北京永新公司汇入中国建设银行义乌市支行 1 000 万元，系经营资金，该验资报告认为，义乌永新公司实际到位资金为人民币 1 000 万元。1994 年 4 月 1 日，永新公司代表何志强发函给万顺公司（该函以下简称为"4.1 函"），主要内容为：1. 根据 1993 年 5 月 4 日协议书第三条，万顺公司应在 6 个月内（1993 年 8 月 2 日—1994 年 2 月 1 日）付清全部土地出让金 7 897.5 万元和三通一平等各类费用 800 万元以上；2. 万顺公司未按协议书执行，带来极大的困难，在信誉上造成不良影响，义乌市政府多次催促，必须加快工作进程，广大购房户迫切要求早日动工，永新公司多次催促万顺公司早日汇款，但始终未能履行协议；请你公司在本月 15 日前，把以上应支付的资金汇入义乌永新公司，如不能按时把资金汇入指定的银行，则作为你公司自动解除协议。1994 年 4 月 5 日、5 月 20 日、6 月 3 日、9 月 26 日、1998 年 7 月 7 日，义乌永新公司分别支付土地出让金 1 000 万元、1 000 万元、2 000 万元、922 万元、31.8133 万元。1999 年 9 月 6 日，原义乌市土地管理局局长朱海证实：义乌永新公司支付了土地出让金定金 1 000 万元，第二期出让金基本上按时支付；此后，义乌永新公司提出出让面积中，部分土地被公共建筑占用，要求重新丈量面积后付清全部出让金；后经土地管理局核实面积后，确有此事，故对其延交出让金，没有追究违约责任。

万顺公司起诉称：双方合作协议合法有效，一经签订，均应严格履行。万顺公司投入了首期资金1 000万元并派出销售主管、会计、出纳人员。整个地块进入开发建设后，由于预售房屋收入较多，资金有余，足以支付地价款并开发建设。永新公司在万顺公司依约支付投资款，双方共同合作开发取得成果的时候，企图撕毁合同单方侵吞利润，其行为已违反了法律并侵害了万顺公司的合法权益。故请求浙江省高级人民法院判令永新公司按照约定比例支付合作开发利润1 625万元（庭审中变更为2 617万元）并负担本案案件受理费。

永新公司答辩称：1. 双方于1993年5月4日、6月10日签订的合作开发协议及补充协议系真实意思表示，内容合法，应确认为有效。协议签订后，永新公司依约履行了全部义务，而万顺公司除在合作前汇入永新公司北京办事处1000万元外，未依约支付土地出让金，也没有承担开发项目中的三通一平费和水电增容费等，已构成根本违约；2. 1994年4月1日，永新公司发函告知万顺公司在4月15日前，将应付款项汇入义乌永新公司，否则作为万顺公司自动解除协议。万顺公司仍未履行相应义务，故合作协议已经解除；3. 1998年12月，万顺公司才提起诉讼，已过诉讼时效，不再享有胜诉权。万顺公司1993年4月22日汇入永新公司北京办事处的1 000万元已于同年8月7日通过义乌农行转走，万顺公司已不存在任何资金投入，根据协议享受利润分成的法律基础业已丧失。故请求判令驳回万顺公司诉讼请求，并由其负担案件受理费。

义乌永新公司答辩称：义乌永新公司是永新公司设立的外商独资企业。按照万顺公司与永新公司的协议，万顺公司负有筹措资金的义务，故义乌永新公司的注册资金应由万顺公司筹措。但万顺公司除了1993年4月14日汇入的1 000万元外，一直未有其他资金投入。1993年8月7日，万顺公司已要求义乌永新公司将1 000万元及利息10.56万元汇入其指定账户。这1 000万元仅在项目公司中存在3个月。从此，万顺公司再无任何资金投入，所有原协议约定的支付土地出让金等义务均由永新公司和义乌永新公司履行。据此，万顺公司擅自收回1 000万元及利息的行为对于永新公司来说，只能视作收回投资或者先行收回投资。就整个项目而言，万顺公司不应再享有约定的投资权益。故请求驳回万顺公司的诉讼请求。一审审理过程中，浙江省高级人民法院根据万顺公司申请并征得另外两方当事人同意后于 2001 年 5 月 15 日委托浙江江南会计师事务所（以下简称江南所）对万顺公司与永新公司合作开发的原义乌造纸厂约 8 万平方米地块的投入、支出及利润进行了审计。江南所于 9 月 18 日出具了审计报告的征求意见稿。浙江省高级人民法院于同日及次日将上述审计报告征求意见稿送达万顺公司、义乌永新公司和永新公司。9 月 25 日，在浙江省高级人民法院主持下，江南所和三方当事人对争议事项逐项进行了核对。12 月 7 日，江南所出具了正式报告，确认净利润为 5 817.04 万元。该报告书同时载明，根据万顺公司与永新公司 1993 年 6 月 10 日的补充协议约定，投资印刷企业的 1 200 万元列入土地成本，此约定的成本开支与税务政策规定相悖，故审计时未按成本予以扣除；是否应在净利润中扣除，由法院裁定。

浙江省高级人民法院另查明，义乌市工商行政管理局出具的义乌永新公司 1995 年、1996 年两年的年检材料表明：所有者权益均为 1 000 万元。上海黄浦公瑞会计师事务所审计报告载明，万顺公司系义乌绒毛化工总厂的全资子公司，万顺公司无义乌房地产的投资项目。1994 年 5 月 11 日，义乌永新公司向义乌工行贷款 2 000 万元。

〔审理结果〕

浙江省高级人民法院经审理认为，万顺公司、永新公司于 1993 年 5 月 4 日签订的协议书，鉴于万顺公司系房地产开发公司，符合最高人民法院《关于审理房地产管理法施行前房地产开发经营案件若干问题的解答》第 1 条"从事房地产的开发经营者，应当是具备企业法人条件、经工商行政管理部门登记并发给营业执照的房地产开发企业"的资格条件。此后，双方依协议成立了义乌永新公司，土地使用权亦登记在义乌永新公司名下，协议已基本履行完，房屋已建成，故协议书应确认有效。万顺公司未按协议约定支付土地出让金、三通一平费等，已构成根本性违约，根据原《中华人民共和国经济合同法》第 26 条之规定，永新公司享有解除权。1994 年 4 月 1 日，永新公司已行使了解除权，故万顺公司与永新公司之间的协议已解除，而解除具有溯及的效力，如同该协议自始不存在，现万顺公司要求分割利润，缺乏合同和法律依据，该诉讼请求依法不能成立。据此判决驳回万顺公司的诉讼请求，案件受理费、财产保全费、鉴定费和审计费等费用由万顺公司负担。

万顺公司不服一审判决，向最高人民法院提起上诉。最高人民法院经审理认为，本案的争议焦点有4个：1. 万顺公司与永新公司所签订的合作协议的性质和效力问题；2. 万顺公司投入1 000万元款项的性质问题；3. 合作协议是否已经解除的问题；4. 合作项目利润的分配问题。

关于双方合作协议的性质及效力。从双方签订于1993年5月4日及6月10日的协议书及补充协议的内容来看，永新公司的合同义务是：争取合作项目和出让土地使用权、办理开发项目所需的前期手续、以己方名义设立项目公司等。万顺公司的义务是：筹措资金支付该地块出让合同约定的全部地价款及三通一平、绿化、小区道路建设费及水电增容费，派员参与项目公司的管理并全面负责财务工作等。合作协议约定的双方利润分配比例系针对整个房地产开发项目。义乌永新公司虽系永新公司设立的外商独资企业，但该公司是为运作双方的合作项目设立的。所以，双方的关系应为项目合作关系，双方签订的合作协议应当定性为项目合作协议。因双方合作并非在结果层面表现为设立中外合资或者中外合作经营企业，故双方签订的合作协议不属于法律、行政法规规定的须经批准方可成立或者生效的合资或者合作经营企业合同。该合作协议不存在违反法律、行政法规的禁止性规定的情形，应当认定为有效。

关于万顺公司投入1 000万元款项的性质。虽然义乌永新公司在1993年10月31日会计记账凭证上将该款记载为"短期借款"，但此会计账为该企业内部所记，永新公司据此主张该1 000万元系借款性质依据不充分。如果万顺公司投入的1 000万元是借款而非投资款，那么1993年8月7日从义乌永新公司汇出1 000万元时即应定性为归还借款。借出款项一方提供借款的目的应为获取借款利息，而该1 000万元的利息事实上是万顺公司提前汇至义乌永新公司账上，这一行为过程表明万顺公司投入的1 000万元并非借款。结合双方合作协议的内容、万顺公司派员参与义乌永新公司的管理，以及永新公司于1994年4月1日发函要求万顺公司履行合作协议约定的资金投入义务的事实看，将该款认定为投资款既符合现有证据所证明的事实，也符合当事人一系列行为所体现出来的真实意思表示。因此，万顺公司投入的 1 000 万元应当定性为投资款。

关于双方合作协议是否已经解除。根据最高人民法院《关于适用〈涉外经济合同法〉若干问题的解答》第 1 条第 2 款的规定，中国（内地）企业法人与港澳企业法人之间所订合同产生的争议，除非当事人明确选择适用原《中华人民共和国经济合同法》，否则应当适用原《中华人民共和国涉外经济合同法》。双方合作协议并未明确选择适用原《中华人民共和国经济合同法》，故一审判决以原《中华人民共和国经济合同法》作为认定合作协议是否解除的依据属于适用法律错误，应予纠正。永新公司发给万顺公司的"4.1 函"的内容有二：①请万顺公司在 4 月 15 日前将土地出让金 7 897.5 万元及三通一平等各类费用计 800 余万元汇入义乌永新公司；②如果不能按时把资金汇入指定的银行，则作为万顺公司自动解除协议。原《中华人民共和国涉外经济合同法》第 29 条第 2 项及第 32 条规定，另一方在合同约定的期限内没有履行合同，在被允许推迟履行的合理期限内仍未履行的，当事人一方有权通知另一方解除合同。解除合同的通知，应当采用书面形式。结合"4.1 函"的内容以及上述法律条款的规定看，永新公司只有在万顺公司于被允许推迟履行的合理期限内仍未履行合同义务时才能享有合同解除权。永新公司在发出"4.1 函"时，宽限期并未届至，故其还不享有合同解除权。在万顺公司已逾宽限期仍未履行合作义务的情况下，永新公司又不能举证证明解除合同的电报到达万顺公司，其合同解除权行使的法律事实难以证明。此外，根据双方合作协议约定，永新公司有义务以其名义在义乌设立合作项目的房地产开发公司。在履行该协议时，永新公司虽设立了房地产开发公司，但没有向该公司缴付注册资本金，亦未按投资总额进行投资。根据《中华人民共和国外资企业法》第 9 条以及《中华人民共和国外资企业法实施细则》第 18 条、第 19 条、第 20 条的规定，永新公司没有履行上述法律、行政法规规定的义务，其设立的公司不能视为对合作协议的全部履行。从合作协议项下己方义务的履行角度看，应当认定永新公司已经构成违约。由于合同解除制度之意旨在于将解除权赋予守约方，而永新公司发出"4.1"函时仍处于违约状态，故永新公司不能享有合同解除权。鉴于双方合作协议解除的法律事实尚未成就，一审判决关于合作协议已经解除的认定错误，应予纠正。

关于合作项目利润的分配问题。万顺公司与永新公司之间属于项目合作关系。由于双方合作协议并未对分阶段分利作出约定，合作项目的利润分配应当在整个合作项目全部完成并通过结算后进行。在本案中，浙江省高级人民法院委托鉴定机构作出的审计报告载明，双方合作项目中香港城大厦、A 幢后车库、幼儿园房（待建）、居委会增加房及北 5 幢尚未出售，未计入利润表。双方合作项目尚未全部完成，整个合作项目的最终盈亏结论无法得出。在此情况下，万顺公司主张分配合作利润没有合同依据。在万顺公司坚持双方合作协议未解除且未提出解除合同之诉讼请求的情况下，最高人民法院判决双方进行分阶段分利没有法律依据。根据上述事实和理由，最高人民法院认为，虽然万顺公司与永新公司签订的项目合作协议是有效协议，其投入的 1 000 万元属于投资款而非借款，双方合作协议至今仍然对双方具有约束力，但由于双方合作项目尚未全部完成，其提出的分阶段分配利润的诉讼请求没有合同依据和法律依据，应予驳回。一审判决虽亦为驳回万顺公司之诉讼请求，但其所基于的事实、理由及适用法律均存在错误，应予撤销。遂判决撤销原判，驳回上海万顺房地产开发公司的诉讼请求。

（三）行使合同解除权影响到第三人利益，应当受到一定限制

【裁判要旨】

如当事人约定的合同解除权的行使会影响到第三人的利益，且不利于增进经济效益，法院可限制该解除权的行使，以平衡双方当事人及社会三者间利益的均衡。

【理解与适用】

合同作为确定当事人权利义务的协议，是当事人行使权利和履行义务的依据。但是，合同所确定的权利和义务，在一定条件具备时，必将要归于终结。在我国合同法中，合同的权利义务终止的原因有很多，其中，合同的解除是其最重要的原因之一。合同解除是指在合同有效成立后、履行完毕前，合同当事人依照法律规定或者合同约定的条件和程序，终止合同

效力，结束合同确定的权利、义务关系的一种民事行为。处理因合同解除权行使引发的纠纷，关键要把握以下几个问题：

1. 正确理解合同自由与合同解除自由

合同自由是指合同的债权债务关系可依当事人的意思而发生，当事人有创设和解除合同的自由。解除合同自由是指合同当事人依单方的意思表示即可依法解除合同的自由。在古罗马时期，债被视为"法锁"，债务人不履行契约债务时，债权人有权拘押债务人人身，因此合同缔结后不得任意解除。只是到了近代，随着西方"契约自由"理念的确立和发展，解除合同自由作为"契约自由"的主要内容而被自然地确定下来。《法国民法典》第 1134 条规定："依法成立的契约，在缔结契约的当事人之间有相当于法律的效力。前项契约，仅得依当事人相互的同意或法律规定的原因取消之。"这是各国立法中关于契约自由，包括解约自由的最早也是最为典型的规定。此后该"契约自由"原则得到了普遍的确立。

合同自由原则作为合同法的基本原则之一，其基本精神贯穿于《合同法》始终，而合同解除自由作为合同自由原则的主要内容之一，当然是合同解除制度的基本要求。合同法作为调整交易关系的基本法律，其基本目的就是为了保障当事人顺利地实现自己的利益需求。有的学者将合同法的功能归纳为两项，一项是保护合同当事人的权益功能即保护功能，另一项是鼓励当事人所从事的自愿交易行为的功能即鼓励交易功能。❶ 合同订立生效后，如果当事人均自觉履行而终结，那么各当事人则全部实现了合同目的，但是，若其中有一方当事人违约不履行合同，或发生其他情形，致使另一方当事人所期望的合同利益难以实现，这时合同法应首先充分发挥其保护功能，赋予当事人解除合同的自由。因此，合同解除自由是合同解除制度的首要原则。另一方面，从合同法的鼓励交易功能考虑，合同解除自由应受到必要的限制。这是因为合同解除使本已达成的交易中途流产，是一种破坏性的自由和权利，若当事人无限制地行使，无疑会破坏社会的交易秩序，鉴于以上合同解除自由的特性，要求我们必须权衡利弊，正确处理合同解除自由与限制之间的关系。

---

❶ 王利明：《合同法的目的与鼓励交易》，载《法学研究》1996 年第 3 期，第 6—8 页。

2. 准确理解合同解除与合同信守原则

合同信守是合同法的重要原则之一。其要义为，依法订立的合同在当事人间具有相当于法律的效力，除依当事人协议或法律规定合同可以变更或解除之外，当事人应当严格遵守合同义务；即使在一方违约时，如未造成另一方订立合同的主要目的难以实现的后果，另一方也不得轻易解除合同。合同信守原则是社会经济对合同法基本要求的集中体现，同时也是合同当事人意思自治的必然要求。依现代经济分析法学的观点，合同法的经济意义突出体现在，它能有效地减少或制止交易中的机会主义行为；在机会主义的诱导下，资源容易流向经济活动完成时间短的领域，从而影响资源利用的经济效益。❶

如履行期较长的合同或持续性合同，当事人订立合同后履行期届满前，市场环境的变化极易诱发当事人轻易毁弃合同，这必然会导致原有交易关系的中途流产，引起社会资源的再配置，造成当事人交易成本的增加，于社会整体利益无益。同时，合同既然是双方当事人意思自治的结果，彼此信守相互许下的诺言是顺理成章的事；如果允许一方在合同订立的目的仍可以得到实现时，仅仅基于自身利益而擅自解除既存的合同关系，无疑会使合同的约束力以及市场交易的道德环境遭到破坏。基于此，罗马法及法国民法都未全面确立合同解除制度；即使承认在双务合同中，一方不履行义务时，合同暗含"解除约款"，但也是严格予以限制。在德国，直到潘德克吞法学的后期发展阶段，在潘德克吞法学与要求注重本国法律传统文化的日耳曼法学的论争之下，法典制定者才从本国商法中吸取了合同解除制度。从法典颁布不久合同解除就暴露出的诸多问题看，至少在法典制定之前，执著于"法律科学"的潘德克吞学者们仍然如罗马法时代的学者们那样把合同应当信守视为当然之事。在英美，合同信守原则表现更为明显，如前述，美国法院认为即便一方属重大违约，另一方应当首先给对方一个自行补救的机会，或者在已无补救可能后，才得以解除合同。《联合国国际货物销售合同公约》中根本违约与解除合同的关系也在于通过根本违约制度，严格限制一方当事人在对方违约以后，滥用解除合

---

❶ 张乃根著：《经济学分析法学》，三联书店上海分店1995年6月版，第125页。

同的权利。总之，对合同法而言，合同信守是基本原则，合同解除是一种例外，因此应对合同解除予以严格限制。❶

3. 正确理解合同解除与合同目的

合同目的，可作两种理解。一是指合同法的目的即合同法的规范功能。有学者将其归纳为两类，一类是保护合同当事人权益的功能（保护功能），另一类是鼓励当事人所从事的自愿交易行为的功能（鼓励交易功能）。❷ 就前者而言，法律应当承认并赋予非违约方一定情形之下的解除合同的权利。因为当违约行为导致非违约方订立合同的主要目的难以实现时，如不允许或过分限制非违约方解除合同的权利，往往会造成非违约方本来可以避免的损害的进一步扩大，这显然不利于或者违背对非违约方利益的充分保护。如发生预期根本违约时，非违约方如不能即时解除合同，无疑等于坐以待毙。就后者而言，合同本身虽然不能生产社会财富、增加社会财富，但却可以通过鼓励交易推动生产、促进经营，由此促进社会财富的增长与繁荣。❸ 解除合同等于使本已达成的交易中途流产，特别是连环买卖合同，解除一个合同，会影响一连串相关的交易，对社会经济的发展明显不利。因此，从合同鼓励交易的功能出发，合同解除应当严格限制。二是指合同双方当事人订立合同的经济目的。当事人订立合同，其目的无不是通过合同这种法律手段实现各自的经济利益。但是，合同有效成立后，某种原因的出现常常会致使当事人订立合同的主要目的难以实现，此时如果不顾客观情况的变化而强制当事人仍然信奉合同信守原则，必然会在根本上违背当事人订立合同的意图。在时间就是效益的现代社会，当事人能较快地摆脱已对其无任何经济意义的合同关系的束缚，一定程度上会使其赢得较充裕的时间去重新建立交易，争取以较低的交易成本实现最终的目的。英美法认为，合同只是法律上可期待的信用，它仅仅建立在当事人有期待的意图基础之上，不能设想商业合同的当事人希望永远受某种

---

❶ 崔建远、陈国柱：《关于完善经济合同解除制度的思考》，载《企业·证券·合同》，人民法院出版社 1992 年 5 月版，第 303 页。

❷ 王利明：《合同法的目标与鼓励交易》，载《法学研究》1996 年第 3 期，第 6—8 页。

❸ 杨立新、张少锋：《关于制定统一合同法中的几个问题》，载《河北法学》1996 年第 3 期，第 12—16 页。

合同关系的约束。❶ 正是基于这种理论根据，从罗马法始，合同解除作为一种制度随着社会经济条件的变迁逐渐发展、完善起来。合同解除应始终是一种受到限制的法律行为，纵观历史，自罗马法及其后相当长的时间内，原则上不承认当事人对合同的解除。迟至 1804 年的《法国民法典》才首先对合同解除予以确认，但合同的解除须经法院审查。其后的《德国民法典》《日本民法典》等，则对合同的解除规定了种种限制。这是因为，解除权是一种破坏性的权利，为维护合同法律关系的稳定性，平衡合同当事人之间的利益，必须对解除权予以限制。

4. 正确理解《合同法》对合同解除权的行使的平衡规定

任何权利的行使都不是绝对的，在一定条件下应当也必须进行适当的限制，合同解除权的行使也不例外，虽然合同约定或法律规定当事人有权解除合同，也应当允许在一定条件下对其行使该项权利予以必要的限制。《合同法》在这方面的平衡突出表现在以下几点：第一，坚持具体性与灵活性相结合的原则，在具体列举可解除合同的条件的基础上，设立了相对灵活的弹性条款，并在其内涵中明示一定的条件限制，既弥补了具体列举的缺陷，又克服了概括之疏松。第二，在各项合同解除情形中，明确规定了对解除权的限制条件，即只有在一方严重违约，导致不能实现合同目的的情况下，才能导致合同解除，以平衡违约方、非违约方及社会三方利益。实践中这种限制对于保障解除权人正确行使解除权具有十分重要的意义。第三，《合同法》第 96 条规定，当事人一方依照本法第 93 条第 2 款、第 94 条的规定主张解除合同的，应当通知对方，合同自通知到达对方时解除。对方有异议的，可以请求人民法院或者仲裁机构确认解除合同的效力。法律在赋予解除权人享有合同解除权的同时，又赋予违约方解除合同的异议权，这就进一步限制了解除权，平衡了合同当事人之间的利益关系。第四，《合同法》第 95 条确立了合同解除权消灭制度。该条款明确规定了合同解除权消灭的两种情形，一是除斥期间届满，解除权人未行使解除权的；二是经对方催告在合理期限内不行使解除权的。这些法律规定，也是对合同当事人利益的一种平衡。

---

❶ 董安生等编译：《英国商法》，法律出版社 1991 年 5 月版，第 156 页。

【案例举要】

顾雪珍诉陆华强租赁合同纠纷案❶

〔案情〕

2002 年 8 月至 10 月，陆华强分别与何平及顾雪珍等人签订房屋租赁合同，先后租赁位于上海市青浦区盈港路 663—675 号房产 7 套（其中顾雪珍的房屋为位于最东面的 663 号），合同约定租期为 5 年，每套房屋每年租金为 2.8 万元，违约金为 3 万元，并约定如陆华强不及时缴纳租金，出租方有权终止合同。陆华强租赁上述 7 套房屋后，对所有房屋进行了打通装修，开立了个人独资企业上海青浦江涌楼酒店。合同签订后前三年陆华强均按约支付了房租，2004 年 12 月，陆华强和潘龙英签订了《门面房转租协议》，约定陆华强将上述 7 套房屋转租给潘龙英。2005 年 11 月，陆华强未能向出租人支付 2006 年度的房租，各出租人分别向上海市青浦区人民法院提起诉讼。经法院调解，何平等人分别和被告达成了调解协议，约定被告分别向各出租人支付 2006 年度的租金和违约金人民币 1 万元；而顾雪珍则坚持请求法院判令解除租赁协议及判令被告偿付原告违约金人民币 3 万元。

〔审理结果〕

一审法院审理后认为，顾雪珍与陆华强签订的《门面房租赁协议书》的效力应予认定，陆华强拖欠租金且未经出租人同意擅自将租赁房屋转租他人显属违约，应承担相应的违约责任。但顾雪珍并不因此享有合同单方解除权，主要理由是：①从本案的实际情况看，顾雪珍在出租房屋时已经明知陆华强租赁房屋的用途，包括顾雪珍房屋在内的 7 套房屋经过打通装修开设酒店已构成一个整体，在出现相同违约情形的情况下，其他出租人均选择要求陆华强继续履行合同和承担违约责任，仅顾雪珍一方选择单方

---

❶ 案号：一审：上海市青浦区人民法院（2005）青民一（民）初字第 4549 号民事判决书；二审：上海市第二中级人民法院（2006）沪二中民二（民）终字第 1955 号民事判决书。

解除合同无疑会影响其他合同的履行；②本案租赁期限为 5 年，陆华强已按约支付前 3 年的租金，拖欠一年租金，陆华强不构成延迟履行主要债务的情形，因此顾雪珍不得以此行使合同解除权；③顾雪珍行使合同解除权未履行通知义务。同时，合同关于违约金为 3 万元的约定高于陆华强未履行部分的债务，属于明显过高，应酌情调整。一审法院据此判决：一、原告顾雪珍要求解除与被告陆华强签订的《门面房租赁协议书》的诉讼请求不予支持；二、被告陆华强应于判决生效后 10 日内偿付原告顾雪珍违约金人民币 1 万元。

顾雪珍不服一审法院判决，向上海市第二中级人民法院提起上诉，认为陆华强拖欠租金，其有权依据合同约定行使单方解除权；同时陆华强未经其同意擅自将房屋转租，依据法律规定其同样有权解除合同，因此请求二审法院依法改判，支持其一审诉请。

上海市第二中级人民法院认为，本案租赁合同合法有效，在履行过程中，陆华强未经出租人顾雪珍同意将房屋擅自转租，且未在合同约定的期限及时支付租金，显属违约，理应承担相应的违约责任。顾雪珍据此起诉要求解除合同，不为无因。但从下述三个方面的理由来看，本案系争租赁合同以不解除为宜。①本案租赁合同虽系陆华强与顾雪珍就特定房屋租赁事宜签订的一份独立的合同，但顾雪珍在签订合同时即已明知陆华强租赁房屋的用途以及包括顾雪珍房屋在内的 7 套房屋将打通装修开设酒店。现陆华强承租的 7 套房屋在用于酒店经营上已构成一个整体，本案租赁合同与其他 6 套房屋涉及的租赁合同因而具有了事实上的关联性。在出现相同违约情形的情况下，其他出租人均选择要求陆华强继续履行合同和承担违约责任，仅顾雪珍一方选择单方解除合同无疑会影响其他合同的履行。②本案各方当事人在一审庭审中均确认，租赁合同所涉及的房屋在整个酒店中的位置为消防通道、部分包房、调料仓库等，且该酒店再无其他消防通道。众所周知，开设酒店必须符合法律、法规规定的消防要求。本案租赁合同的解除，将导致酒店不具备正常经营的条件，而改变酒店布局、重新进行整改以符合消防要求，既占用较长的经营时间，又耗费不菲的资金，显然不符合保障市场交易、促进经济发展的合同立法的目的。考虑到本案租赁合同至 2007 年 11 月即到期，解除合同可能导致的不经济、不利益则尤为不必要。③陆华强为其违约行为愿意承担继续履行、采取补救措施以及支付违约金等违约责任，顾雪珍的合法权益就此已能得到适当的救济和维护，在此情况下，顾雪珍坚持要求解除合同的诉请在合理性上存有欠缺。因此，对顾雪珍要求解除合同的上诉理由，法院难以采纳。法院二审审理中，陆华强自愿向顾雪珍支付 2006 年度的房屋租金 2.8 万元，并自愿承担本案二审案件受理费，系当事人对自己民事权利的处分，与法不悖，可予准许。遂判决：一、维持上海市青浦区人民法院（2005）青民一（民）初字第 4549 号民事判决；二、陆华强于判决生效之日起 10 日内给付顾雪珍 2006 年度房屋租金人民币 2.8 万元。

（四）商品房买卖预约合同解除后，交纳定金的当事人有权要求对方予以返还

【裁判要旨】

房屋认购书是预约合同，当事人负有达成本合同的磋商义务，因不可归责一方当事人的事由没有达成商品房买卖合同，不存在违约情形的，预约合同解除，交纳定金一方当事人有权要求对方当事人返还。

【理解与适用】

在商品房买卖中，经常会出现双方当事人签订定购协议后不能订立正式的买卖合同的情形。处理此类定购合同纠纷，关键的是要正确认定双方当事人签订认购书后没有达成商品房买卖合同的原因是否归责于一方当事人，正确判断支付定金一方当事人是否有权要求对方当事人返还。

1. 认购书的性质

按传统民法理论，契约可分为本约和预约。在预约中约定将来要订立的契约是本约，而约定将来订立契约的契约为预约。预约合同是对本约相关事项的预先规划。预约既可以明确本约的订约行为，也可以是对本约内容进行预先设定。对经协商一致设定的本约内容，本约应予直接确认，其他事项则留待订立本约时继续磋商。预约合同之标的是当事人为将来订立本约合同而进行磋商。预约合同的主要意义就在于为当事人设定了按照公平、诚信原则进行磋商以达成本约的义务。

2. 预约合同的约束力

预约合同对双方当事人具有约束力，其中的已决条款，非经当事人协商一致不得更改，否则构成对预约合同的违约。但预约合同对当事人产生何种约束力，存在争议。谈判义务说认为当事人订立预约合同，负有就将来订立本合同进行谈判的义务，如当事人依诚信原则履行谈判义务后仍未能达成本合同，其不承担责任。缔约义务说认为预约合同的效力是订立本合同，故当事人仅为订立本合同谈判是不够的，还必须达成本合同，否则订立预约合同没有意义，并且容易诱发恶意缔约的道德风险。

商品房认购书是一种双务合同而不是单务合同，商品房认购书签订后，只要买受人按照认购书支付了预约款，开发商就有义务保留目标房，并按照商品房认购书约定的义务与买受人洽谈。但是必须看到购房合同的内容是很复杂的，商品房认购书通常并不具备购房合同的全部主要内容，虽然双方在商品房认购书中约定的是将来订约而不是将来洽谈，但是双方仍然保留着就商品房认购书未约定的内容进一步商谈的权利。因此无论是开发商还是买受人，均不能根据商品房认购书强制要求对方与自己签订购房合同。也就是说商品房认购书约定的是双方在约定的将来时间洽谈的义务，只要双方到期前来洽谈，并对认购书约定的条款都同意作为购房合同的条款，并且没有恶意不签订购房合同的行为，就已经正确地履行了商品房认购书约定的义务。

如果双方当事人签订的认购书约定了房屋的位置、面积、单价，但对买卖房屋的付款方式、交楼时间、办证时间、违约责任等诸多直接影响双方权利义务的重要条款并无在认购书中明确约定，则属于未决条款，故需在签订买卖合同时协商一致达成。在协商本合同时，当事人一方没有必须接受对方当事人提出的未决条款的义务。在一方当事人签订预约合同时并不知晓本合同的条款情形下要求其必须接受本合同的条款，对其显然是不公平的。当然如果预约合同中已包括了本合同的详尽条款，认购书的约定是一种有效的合同义务，合同双方完全可以以商品房认购书为依据要求对方履行商品房认购书约定的义务。当认购书具备了购房合同的主要内容时，它也就构成了普通的预约，根据最高人民法院《关于审理商品房买卖合同纠纷案件适用法律若干问题的解释》第 5 条规定："商品房的认购、订购、预订等协议具备《商品房销售管理办法》十六条规定的购房合同的主要内容，并且出卖人已经按照约定收受购房款的，该协议应当认定为购房合同。"预约合同具备了强制执行的效力，当事人则有必须订立本合同的义务。❶

3. 当事人没有达成本合同的原因，由主张没收定金一方承担举证责任

根据最高人民法院《关于审理商品房买卖合同纠纷案件适用法律若干问题的解释》第4条规定："出卖人通过认购、订购、预订等方式向买受人收受定金作为订立商品房买卖合同担保的，如果因当事人一方原因未能订立商品房买卖合同，应当按照法律关于定金的规定处理；因不可归责于当事人双方的事由，导致商品房买卖合同未能订立的，出卖人应当将定金返还买受人。"承担预约合同违约责任的前提是当事人违反公平诚信磋商的义务。尚不构成违反公平磋商的预约义务，买受人已经正确地履行了商品房认购书约定的义务，因此双方当事人没有达成本合同不能归咎于一方当事人，预约合同解除，收取定金的一方当事人应当返还定金给对方。

【案例举要】

曹求玉诉广东省中山市中南物业开发有限公司
商品房买卖预约合同纠纷案❷

〔案情〕

上诉人（原审原告）：曹求玉

被上诉人（原审被告）：广东省中山市中南物业开发有限公司

2006年12月6日，曹求玉（乙方）与中山市中南物业开发有限公司（以下简称中南公司）（甲方）签订中南服饰广场认购书（以下简称认购书）。该认购书认定：1. 曹求玉订购位于中南服饰广场4幢1层L1–28车

---

❶ 王平：《商品房买卖预约合同解除后的定金处理》，载《人民司法·案例》2008年第18期，第75—77页。

❷ 一审案号：广东省中山市石岐区人民法院（2007）中石民一初字第388号民事判决书，二审案号：广东省中山市中级人民法院（2008）中中法民一终字第54号民事判决书。载《人民司法·案例》2008年第18期，第75—77页。

商铺，面积 11.7 平方米，商铺总价款 268 756，在签署认购书时付清定金人民币 3 万元。2. 买受人选择一次性付款的，96 折付款，签署认购书 10日内付清，并签署商品房买卖合同；选择按揭付款的，98 折付款，在接到中南公司书面或电话通知 7 日内签署商品房买卖合同，即申请办理银行按揭手续。3. 双方声明共同遵守如下规定：（1）该物业交易所产生的一切费用依法由双方各自承担并及时缴付；（2）曹求玉不按时足额交款或逾期不签署商品房买卖合同，或有违反此认购书之规定条款时，中南公司即可自然解除此认购书，并有权没收曹求玉所交定金及收回该物业，有权另行处理，曹求玉不得有异议；（3）该物业用途及使用性质为商铺；（4）签署商品房买卖合同前，若因中南公司原因致使该物业不能出售时，应退还所收全部价款（含定金）给曹求玉，并承担该房价款的同期银行利息；（5）曹求玉在签订本认购书之前，已阅读并认可中南公服饰广场商铺认购须知、认购书的全部约定。当日曹求玉支付中南公司定金人民币 3 万元。其后，中南公司要求曹求玉签订房屋买卖合同，曹求玉对其中条款提出异议，双方没有达成一致协议。

2007 年 3 月 21 日，曹求玉以对商品房买卖合同的部分条款双方无法达成一致意见为由，向法院提起诉讼，请求判令：1. 中南公司退还定金人民币 3 万元；2. 中南公司承担逾期利息；3. 中南公司承担诉讼费。

中南公司答辩称：1. 认购书是买卖双方真实意思表示，应当合法有效；2. 曹求玉不履行签约义务，属于违约，中南公司有权没收该定金；3. 曹求玉认为认购书第 2 条第 2 款属于格式条款应属无效，中南公司对此不予认可。

〔审理结果〕

一审法院经审理认为，曹求玉在签订认购书时支付定金后，没有按认购书上约定时间支付购房款及签订买卖合同，曹求玉的行为已构成违约，应承担违约责任。按照认购书约定中南公司有权没收定金。此外曹求玉未能对商品房买卖合同的违法性进行举证，因此对曹求玉的诉求，法院不予支持。综上所述，依照《民事诉讼法》第 64 条第 1 款、《合同法》第 8 条之规定，判决驳回曹求玉的诉讼请求。

宣判后，曹求玉不服一审判决向广东省中山市中级人民法院提起上诉。二审法院经审理认为，上诉人曹求玉与被上诉人中南公司之间签订的认购书属于预约合同，即为了将来签订商品房买卖合同而签订的合同，曹求玉交纳定金 3 万元属于订约定金，即为了保证将来签订房屋买卖合同而支付的保证金。如果曹求玉将来不签订合同，则定金 3 万元归中南公司所有；如中南公司拒绝签订合同，则双倍返还定金给曹求玉。

虽然认购书约定了房屋的单价，但双方对买卖房屋的付款方式、交楼时间、办证时间、违约责任等诸多直接影响双方权利义务的重要条款并无明确约定，需要签订买卖合同时协商一致达成；亦没有约定将来只要中南公司提出签订买卖合同，无论中南公司提出的条款如何曹求玉均应一概承诺。在中南公司要求曹求玉签订房屋买卖合同时，中南公司提供了合同条款的样本，属于要约。由于曹求玉与中南公司是平等的民事法律关系当事人，曹求玉对中南公司提出的要约有权承诺、拒绝、要求修改；针对曹求玉提出的要约，中南公司亦有权承诺、拒绝、要求修改。

诉讼中，中南公司没有证据证实曹求玉在签订买卖合同时存在恶意协商及拒绝签订合同的真实意思表示，故本案中双方在签订买卖合同时没有协商一致达成协议，不可归责于任何一方当事人。因此中南公司要求没收曹求玉支付的定金 3 万元没有依据，中南公司应当返还给曹求玉。综上所述，上诉人曹求玉的上诉请求，理由充分予以支持。原判适用法律错误，处理不当，予以纠正。为此判决撤销一审判决，判决被上诉人中南公司应于本判决发生法律效力之日起 3 日内返还曹求玉 3 万元。

（五）商业委托合同中受托人的任意解除权应受到适当限制

【裁判要旨】

我国《合同法》规定委托合同的任何一方当事人可以随时解除委托合同，即当事人拥有对合同的任意解除权。但是，在现实经济活动中，尤其是在商事委托活动中，如果完全依照法律的规定而不对任意解除权加以限制，则可能会出现不公平的现象。因而，在委托人和受托人共同分享利益、共担风险的情况下，可以限制委托合同当事人的任意解除权。同时，也应当允许当事人以约定放弃解除权，并承认其效力。

【理解与适用】

我国《合同法》第410条规定：委托人或者受托人可以随时解除委托合同。因解除合同给对方造成损失的，除不可归责于该当事人的事由以外，应当赔偿损失。《合同法》之所以规定委托人或者受托人可以随时解除合同，其原因在于委托合同具有特别的性质，它的成立大多建立在对当事人特殊信赖的基础上，而信任关系具有一定的主观性，在一方当事人对对方当事人的信任有所动摇时，就应不问有无确凿的理由，都可以允许委托人或者受托人随时解除合同。否则，即便勉强维持双方的关系，也可能招致不良后果，影响委托合同订立目的的实现。❶ 所以，法律往往允许任何一方当事人可随时解除委托合同。

委托合同可随时解除的规定，在实践中产生了许多纠纷。这些纠纷主要可以分为两种情况：

一种是房地产开发商委托销售代理商策划宣传、销售，但在策划或者销售过程中，委托方或者受托方行使随时解除权解除合同。如在国际信达行投资有限公司（以下简称信达行公司）诉北京恒润房地产开发有限公司（以下简称恒润公司）案中，恒润公司与信达行公司签订独家策划销售顾问合同，约定由恒润公司委托信达行公司作为销售顾问，为恒润公司在全球独家策划销售京华大厦事宜，并约定在项目工程启动并且在销售许可证领受之日起6个月内，若未成功出售该项目面积之30%，则双方可立即终止合同；信达行公司出售该项目，有权向恒润公司收取该成交价的2%或以底价每平方米1 430美元计算超出部分差价的50%作为顾问费；合同签订后，信达行公司着手为京华大厦的销售进行策划、推广，而委托人恒润公司于4个月后致函信达行公司，以其未领取开工证和销售许可证为由，要求解除合同。受托人信达行为合同的履行投入了相当的财力和人力，并基于该合同承担风险和获取利益。法院判决认定双方合同性质为委托合同，根据《合同法》第410条的规定，允许被告解除合同，对原告要求继

---

❶ 崔建远主编：《合同法》，法律出版社2003年5月版，第463页。

续履行的诉讼请求予以驳回。❶ 另一种是当事人基于他们所签订的提供法律服务的合同而产生的纠纷。如某市宏丰信用社与该市青松律师事务所签订一份委托代理合同，约定由青松律师事务所指派律师代理宏丰信用社通过诉讼途径向借款人甲公司追回借款，包括一、二审诉讼及申请执行事项，代理费计 10 万元，并约定双方不得无故终止合同，若任何一方违约，均应向对方支付代理费 10 万元的 30% 的违约金。合同签订后，青松律师事务所便指派律师代理宏丰信用社参加了案件的诉讼活动。后人民法院作出判决判令甲公司偿还宏丰信用社借款本息、承担诉讼费用，并以其抵押物优先受偿。该判决书生效后，青松律师事务所即代理宏丰信用社向人民法院申请执行。在人民法院拍卖抵押物过程中，宏丰信用社向青松律师事务所发出书面通知，要求解除委托代理合同，仅按收费标准支付诉讼阶段的代理费 6 万元。❷

我国《合同法》关于委托合同中任意解除权的规定，并没有区分委托合同的具体类型，如合同是有偿委托还是无偿委托，属民事委托还是商事委托，而是适用于所有的委托合同。这样，《合同法》中简单划一的规定就不能适应纷繁复杂的经济实践，从而在其适用效果上可能产生一些不公平的现象，如在上述的有偿委托合同中，受托人将近完成受托事务，这时委托人以当事人间的信赖丧失为由，解除合同，使得受托人浪费人力物力，遭受损失。也可能有人会认为，在这样的情形下，受托人仍可以根据《合同法》第 410 条的规定，从委托人处获得赔偿。然而，受托人所获得的赔偿可能会受到因果关系等因素的限制，相对于受托人投入的资本，或者就改变经营范围和领域来说，受托人得到的赔偿数额远远不能补偿他的

❶ 参见央视国际 2003 年 5 月 28 日《经济与法》节目：《这个合同能否解除？》有关房地产开发商与代理销售商之间因任意解除而发生的纠纷，相关案件还可参见：深圳市涛益地产顾问有限公司诉深圳市银台实业发展有限公司委托合同纠纷案，（2002）深福法经初字第 1766 号。受托人涛益地产顾问有限公司因委托人银台实业有限公司没有完全支付代理费而解除委托合同，法院判决委托人基于受托人的销售情况而按照约定的比例相应地支付报酬；上海万亚物业管理有限公司诉江苏八达房地产开发有限公司房地产合同纠纷案，（2003）苏民终字第 110 号。在八达房地产开发有限公司委托万亚物业管理公司销售房产时，两方签订的委托销售协议中约定了包销条款，法院认为受托人万亚物业管理公司也承担了风险，其委托销售合同不是委托合同，委托人不能随时解除该合同。转引自吕巧珍：《委托合同中任意解除权的限制》，载《法学》2006 年第 9 期，第 75—76 页。

❷ 吕巧珍：《委托合同中任意解除权的限制》，载《法学》2006 年第 9 期，第 75—76 页。

损失。再者，委托人还可能以不可归责于自己的理由而拒绝承担赔偿责任。因此，对委托合同中当事人的任意解除权应有所限制。

根据我国《合同法》第406条的规定，委托合同可以是有偿，也可以是无偿。而《合同法》的主要规范对象，是有偿的交易行为。无偿的委托合同，其实质仍为单务合同。而且，法律对无偿委托进行法律规范的重心，并不在于其法律上的拘束力，而是受托人责任的减轻。所以，《合同法》规定可随时解除委托，应主要是指无偿委托的情况。若当事人之间的信赖关系破灭，此时强求维持委托关系，不仅违反当事人的自主，也没有多少实际意义。无偿委托合同以当事人之间的信赖为基础，在信赖受到破坏的情况下，任何一方当事人都可以随时解除合同。然而，对于有偿委托，仍然采取随时解除的处理方法，似乎有些不妥。在我国《合同法》关于委托合同中任意解除权的规定中，并没有区分委托合同的具体类型，如合同是有偿委托还是无偿委托，属民事委托还是商事委托，而是适用于所有的委托合同。《合同法》中这种简单划一的规定可能会产生一些不公平的现象，如在有偿委托合同中，若受托人将近完成受托事务，这时委托人以当事人间的信赖丧失为由，解除合同，使得受托人浪费人力物力，遭受损失。即使在这样的情形下，根据《合同法》第410条的规定，受托人有可能从委托人处获得赔偿。然而，受托人所获得的赔偿可能会受到因果关系等因素的限制，相对于受托人投入的资本，或者改变经营范围来说，受托人得到的赔偿数额远远不能补偿他的损失。再者，委托人还可能以不可归责于自己的理由而拒绝承担赔偿责任。因此，在司法实践中，对有偿委托合同中当事人的任意解除权应有所限制。但这并不意味着对所有的有偿委托合同的解除均加以限制，而是应该考虑具体的委托合同的情况，遵循诚信原则和公平原则来限制任意解除权的行使。从有偿委托合同当事人来看，受托人大多从事专门职业，具有一定的业务处理能力；从合同条款来看，当事人在委托合同中特别约定了解除合同的条件。因此，对委托合同任意解除权的限制，也相应地主要从这两方面考虑。应当指出，委托合同有民事委托和商事委托之分，商事合同委托的常态是有偿合同、要式合同，当事人之间的信任是指受托人的商誉及经营能力，有的受托人专为委托事项而成立公司来经营委托事务，有的为完成委托事务而改变自己的经营方向、经营领域，有的为完成委托事务要投入大量的人力和物力来开拓市场、联系客户，等等。所以，一旦委托人随时解除合同，就给受托人带来重大损失，甚至导致公司终止。因而，根据商事委托的特殊性，若受托人和委托人在委托事务上承担一定的风险时，应当尽量维持当事人之间的合同关系，限制任何一方当事人的随时解除权。当事人在合同中约定诸如"非有重大理由不得终止或者解除"等条款时，该放弃任意解除权的约定应可以排除法定的任意解除权。放弃任意解除权的约定与委托的性质相反，原则上无效，但委托事务不单以委任人的利益为限，受托人就其委任事务的处理有正当的利益关系时，委任人的随时终止合同会使受托人遭受损失，因而，放弃任意解除权此时作为例外，可以承认有效。

可见，委托合同当事人行使任意解除权解除合同，主要是基于合同的无偿性和当事人之间特殊的信赖关系。而从现代社会来看，商事性质的委托在经济生活中占据了一定地位，当事人之间的特殊信赖关系也更多依赖于受托人专业处理能力，这时不区分具体实践而严格遵从任意解除权的规定，便会产生不合理、不公平的现象。因此，对于具有商事委托性质的合同，可根据实际情况限制任意解除权的行使。当事人在合同中约定放弃任意解除权的，原则上可予以承认。

【案例举要】

上海新吉阳房地产咨询有限公司诉北京六合
新世纪房地产开发有限公司合同纠纷案❶

〔案情〕

上诉人（原审原告）：上海新吉阳房地产咨询有限公司（以下简称新吉阳公司或乙方）

被上诉人（原审被告）：北京六合新世纪房地产开发有限公司（以下简称六合房地产公司或甲方）

六合房地产公司与新吉阳公司于 2002 年 3 月 25 日签订了《项目策划销售和广告企划、设计制作全程代理合同》，就甲方委托乙方独家全程代

---

❶ 北京市高级人民法院编：《北京法院指导案例》2008 年第 29 期（总第 1069 期），2008 年 10 月 22 日编。

理广告企划、设计制作和策划销售甲方开发的北京市西城区官园 D 区——西区房地产项目签订合同。该合同约定，乙方负责为甲方提供该项目的内容：（1）前期策划；（2）广告企划；（3）广告设计（含广告推广、制作计划意见书等）；（4）代理销售；（5）其他（应甲方要求提供与项目销售有关的专业意见）。完成时限：（1）自合同生效次日起 30 日内，乙方向甲方提交项目市场调查报告、项目策划报告及项目设计任务书；（2）项目验收标准为，甲方就乙方所售出房屋（即按揭完成）总户数达到完成 80% 以上交钥匙的标准视为"入住"，这时乙方销售需达到甲方可销售商品房总量的 90%（项目写字楼部分顺延 90 天）；（3）广告企划、设计的实施，随工程项目的进展需要适时由乙方提供和完成。代理期限为合同签订之日起至乙方将甲方项目开发的商品房总量的 95% 销售完毕之日止。在本合同有效代理期内，除非甲方或乙方违约，双方不得单方面终止本合同。乙方的广告企划、广告设计和项目策划销售全程代理佣金为销售合同成交额的 1.5%。项目的前期市场调查、市场定位及营销推广策划等工作，由乙方完成，费用由乙方承担。乙方销售工作人员的开支及日常管理支出由乙方承担。在合同期内，乙方应向甲方提供乙方营业执照副本复印件及经北京市政府主管部门审核批准的房地产经纪资质证书复印件。

合同签订后，新吉阳公司进行了相关市场调研、项目策划和设计，并向六合房地产公司提供了一些相关文件、报告。合同履行期间，六合房地产公司多次向新吉阳公司发出函件，其中数次要求新吉阳公司依约按照北京市有关规定尽快办理《北京市房地产经纪机构资质证书》。2003 年 4 月 8 日，新吉阳公司向六合房地产公司复函称：我公司原 2002 年 11 月在北京注册成立的新吉阳公司北京分公司，因北京地方性政策，不可办理经纪销售资质证，故我公司现以内资形式在北京成立新吉阳房地产经纪有限公司，一切合法手续会在 2003 年 5 月 30 日以前办妥。2003 年 4 月，北京新吉阳房地产经纪有限公司取得法人营业执照，该法人由股东新吉阳公司、袁笛妹、徐同澄组成，注册资金 30 万元。2003 年 5 月，北京新吉阳房地产经纪有限公司取得北京市房地产经纪机构资质证书。新吉阳公司未能取得北京市房地产经纪机构资质证书。2003 年 9 月 16 日，六合房地产公司向新吉阳公司发出关于中止履行合同的函。

另查，六合房地产公司为涉案项目于 2003 年 10 月 27 日取得建设用地规划许可证，于 2005 年 2 月 1 日取得建设工程规划许可证。

2005 年 5 月，新吉阳公司向一审法院起诉称：新吉阳公司作为合同一方认真全面地履行了合同所规定的义务，六合房地产公司单方执意中止合同履行，违反了诚信原则，给新吉阳公司造成了重大直接和间接经济损失，六合房地产公司应承担相应违约及赔偿责任。故请求法院判令：六合房地产公司赔偿因解除合同给新吉阳公司造成的损失 12 094 645.30 元，其中包括实际损失 2 094 645.30 元，预期利益损失 1 000 万元。六合房地产公司辩称：由于我国法律、部门规章和地方性法规的限制，致使新吉阳公司不能满足合同约定取得在京房地产销售资质，也使本案合同约定的主要事项无法继续履行，过错完全在新吉阳公司一方。而且根据合同第 7 条第 1和第 2 项：项目的前期市场调查、市场定位及营销推广策划等工作，新吉阳公司销售人员的开支及日常管理支出均约定由新吉阳公司承担。因此，结合本案实际情况，没有法定和合同约定应当由我公司承担或分担的费用，新吉阳公司的两项诉讼请求都没有合同或法律依据，恳请法庭依法驳回新吉阳公司的诉讼请求。

〔审理结果〕

一审法院经审理认为，双方所签代理合同未违反法律规定，应为有效协议。双方应认真履行。根据合同约定，新吉阳公司应当具备在北京市经营房地产中介的资质。但新吉阳公司至今未取得该资质。虽其提出现已另行成立北京新吉阳房地产经纪有限公司与新吉阳公司为同一人员组成，但根据北京新吉阳房地产经纪有限公司股东情况看，其与新吉阳公司并非同一法人，六合房地产公司有理由在新吉阳公司明确其无法在北京市取得房地产中介资质后要求终止与新吉阳公司的协议。对此，新吉阳公司应当承担法律责任。现双方均表示协议已无法履行，该协议应当予以解除。由于新吉阳公司先行违约，导致双方解除协议，由此造成的损失应当由新吉阳公司承担。新吉阳公司提出的各项损失亦应由其自行承担。另，协议中亦约定，前期的调研费由新吉阳公司自行承担，故其按照合同约定，亦无权向六合房地产公司索要前期工作的损失。故判决：1. 解除新吉阳公司与六合房地产公司签订的《项目策划销售和广告企划、设计、制作全程代理合同》；2. 驳回新吉阳公司的诉讼请求。

　　一审判决后，新吉阳公司不服，提出上诉。认为双方约定其在合同期内提供房地产经纪资质证书，但实际即使不提供也不会影响合同的履行。新吉阳公司提供了服务，在北京成立了由新吉阳公司控股的经纪公司，履行了合同义务，而六合房地产公司突然提出中止合同是违约行为。根据法律规定，合同解除后，当事人可以提出赔偿或对已经履行的部分进行结算。故六合房地产公司应支付佣金 8 363 250 元。

　　二审法院经审理认为新吉阳公司的上诉缺乏法律依据，故判决驳回上诉，维持原判。

七、合同责任

（一）合同目的落空是构成合同根本违约的重要标准

【裁判要旨】

当事人一方违约行为的结果严重影响到另一方根据合同有权期待的经济利益，而致使其订立合同的目的落空，即构成根本违约，而不问其主观过错与否。

【理解与适用】

合同的全部意义和终极目的在于履行。合同成立生效后，当事人应按照合同的约定或者法律的规定，全面适当地履行合同义务。然而由于社会生活的不断变化，主客观世界纷繁复杂，合同得不到履行或者不按当事人设计履行的状况履行时有发生，因此，全面适当履行合同义务以致臻于完美毕竟是一种理想。针对不同的状况规定不同的违约形态并设计相应的救济措施是合同法的一项重要内容。我国《合同法》第107条、第108条将违约形态分为预期违约与实际违约两种，并在第94条规定了合同的解除条件。根本违约是从英国普通法上发展出来的一种制度，其影响力之大在《联合国国际货物销售合同公约》（以下简称《公约》）、《国际商事合同通则》《欧洲合同法原则》中均有体现。其构成要件总体上存有条款主义与结果主义，我国立法上应采取结果主义的判断标准，同时在具体的判断上可参照所违反义务的类型标准。在迟延履行、履行不能、不完全履行、先期违约类型场合，根本违约都有特定构成标准。根本违约一旦构成，产生的法律效果有二：一是债权人可以解除债权；二是对合同解除权的限制。我国新颁布的合同法采纳了根本违约制度，一方面作为一种法定解除权发生的事由，另一方面实际上又对解除权的行使予以必要的限制。在审判实践中，对根本违约制度，应从以下几个方面进行理解：

1. 根本性违约的含义及认定标准

（1）国外相关法律的规定

所谓根本违约，是指"违约如此地重大和重要，以至于受害当事人有理由认为整个交易已经落空"或"一方的违约致使另一方定约目的不能实现。"❶ 根本违约是从英国法中产生的一种违约形态。英国法将合同条款分为条件和担保两类。条件是合同中重要的、根本性的条款，担保是合同中次要的和附属性的条款。当事人违反条件条款规定的义务将构成根本违约，债权人有要求解除合同的权利，而违反担保条款规定的义务只是使债权人享有要求损失赔偿的权利，而无合同的解除权。但是这种违约的划分带有浓厚的形式主义色彩，正如阿蒂亚所指出的"违反某些条款的后果取决于违约所产生的后果，其理由是，一方因违约而取消合同的权利，实际上是根据违约的严重性后果决定的，而不是由被违背的条款的类别决定的。"❷ 因此英国又确立了第三种违约形态即违反中间性条款，考虑违反此类条款是否构成根本违约主要考虑的是违约的性质以及后果是否严重，并不断扩大此类条款的范围。由此可见，英国普通法在对根本违约的认定上有一个以所违反的合同条款的类型为依据到以违约后果的严重程度为依据的发展趋势。

美国法将违约的形态分为重大的违约和轻微的违约，❸ 违约行为是否构成重大违约，美国合同法重述（第2次）第241条规定的主要考虑因素是：1. 受损害方在多大程度上失去了他所合理预期的从合同中应得的利益；2. 受损害方的损失在多大程度上是可以适当补救的；3. 如果受损害方终止履行，有过失一方在多大程度上会遭受侵害；4. 有过失一方弥补过失的可信度；5. 有过失一方的行为在多大程度上符合"善意"与"公平交易"准则。由此可见，美国法对根本违约的裁量也是以客观上违约后果的严重程度为重要标准的。

在德国法中，并没有根本违约的概念，但是在决定债权人是否有权解

❶ 王利明著：《合同法研究（第二卷）》，中国人民大学出版社2003年5月版，第490页。
❷ 【美】阿蒂亚著：《合同法概论》，法律出版社1982年5月版，第147页。
❸ 王军编著：《美国合同法》，中国政法大学出版社1996年5月版，第319页。

除合同时，法律规定应以违约的后果来决定。根据《德国民法典》第 325 条规定：在一部分不能给付而契约的一部分履行对他方无利益时，他方得以全部债务的不履行，按第 280 条第 2 项规定的比例，请求赔偿损害或解除全部契约；该法第 326 条规定：因迟延致契约的履行于对方无利益时，对方不需要指定期限即可请求损害赔偿或解除全部契约。可见，违约后果的严重性，即"合同的履行对于对方无利益"是决定违约行为是否构成根本违约以及合同可否解除的标准。

公约在吸收两大法系经验的基础上实际也作出了根据违约的后果来判定是否构成根本违约的规定。该公约第 25 条规定："一方当事人违反合同的结果，如使另一方当事人蒙受损害，以致于实际上剥夺了他根据合同规定有权期待得到的东西，即为根本违反合同，除非违反合同一方并不预知而且一个同等资格、通情达理的人处于相同情况中也没有理由预知会发生这种结果"，此规定在强调违约后果严重性的同时增加了"违约方预知"的条件，此条件也是过错责任原则的充分体现，也就是说，如果一个违约人能够证明自己或一个合理人在此情况下不能预见到违约行为的严重后果，便不构成根本违约，并对不能预见的严重后果不负责任。

（2）我国合同法对根本违约制度的规定

我国《合同法》第 94 条第 4 项规定："当事人一方迟延履行债务或者有其他违约行为致使不能实现合同目的"的对方当事人可以单方解除合同，可见合同法在吸收两大法系和公约经验的基础上，强调了违约结果的严重性即合同目的落空是构成认定根本违约的唯一标准。该规定也表明我国合同法并没有采纳公约对根本违约认定中违约方主观预知的限制，原因有二：一是"违约方主观预知"的限制是大陆法系过错责任原则的充分体现，而从《合同法》第 107、108、120 条和第 121 条的规定可以看出，只要违约，就应承担违约责任，即我国采取的是无过错的违约责任归责原则；二是从设定根本违约制度的法律意义出发，根本违约制度的设定旨在允许因违约而致合同目的落空的受害人寻求根本解决问题的补救方式，即无条件地单方解除合同，如果附加违约方的主观过错条件则会偏离该制度的立法方向并会削弱其对债权人的保护力度。

综上所述，我国合同法对根本违约的认定标准可以表述为：当事人一方违约行为的结果严重影响到另一方根据合同有权期待的经济利益，而致

使其订立合同的目的落空，即构成根本违约，而不问其主观过错与否。❶

2. 法律意义上的合同目的落空

根本违约所造成的后果有严重影响说和目的落空说，其中目的落空说为通说。根据上文对《合同法》第 94 条的分析不难看出，根本违约与订立合同的目的有着密切的关系，也就是说一个违约行为是否已使债权人订立合同的目的落空，即是判断该行为是否已构成根本违约的重要标准。

但是如何界定合同目的落空的含义，法律并无明确的解释，按学术界的一般理解，合同目的是当事人通过订立合同的行为所想要得到的结果，这种结果通常表现为一种经济利益，但也不排除特殊情况下的非经济利益，例如结婚纪念日的特殊礼物等。江平先生发展了合同目的说，将合同目的分为一般目的和特殊目的，并认为在民事活动中，合同的一般目的是应当得到执行的，但对于合同的特殊目的，因为不是明知或是显而易见的，合同对方对此不负责任。笔者认为，对于合同的特殊目的，不能一概认定债务人不承担责任，如果债权人将其订立合同的特殊目的在合同中明确表示或债权人有证据表明该目的的存在或证明债务人在缔约时知道该目的的存在，那么债务人必须就此承担责任。

综上所述，笔者认为在司法实践中，判断合同目的是否落空应当从以下三点出发：一是合同的特殊目的构成合同的必要因素；二是违约行为的后果或将致使债权人订立该合同的目的无法实现，或实际剥夺债权人根据合同规定所能得到的期待利益，或继续履行将对债权人造成重大不利益；三是债权人对于该合同特殊目的之存在及违约的不利益后果负有举证责任。

3. 根本违约的后果——法定解除权的行使

因违约解除合同是国际私法中的一项重要法律制度，当然并不是所有的违约行为均可造成解约的后果，否则将造成解约权的滥用，对交易的安全和社会经济秩序的稳定极为不利，因此各国法律仅将解约权赋予了根本违约中的债权人。例如公约第 25 条规定："一方当事人违反合同的结果，如使另一方当事人蒙受损害，以致于实际上剥夺了他根据合同规定有权期待得到的东西，即为根本违反合同，除非违反合同一方并不预知而且一个同等资格、通情达理的人处于相同情况中也没有理由预知会发生这种结

---

❶ 郑辉：《试析根本违约之合同目的落空》，载《人民司法·案例》2009 年第 4 期，第 76 页。

果。"该规定对根本违约而解除合同采用了主客观相统一的标准，不仅要求客观上的合同目的落空，而且要求主观预见性。我国《合同法》在第94条中采纳了根本违约的概念，该条规定："当事人一方迟延履行债务或者有其他违约行为致使不能实现合同目的，对方当事人可以单方解除合同。"可见，我国合同法在判定是否构成根本违约时只规定了合同目的落空这一客观标准而未采纳违约方主观预知的限制，而且认定：只要违约致合同目的落空，债权人即可享有单方的解除权。这一单方解除权的规定给予了受害方及时解除合同、及时补救合同的机会，有利于保护债权人的利益。这完全符合设定根本违约制度的出发点：既然债权人订立合同的目的已经落空，合同的存在对债权人来说已不具有任何实质意义，合同即使在以后能够被遵守，债权人的目的仍不能达到，因此应允许债权人宣告合同解除，从而使其从已被严重违反的合同中解脱出来，所以我国针对根本违约规定了债权人享有单方解除合同作为一种特殊的补救方式，这正是我国法律规定根本违约制度的法理意义之所在。

对于根本性违约与非根本性违约的判定标准，在合同法规定不明确的情况下，法官应当根据法理正确地做出判断。我们在反对就轻微违约而随意解除合同、滥用解除权的同时，也应当充分理解我国设定根本违约制度的立法用意，允许债权人在合同目的落空、面临重大不利益的时候享有解除合同从而有效补救的权利。

【案例举要】

庆阳市昌庆建设工程有限公司诉陕西正大
汽车贸易有限公司购车合同纠纷案❶

〔案情〕

原告：庆阳市昌庆建设工程有限公司（以下简称昌庆公司）
被告：陕西正大汽车贸易有限公司（以下简称正大公司）

---

❶ 一审案号：陕西省西安市未央区人民法院（2007）未民二初字第853号民事判决书；二审案号：陕西省西安市中级人民法院（2008）西民三终字第070号民事判决书。

2007 年 9 月 8 日，原告昌庆公司与被告正大公司签订了购车合同，约定昌庆公司从正大公司购买解放骏威 4×2 随车吊运输车一辆，单价为 177 500 元，定金 7 000 元，并约定合同从 9 月 10 日起生效，履行期限从生效之日起计算，按照合同约定的交车期限为 15 个工作日，即 9 月 28 日交车，合同还约定了 10 天的宽限期限。合同签订当日，昌庆公司向正大公司交付定金 7 000 元，昌庆公司购买随车吊是为了陇东以及陕北定边地区工地使用，因为工地的气候原因，工程到 10 月底基本就结束，无法施工，所以买方对交车的时间要求非常严格。由于正大公司在合同约定的履行期限内并未交车，昌庆公司多次催促均无效果，不得不临时租车应急，其后，昌庆公司又多次催告未果，于 2007 年 10 月 21 日用特快专递的形式通知正大公司解除合同并紧急另购一台车辆使用。正大公司直到 2007 年 11 月 2 日才向昌庆公司发函要求接车，昌庆公司接到函件时已是 2007 年 11 月 6 日。昌庆公司认为正大公司的违约行为导致合同目的无法实现，且已通知对方解除合同，所以拒付货款，并要求对方双倍返还定金。而正大公司则辩称并未构成根本违约，只愿承担违约赔偿责任，而且合同并未解除，昌庆公司必须支付剩余货款。

〔审理结果〕

陕西省西安市未央区人民法院一审认为，正大公司确属未在合同约定期限内交车，属于迟延履行，但该车不能按时交付是由于提供车辆的第三方即一汽贸易总公司迟延向正大公司交付造成的，属于正大公司无法控制的原因；且该车在案件审理过程中已运至一汽西安中转库，被告没有不履行合同主要义务，因此判决对昌庆公司解除合同的主张不予支持，但正大公司应对迟延履行给昌庆公司造成的损失给予适当的经济补偿。

昌庆公司不服一审判决，向陕西省西安市中级人民法院提起上诉，认为其所提供的证据足以证明正大公司的行为构成根本违约，请求二审法院支持其解除合同并双倍返还定金的主张。

二审法院经审理认为，正大公司的违约行为致使昌庆公司订立购车合同的目的无法实现，构成根本违约，而且合同责任为相对责任，与第三方无关，判决支持昌庆公司解除合同的主张。

（二）房产商违反购房意向书约定应当酌情赔偿守约方损失

【裁判要旨】

购房意向书从性质上讲应为有效的预约合同，其对双方当事人产生在未来某个时候为达成本约依诚信原则进行谈判的义务。房产商违反购房意向书的约定属于一种违约责任，对守约方因信赖利益落空产生的损失应酌情予以赔偿。

【理解与适用】

房地产开发商在与购房者签订商品房买卖合同之前，往往要求购房者与其签订"认购书""订购单""意向书"之类的文书，并以其中的定金条款来约束购房者在指定或约定期限与其签订正式的买卖合同，否则，开发商不予返还定金。这类文书在理论上称为"预约合同"。❶ 预约合同又称预备合同，是当事人为了将来订立确定性本约而预先达成的书面允诺或协议。❷ 在合同分类中存在本约与预约之分。就本质而言，预约合同是一份形式完备的合同，应适用合同成立、生效及履行等一般原则；但预约合同与其他合同最主要的区别在于预约合同以将来签订本约为目的，本约的最终达成，通常须经当事人的反复谈判。预约合同对未来双方能达成本约的意向或目的进行确定，从而起到稳固交易机会的作用。尽管我国合同法中没有规定预约合同这一类型，但基于契约自由的精神，不应不论交易双方以订立预约合同的方式为订立本约做准备。最高人民法院《关于审理商品房买卖合同纠纷案件适用法律若干问题的解释》中也明确了这一点。❸ 在审判实践中，处理此类纠纷，应当注意把握以下问题：

---

❶ 华毅鹰：《浅析商品房预约合同的效力——从〈担保法〉的视角出发》，载《律师与法制》，2006年第12期，第40页。

❷ 王利明、崔建远著：《合同法新论·总则》，中国政法大学出版社1996年6月版，第47页。

❸ 最高人民法院民事审判第一庭编：《最高人民法院关于审理商品房买卖合同纠纷案件司法解释的理解与适用》，人民法院出版社2003年5月版，第54—65页。

1. 预约合同的法律效力

以签订预约合同的形式认购商品房可分为取得预售许可前的认购和取得预售许可后的认购，前者称为内部认购，后者称为外部认购。❶ 对后者的法律效力目前无争议，即符合合同法中合同成立的规定为有效合同。关于房产商取得预售许可证前与预购房人签订预约合同的法律效力，有观点认为根据合同法和城市房地产管理法，未取得预售许可证所订立的合同属于违反法律的强制性规定，应无法律效力。且最高人民法院《关于审理商品房买卖合同纠纷案件适用法律若干问题的解释》也规定出卖人未取得商品房预售许可证明与买受人订立商品房预售合同，应认定无效。此外虽仅针对商品房预售合同，但应理解为包含预购人与出售人签订的任何以购房为意思表示的协议。❷ 我们认为，虽然法律规定未取得预售许可证的房屋不能预售，但由于签订预约合同是先于预售的一个阶段，因此对其效力判断，仍应按照合同法对合同效力判断的一般规定，至于取得预售许可只是房产商履行预约合同的条件之一，并不影响合同的有效性。如果房产商在签订正式合同的时限内取得预售许可，即可按预约合同履行义务，即使未取得预售许可，也构成对预约合同的违反，并非导致预约合同无效。

至于预约合同在当事人间产生何种法律约束力，理论界存在"必须谈判说"和"必须缔约说"两种观点。"必须谈判说"认为当事人订立预约合同后，负有就将来订立本约进行谈判的义务，如当事人依诚信原则履行谈判义务后仍未达成本约，其不承担责任。"必须缔约说"认为预约合同的效力是订立本约，故当事人仅为订立本约进行谈判是不够的，还须最终达成本约，否则订立预约合同毫无意义，且容易诱发恶意缔约的道德风险。❸ 笔者认为，除非预约合同已经具备了本约合同所应具备的所有条款，否则当事人首先都应承担就未决条款进行谈判的义务，因为意思自治是合同订立中当事人应当遵守的基本原则，在当事人自行可以谈判之前，法院不能直接代当事人为意思表示。即使合同规定了交易的实质性具体条款，

---

❶ 俞里江：《商品房认购书的若干法律问题研究》，载《判解研究》2004 年第 3 辑，第 43—45 页。

❷ 陈耀东著：《商品房买卖法律问题专论》，法律出版社 2003 年 5 月版，第 249 页。

❸ 韩强：《论预约的效力与形态》，载《华东政法学院学报》，2003 年第 1 期，第 37—38 页。

但只要当事人有最终以谈判确定的内容为准的意思，则当事人承担的仅是进行谈判的义务。如果预约合同已包括了详尽的本约条款，则采用"必须缔约说"较为合理，因为此时双方就买卖合同的主要条款达成一致，应视为其交易行为在很大程度上受预约条款约束。

考察涉案意向书的订立，目的是为将来正式签订买卖合同做准备，预约标的为就签订本约进行谈判；方式上为一方同意另一方订立本约的优先权；内容上仍需通过协商达成正式买卖合同应具备的部分条款。故当事人就该意向书产生依诚实信用原则合理谈判的义务，符合"必须谈判说"的适用情形。

2. 违约行为的判断及其民事责任

诚实信用原则是预约合同的理论基础，预约合同双方均应按照诚实信用原则的要求全面履行应当承担的谈判、缔约义务。作为合同法的一项基本原则，诚实信用原则要求民事主体从事民事活动时，应诚实守信，以善意方式履行义务，不得权利滥用及规避法律或合同约定的义务。同时诚实信用原则要求民事主体在从事民事活动时，尽量维持当事人之间的利益以及当事人利益与社会利益之间的平衡。预约合同双方应当依此要求，严格遵守自己在预约合同中作出的允诺，善意而为之。如果依诚实信用原则谈判后仍无法就本约合同达成一致，或因不可归责于双方的事由导致无法签订正式合同，不能认定当事人违反了谈判义务。如果当事人对预约合同中的内容反悔、未尽诚信义务谈判或恶意谈判、隐瞒与订立合同有关的必要事实或提供虚假情况或有其他违背诚信原则的行为导致买卖合同未能订立的，则构成对预约合同的违反，应承担相应的法律责任。

需要指出的是，就违反独立、有效的预约合同而言，当事人承担的应是一种违约责任，而非缔约过失责任。缔约过失责任是指在合同订立过程中，一方因违反法律规定的义务，使合同不成立、无效或被撤销导致对方信赖利益损失应承担的责任，其是一种法定责任，依据是缔约过程中存在过错，并非以合同是否成立生效为判断依据。而违反预约合同的行为则是对预约合同本身义务的不遵守，损害的是基于预约这一独立合同产生的利益，是一种约定责任。二者虽然都发生在买卖合同订立过程中，但此处缔约过失责任中的"约"和违约责任中的"约"是两个不同的概念，前一个"约"是指尚未订立的本约合同，后一个"约"则是指生效的预约合同。

3. 损害与赔偿的认定

有损害即有赔偿，违反预约合同造成损害的，受害方有权请求损害赔偿，当无疑义。存有争论的是，违反预约合同损害的是何种利益？应赔偿的范围该如何确定？

违约损害依照当事人所受利益的损失可分为履行利益损害和信赖利益损害。❶ 所谓履行利益，是指合同有效成立，债务人依约履行债权人所能获得的利益。债务人不履行其债务，导致有效成立的合同效力未实现给债权人造成的损害即为履行利益损害。所谓信赖利益损害是指相对人信赖合同有效成立，而合同最终无效或被撤销给其造成无法获益的损害。合同不成立而当事人应承担缔约过失责任的，其赔偿范围通常也认为是信赖利益。❷ 预约合同一旦符合合同成立、生效的条件，即为合法有效的合同，违反预约合同损害的应是相对方的履行利益。但是预约合同的履行利益通常并非指依照预定的本约的内容履行所能获得的利益，而本约尚未订立，其能否订立和订立的一些具体内容尚待磋商。❸ 预约合同的履行利益均一般仅是指合同另一方遵守预约合同的约定，按照预约确定的内容与之进行磋商而使相对方可能获得的利益，具体而言，即是合同一方取得依照预约合同确定的内容与另一方签订本约的机会。以预约合同履行利益的损失实为订约机会的损失。因此，从实质上看，预约合同的履行利益损害更接近本约的信赖利益损害，因为信赖利益损害既包括为签订合同而合理支出的实际费用，也包括丧失与第三人另订合同的机会所产生的损失。❹ 由于预约合同的签订，守约方依诚信原则信赖该买卖合同能够订立，并基于这种信赖进行准备，从而放弃向他人以类似价格购买类似商品的机会，对于这种机会损失如不予赔偿，则将使违约方从中获取不当利益，对守约方有失公平。机会丧失如何赔偿，主要在于签订本约的概率有多大以及本约最后将确定的内容，并根据经济理性人的标准进行判断，总之要进行综合考

---

❶ 史尚宽著：《债法总论》，中国政法大学出版社2000年版1月，第288—289页。
❷ 黄立著：《民法债编总论》，中国政法大学出版社2002年5月版，第47—48页。
❸ 我国台湾地区"法院"曾持此观点，1985年台上字第1117号："预约与本约之性质及效力均有不同，一方不依预约订立本约时，他方仅得请求对方履行订立本约之义务，尚不得径依预定之本约内容请求赔偿其支付或可预期之利益。"但也有人认为此立场太过保守。参见王泽鉴著《债法原理》中国政法大学出版社2000年3月版，第150页。
❹ 韩世远著：《合同法总论》，法律出版社2004年5月版，第165页。

量。违反预约的损害赔偿还应受到合同法可预见规则的限制。我国《合同法》第113条规定，损失赔偿额应当相当于因违约造成的损失，包括合同履行以后可以获得的利益，但不得超过违反合同一方订立合同时预见到或者应当预见到的因违反合同可能造成的损失。

【案例举要】

仲崇清诉上海金轩大邸房地产项目开发有限公司购房合同纠纷案[1]

〔案情〕

上诉人（原审原告）：仲崇清

被上诉人（原审被告）：上海金轩大邸房地产项目开发有限公司（以下简称金轩公司）

2002年7月12日，仲崇清与上海金轩大邸房产地项目开发有限公司签订金轩大邸商铺认购意向书，约定仲崇清向金轩公司支付购房意向金2 000元，取得该公司所开发的小区商铺优先认购权；金轩公司在该小区正式认购时，优先通知仲崇清前来选择认购，认购商铺的面积为150平方米，均价约为每平方米7 000元（可能有1 500元的浮动）。如仲崇清未在约定期限内认购，则视同放弃优先认购权，已付的意向金无息退还；如前来认购，则意向金自行转为认购金的一部分。意向书对楼号、房型未作具体明确。意向书签订后，仲崇清向金轩公司支付了2 000元意向金。

金轩公司于2001年11月26日取得建设上述小区的项目建议书批复；2002年4月取得建设用地规划许可证；2002年11月4日取得拆迁许可证；2003年5月29日取得建设工程规划许可证；2003年6月30日取得预售许可证。金轩公司在销售商铺时，未通知仲崇清前来认购。2006年初仲崇清向金轩公司要求按意向书的约定签订正式买卖合同，却被告知因商铺价格上涨，房产商不认可原约定的价格，且商铺已全部销售完毕，无法履行合同，只能退还意向金。

---

[1] 一审案号：上海市虹口区人民法院（2007）虹民三（民）初字第14号民事判决书；二审案号：上海市第二中级人民法院（2007）沪二中民二（民）终字第1125号民事判决书。载《人民司法·案例》2008年第6期，第24—25页。

仲崇清遂向法院起诉，要求金轩公司按照 105 万元的价格履行双方签订的合同，或者赔偿仲崇清经济损失 100 万元，金轩公司则表示，双方签订意向书时其尚未取得相关证据，因此意向书无效。即使该意向书有效，仲崇清所付意向金也只是相当于定金，金轩公司仅应承担定金责任。

〔审理结果〕

上海市虹口区人民法院经审理认为，双方当事人签订的意向书具有预约合同性质，依法有效。本案中的意向金不符合定金的表现形式，金轩公司要求按定金罚则处理的主张无法律依据。由于金轩公司的过错造成双方无法进一步谈判签订正式的买卖合同，意向书已无法继续履行，应予解除。金轩公司应承担违反预约合同的违约责任。根据预约合同的性质、金轩公司的过错程度、仲崇清的支付对价和可能造成信赖利益的损失等，判决：一、解除仲崇清与金轩公司签订的金轩大邸商铺认购意向书；二、金轩公司返还仲崇清意向金 2 000 元；三、金轩公司赔偿仲崇清经济损失 1 万元；四、仲崇清的其余诉讼请求不予支持。仲崇清与金轩金轩公司均不服一审判决提起上诉。

上海市第二中级人民法院审理后认为，签订意向书前，金轩公司已办理了有关项目的立项、规划等手续，双方在涉案意向书中指向的商铺买卖存在现实的履行基础。且意向书明确了当事人的基本情况、拟购商铺的面积、价款计算、认购时间等，表明双方经谈判就条件成就时将进行商铺买卖的主要内容达成合意，系具有法律约束力的合同。同时，意向书是对未来签署正式买卖合同的预先安排，并以书面形式明确了将来就订立正式买卖合同进行谈判这一预约标的，系独立的、有效的预约合同，对其效力应予认定。金轩公司未按约履行通知义务，反而在原审中主张意向书无效，违背了民事活动中应遵循的诚实信用原则，显属违约。鉴于该违约行为导致仲崇清丧失了优先认购商铺的机会，双方亦无法按意向书约定继续履行，故金轩公司应当承担相应的违约责任。原审判决 1 万元赔偿金额难以补偿守约方的实际损失，二审在综合考虑上海近年来房地产市场发展的态势及双方当事人履约情况的基础上，酌情确定金轩公司的赔偿金额。另因预约合同与本合同存在法律性质差异，对仲崇清主张的赔偿金额难以完全采纳，据此，二审法院维持原审判决第一、二、四项；撤销第三项；改判金轩公司赔偿仲崇清经济损失 15 万元。

（三）一方当事人不履行义务或履行不符合约定，另一方可要求继续履行

【裁判要旨】

当事人一方不履行合同义务或履行合同义务不符合约定时，另一方当事人可要求其在合同履行期限届满后继续按照原合同所约定的主要条件继续完成合同义务的行为。但法律上或事实上不能履行的，债务的标的不适于强制履行或者履行费用过高的，债权人在合理期限内未要求履行的除外。

【理解与适用】

合同继续履行，又称实际履行、特定履行，是指当事人一方不履行合同义务或者履行合同义务不符合约定时，另一方当事人可要求其在合同履行期限届满后继续按照原合同所约定的主要条件继续完成合同义务的行为。继续履行作为违约救济的方式之一，一直为我国合同法律所确认。但是与原有的合同立法相比较，继续履行的含义有所不同。原有的合同立法是指在违约行为发生且采取一定的救济手段后受损害方仍可以采取要求违约方履行合同义务的行为。而现行合同法则没有将继续履行作为采取一定救济手段后所采取的措施。在审判实践中，处理因合同继续履行而引发的纠纷时，应当重点把握以下几个问题：

1. 正确把握合同继续履行的特征

合同继续履行具有如下特征：

（1）合同继续履行是承担违约责任的形式之一

我国《合同法》第 107 条明确规定，继续履行是一种承担违约责任的方式。①继续履行是在当事人未能按照合同约定正常履行义务时，由法律强制其继续履行该义务，因而为法的强制，属于责任的范畴。②继续履行是一种独立的违约责任形式，其适用的前提是合同当事人一方不履行合同义务或履行合同义务不符合约定的条件，而不需要以其他违约责任是否能够适用为前提条件。

（2）合同继续履行的内容是强制违约方交付按照合同约定本应交付的标的

（3）合同继续履行是实现履行原则的补充或延伸

在我国合同法的履行原则中，常常强调实际履行原则，即按照合同约定实际履行权利义务，而不能以其他方式替代合同的实际履行。实际履行，首先是当为意义上的正常履行，即当事人自觉地按照合同的约定继续履行，使合同目的得到正常实现，合同的正常履行固然是常态，而不履行合同或者不完全履行的现象也在所难免，在合同目的不能得到正常的实现时，强制实际履行不失为一项对实际履行原则的补救或补充，是实际履行原则的一种延伸。

（4）合同继续履行可以与违约金、赔偿损失、定金罚则并用，但不能与解除合同并用

《合同法》第112条规定："在履行义务或者采取补救措施后，对方还有其他损失的，应当赔偿损失。"第114条第3款规定："当事人就迟延履行约定违约金的，违约方支付违约金后，还应当履行债务。"作为解除合同，就是合同关系不复存在，债务人也不再负履行义务，因此，解除合同与继续履行是完全对立的补救方法，两者不能并用。

2. 正确把握金钱债务违约的继续履行

金钱债务又称货币债务，是指当事人所负直接表现为支付货币的义务。当事人未履行金钱债务的违约行为，即未支付价款或者报酬的行为，包括两个方面：一是完全未支付价款或报酬，二是不完全支付价款或报酬。无论是完全不履行还是不完全履行，违约方都应承担相应的违约责任。《合同法》第109条规定，当事人一方未支付价款或报酬的，对方可以要求其支付价款或报酬。这里既包括了完全不履行也包括了不完全履行，也就是说，无论是完全不履行还是不完全履行，违约方都应承担相应价款或报酬的权利。违约方完全不履行时，守约方有权请求其支付全部的价款或报酬；违约方不完全履行时，守约方有权请求其履行其未履行部分。

3. 正确把握非金钱债务违约的继续履行

非金钱债务是指除货币支付以外的债务，如提供货物、提供劳务、完成工作等。非金钱债务不同于金钱债务，其债务标的往往更具有特定性和

不可替代性，所以非金钱债务的履行更加强调实际履行原则。当事人在履行非金钱债务存在违约行为时，包括不履行非金钱债务和履行非金钱债务不符合约定条件时，通常守约方均可请求违约方实际履行。在《合同法》起草过程中曾将守约方的请求权表述为"强制执行"请求权，在《合同法》第四次审议稿时修改为"履行"请求权。履行请求权较强制执行请求权的使用范围更加广泛，其内容包括了守约方请求人民法院强制违约方实际履行其非金钱债务。而强制执行是仅指执法人员依法适用执行措施，强制义务人履行义务，使合同得以实现的活动。在违约方不履行非金钱债务时，守约方有权请求人民法院采取强制措施，强制违约方履行其非金钱债务，但守约方的履行请求，并不排除经守约方的请求，由违约方主动实际履行非金钱债务。

4. 正确把握对非金钱债务违约的继续履行的限制

根据《合同法》第110条规定，对于非金钱债务的违约，有下列情形之一的，权利人不能再向债务人提出继续履行的请求：

（1）法律上或事实上不能履行

履行的目的是促使违约方完成履行合同约定的义务，但如果因违约方的违约使合同丧失了履行可能性，在此情况下强制债务人履行义务也是不可能的。

（2）债务的标的不适于强制履行或费用过高

强制履行又称强制实际履行，是指当事人一方不履行合同或者履行不符合约定时，另一方要求人民法院强制违约方按照合同约定履行其义务，而不得以支付违约金和赔偿损失等其他违约责任代替履行。强制履行有两层含义：一是非违约方必须借助国家的强制力才能使违约方完成履行；二是必须要求违约方按照合同约定的债务标的履行。但如果债务的标的不适于强制履行，非违约方不得要求违约方履行。此外，如果强制履行的费用过高，在经济上导致不合理的，非违约方也不得请求强制履行。

（3）债权人在合理期限内未要求履行，至于何为在合理期限内，法律没有明文规定，有理解为在诉讼期限内❶

合理期限的确定，可根据标的物的性质和商业习惯而定。对于标的物

---

❶ 唐德华主编：《合同法审判实务》，人民法院出版社2000年版，第887页。

为季节性商品的，债权人应当在一个较短的时间内及时提出请求，对于标的物为非季节性商品的，债权人可以在一个比较长的时间内及时提出请求，但不能违反法律规定的期限。

【案例举要】

南京久测仪器技术有限公司诉中企动力科技股份有限公司、北京中企网动力数码科技有限公司服务合同纠纷案❶

〔案情〕

原告：南京久测仪器技术有限公司（以下简称久测公司）

被告：中企动力科技股份有限公司（以下简称中企动力公司）

被告：北京中企网动力数码科技有限公司（以下简称中企网公司）

2004 年 2 月 9 日，久测公司与中企动力公司、中企网公司共同签订"中国企业网"网站服务订单一份，约定由中企动力公司、中企网公司为久测公司注册通用网站：水准仪，对应网址：www.longsurvey.com，注册期 3 年，每年服务费为 500 元。服务订单签订后，久测公司按照订单要求向中企动力公司所属南京分公司支付了服务费 1 500 元。2004 年 2 月 11 日，中企动力公司向中国互联网络信息中心申报通用网址注册时，被该中心以水准仪名称限制注册为由退单。2004 年 3 月 22 日，中国互联网络信息中心改变销售政策，通知在 3 月 22 日以后所有续费的通用网址按照该通用网址具体类型对应价格续费，其中普通通用词网址注册收费为每年每个 5 000 元。（诉讼中，中企动力公司、中企网公司称久测公司要求注册的水准仪一词属通用词网址，其每年的注册收费为 5 000 元。）此后，中企动力公司及中企网公司将收费标准变更一事告知久测公司后，虽经双方协商，但就合同继续履行及损失赔偿未能达成一致意见。久测公司以其在支付了服务费 1 500 元后，中企动力公司、中企网公司没有依约履行注册通用网址的义务为由，诉至法院，请求判令中企动力公司及中企网公司继续履行合同即为其注册通用网址：水准仪，对应网址：www.longsurvey.com，注

---

❶ 北京市高级人民法院编：《合同纠纷中非金钱债务实际履行责任例外的认定》，载《北京法院指导案例》2009 年第 73 期（总第 1113 期），2009 年 7 月 18 日编。

册期 3 年。

庭审中，中企动力公司、中企网公司表示，截至本案开庭前久测公司申请注册的通用网址还无人注册，如久测公司要求继续履行合同，应以新的收费标准继续履行。

另查，中企动力公司系中国互联网络信息中心授权的通用网址注册服务机构，有权面向用户提供通用网址注册服务。同时，在中企动力公司与中国互联网络信息中心双方签订的服务认证协议中规定，在协议有效期内，双方可根据具体市场情况协商调整相关价格与折扣，但应以书面形式修改本协议。

〔审理结果〕

法院经审理认为，久测公司与中企动力公司、中企网公司签订的网站服务订单，其性质为服务合同，其内容未违反国家法律及行政法规的禁止性规定，应属有效。合同一经订立，双方当事人均应严格履行合同义务。本案中，久测公司已依约向中企动力公司及中企网公司交付了 3 年的网址注册费 1 500 元，履行了合同义务，而中企动力公司及中企网公司至今未能履行通用网址的注册义务。虽二被告称合同未能履行的原因系行业管理部门即中国互联网络信息中心对于久测公司申请注册的网址名词在限制注册后又调高了注册价格，但是合同相对人久测公司对此并无过错。同时，由于本案服务合同约定的注册期为 3 年，根据中企动力公司与中国互联网络信息中心之间所签服务认证协议中关于价格调整的约定，二被告作为专业的注册服务机构在订立合同时应当预见到合同订立后注册价格调整变化的可能性，但其在订立合同时却未对此风险予以防范，且二被告在知晓久测公司申请注册的网址被限制注册后至注册费用调高前的期间内，也未积极采取相应补救措施避免损失的扩大，故二被告对合同未能正常履行负有过错，其未按合同约定履行合同义务的行为系违约行为。久测公司在二被告不履行合同约定义务的情形下，要求二被告承担继续履行合同约定的注册义务的诉讼请求，有事实及法律依据，且并非不能实际履行，故法院对该请求予以支持。法院判决：被告中企动力科技股份有限公司、北京中企网动力数码科技有限公司共同为原告南京久测仪器技术有限公司注册通用网址：水准仪，对应网址：www.longsurvey.com，注册期 3 年。

一审判决后，双方当事人均未提起上诉。

（四）因可归责于债务人的事由导致自始履行不能的，应承担履行利益的损害赔偿责任

【裁判要旨】

当事人一方不履行合同义务或者履行合同义务不符合约定的，应当承担继续履行、采取补救措施或者赔偿损失等违约责任。因可归责于债务人的事由导致自始履行不能的，应承担履行利益的损害赔偿责任。

【理解与适用】

履行不能属于债务不履行的一种类型，而债务不履行会导致违约的发生。有关履行不能导致的结果，在我国合同法违约责任一章中有明确规定。该法第 107 条规定："当事人一方不履行合同义务或者履行合同义务不符合约定的，应当承担继续履行、采取补救措施或者赔偿损失等违约责任。"该条提到的不履行合同义务包括履行不能和拒绝履行。但履行不能并不必然导致承担损害赔偿责任，我国《合同法》第 117 条明确规定："因不可抗力不能履行合同义务的，根据不可抗力的影响，部分或者全部免除责任，但法律另有规定的除外。"即使承担损害赔偿责任，亦存在承担信赖利益还是履行利益损害赔偿的区别。在审判实践中，应当注意以下问题：

1. 履行不能的概念和种类

履行不能是债务人由于某种原因，事实上已不可能履行债务。其中所谓不能，包括物理上或理论上的不能，也包括违背法律上、道德上、职业上的义务。❶ 履行不能使债的目的客观上无法实现，债权人无法请求继续履行。履行不能属于债务不履行的一种类型。履行不能必须具有永久性，仅一时不能而未为给付的，系迟延履行问题。履行不能可分为自始不能与嗣后不能，客观不能与主观不能。自始不能与嗣后不能以债之关系成立时为判断标准，履行于合同订立时已属不能者，为自始不能，于合同订立后

---

❶ 徐开墅主编：《民商法辞典》，上海人民出版社 1997 年 8 月版，第 778 页。

始成为不能时，为嗣后不能。至于履行不能为客观抑或主观，以不能是否基于债务人个人事由而决定，履行因债务人个人事由而不能者，为主观不能；反之，履行为任何人无法办到者，为客观不能。按以上的标准分类，加以组合，可得履行不能的四种类型：①自始客观不能，如出租的房屋于订约时已毁坏；②自始主观不能，如出卖他人的房屋；③嗣后客观不能，如出卖的花瓶于交付前摔碎；④嗣后主观不能，如甲将房屋出租于乙后，在乙未占有之前，又出租给丙，丙已占有使用，对乙而言，甲之履行不能为嗣后主观不能。

2. 履行不能的法律效果

（1）自始客观不能的法律效果

第一，以客观不能之给付作为合同标的，合同无效。当然，如果导致不能的情形可以除去，而当事人于订约时约定在不能之情形除去后为履行的，合同仍为有效。第二，信赖利益的损害赔偿。所谓信赖利益，又称为消极的合同利益，例如订约费用、准备履行所需费用等。一方当事人在订约时知其不能或可得而知者，对于非因过失而信合同为有效致受损害的对方当事人负信赖利益的赔偿责任。

（2）自始主观不能的法律效果

第一，以主观不能的给付为标的的合同有效。因为民法上为贯彻私法自治原则，当事人双方意思表示一致时，合同即成立。而依法成立的合同以有效为原则，以无效为例外。例如，即使出卖他人之物，尚存在自他人处取得物之所有权的可能，履行只要为可能，合同即为有效。第二，履行利益的损害赔偿。所谓履行利益，又称积极的合同利益，即因合同履行可以获得的利益。我国《合同法》第 113 条规定，当事人一方不履行合同义务给对方造成损失的，损失赔偿额应当相当于因违约所造成的损失，包括合同履行后可以获得的利益。换句话说，履行利益相当于未违反合同一方因合同履行的可期待利益。但同时，合同法对这种可期待利益进行了限定，即该条后半段所规定的：此利益不得超过违反合同一方订立合同时预见或者应当预见到的因违反合同可能造成的损失。在自始主观不能的情况下，债务人就其缔约时的履行能力，应负担保责任，债务人届期不能履行时，如果存在可归责事由，应赔偿债权人履行利益的损害。

（3）嗣后不能的法律效果

嗣后主观不能与嗣后客观不能具有同样的法律效果，不必加以区分。嗣后不能的法律效果因是否存在可归责于债务人的事由而有所不同。如果因不可归责于债务的事由导致履行不能，债务人免除履行债务的义务，债务人因履行不能对第三人有损害赔偿请求权的，债权人可以向债务人请求让与其损害赔偿请求权，或交付其所受领的赔偿物。如果因可归责于债务人的事由导致履行不能，债务人应负履行利益的损害赔偿，履行系部分不能的，若其他部分的履行对债权人无利益时，债权人可以拒绝该部分的履行，请求全部不履行的损害赔偿。

【案例举要】

李爱平诉北京至辉房地产开发有限公司补偿协议纠纷案❶

〔案情〕

原告：李爱平
被告：北京至辉房地产开发有限公司（以下简称至辉公司）

原告李爱平系北京市通州区台湖镇田家府村（以下简称田家府村）村民，在该村承包地上建有西厢房3间、羊棚8间。2004年8月，被告北京至辉房地产开发有限公司因在田家府村进行村民安置楼建设，需占用李爱平的上述房屋、羊棚。2004年8月18日，至辉公司与李爱平签订补偿协议，双方约定至辉公司占用李爱平的房屋、羊棚，一次性给付李爱平3万元补偿金，并帮助李爱平在1年内向田家府村村委会申请宅基地一处，负责重建房屋。协议签订后，至辉公司占用了李爱平的房屋、羊棚，并给付李爱平补偿金3万元。2004年9月15日，至辉公司向村委会提出为李爱平申请宅基地，但村委会答复因村内无闲置土地可资利用，村委会在双方签订协议之前就已作出不再办理村民宅基地申报手续的决定。至辉公司承诺为李爱平移址建房的约定一直未履行。

2006年9月，李爱平诉至法院，认为至辉公司未履行补偿协议的约定

---

❶ 北京市高级人民法院编：《北京法院指导案例》2008年第64期（总第1064期），2008年10月22日编。

为其申请宅基地建房，要求至辉公司继续履行协议或者提供住房，如不能建房则要求给付赔偿款 11 万元。至辉公司辩称，我公司于补偿协议签订后积极与田家府村村委会交涉，为李爱平申请宅基地，但村委会已停止办理宅基地申报手续，因申请不到宅基地无法建房，我公司已经履行了协议约定的帮助义务，故不同意李爱平的诉讼请求。

〔审理结果〕

北京市通州区人民法院经审理认为，李爱平与至辉公司签订的补偿协议系双方真实的意思表示，合法有效，均应恪守履行。因田家府村村委会不再办理宅基地申报手续，补偿协议中关于至辉公司为李爱平移址另建房屋的约定无法履行。该履行不能属于自始主观不能，应负履行利益的损害赔偿责任。赔偿数额根据本地农村房屋造价综合考虑，酌定为 6 万元。依法判决至辉公司给付李爱平因无法建房造成损害的赔偿款 6 万元，驳回李爱平的其他诉讼请求。

一审宣判后，至辉公司提起上诉。北京市第二中级人民法院二审以同样的事实和理由维持了一审判决。

（五）民间借贷中同时约定违约金与罚息，在不违背法律规定的情况下应按约定执行

【裁判要旨】

民间借贷合同中针对一方违约的情况同时设定违约金与罚息，在符合法律规定的情况下，只要其不损害国家利益和社会公共利益，原则上应尊重他们的自由选择。如果当事人利用违约金条款谋取不正当利益，法官应当基于实质正义的追求，利用立法上的弹性条款，从司法审判上对契约自由进行规制，使当事人确立的契约条款公平化。

【理解与适用】

在个人与公司的民间借贷合同中，当事人经常会针对一方违约的情况同时设定违约金与罚息。在审判实践中，处理此类纠纷，应当重点把握好以下问题：

1. 正确认识我国合同法中违约金的性质

所谓违约金，是指法律规定或当事人在合同中约定，一方当事人违约时应支付给对方一定数额的货币或代表一定价值的财物。我国《合同法》第 114 条对违约金作了规定，该条第 2 款允许债务人以"造成的损失"为基准请求法院或仲裁庭对约定的违约金进行增减，显然是将违约金同损害赔偿联系了起来，符合我国目前学界对于违约金性质区分标准的通说——损害预设标准（该观点以违约金是否乃合同违约损害赔偿额的预设为标准，认为若违约金乃合同违约损害赔偿额的预设，则属赔偿性违约金）。既如此，可以判断第 114 条第 2 款所言违约金乃对损害赔偿额的预设，故其性质上属赔偿性违约金。需要明确一点，赔偿性违约金虽然是损害赔偿额的预设，但交易市场变化无常，违约实际发生时违约金高于或低于实际损失在所难免。《合同法》第 114 条第 2 款之所以不对"适当高于"实际损失的违约金进行调整，一方面固然是出于对当事人意思自治的尊重，另一方面也是出于经济效益的考虑，防止债权人滥用诉权。

《合同法》第 114 条第 3 款的规定"当事人就迟延履行约定违约金的，违约方支付违约金后，还应当履行债务。"该条允许债权人在对方迟延履行情况下同时主张违约金和实际履行，但并未涉及迟延履行违约金与迟延履行损害赔偿的关系。那么该款违约金是不是迟延履行损害赔偿的预设？我国台湾地区"民法典"是直接将其视作迟延履行损害赔偿额的预定的，笔者对此表示赞同，在债务人履行迟延场合，债权人享有的履行请求权与违约金请求权指向的对象并不相同，自然可以同时主张，并行不悖，《合同法》第 114 条第 3 款的规定正是这种精神的体现，这时的违约金尽管与强制履行并用，但由于是迟延一定期限后的履行，考虑到经济学上的机会成本，债权人受到一定的损失在所难免，此时该违约金推定为是对于迟延赔偿的赔偿额预定，仍应看作是赔偿性违约金。

实际上，限制惩罚性违约金的适用是现代民法的精神和趋势，对于违约金是否具有惩罚性的问题，大陆法系与英美法系的立法及学理上基本上都持补偿性的观点。而从改革开放初期我国颁布实施的《中华人民共和国经济合同法》中对违约金的规定采"以惩罚性违约金为主、赔偿性违约金为辅"的立法体例到 1985 年颁布的《中华人民共和国涉外经济合同法》和 1980 年颁行的《中华人民共和国技术合同法实施条例中》均采单一的赔偿性违约金立法体例，再到我国现行《合同法》第 114 条的规定，可以看出我国违约金立法例的变迁中也体现了限制适用惩罚性违约金的意图。

综合以上分析，《合同法》第 114 条第 2 款中的违约金乃赔偿性违约金，第 3 款违约金性质上也应解释为赔偿性违约金。

2. 正确判断借款合同约定的违约金与罚息可否共存

所谓罚息是指由银行规定的贷款人未按规定期限归还银行贷款，银行按与当事人签订的合同对失约人的处罚利息。借贷合同约定的利率是判断违约金与罚息可否共存的前提。最高人民法院《印发〈关于审理人民法院审理借贷案件的若干意见〉的通知》（以下简称《审理借贷案件意见》）第 6 条规定，民间借贷的利率可以适当高于银行的利率，各地人民法院可根据本地区的实际情况具体掌握，但最高不得超过银行同类贷款利率的 4 倍（包含利率本数）。超出此限度的，超出部分的利息不予保护。

根据《国家税务总局关于企业所得税若干业务问题的通知》的规定，罚息不属于行政性罚款，允许在税前扣除。由此可见银行罚息不是行政罚款，而是具有违约金性质。对于民间借贷纠纷中双重违约金问题，在审判实践中，通常有两种处理方式：一是多种违约责任并用，另一种是选择适用与具体违约情形相关联的特定性违约金。显然一种违约情形只受一次或一种违约责任的追究更符合合同法的基本原则，也更符合当事人意思表示的初衷。如果对逾期还款适用两次责任追究，意味着一种违约行为要承担双重违约责任，对还款人构成不公平。

违约责任与违约情形存在对应或牵连关系，当事人在设定违约责任时，是经过利益平衡和损失补偿考虑的，应根据违约的具体情节选择最具针对性的违约责任条款。

3. 正确确定比例违约金的适用标准❶

司法实践中许多合同关于逾期付款的责任，往往参照了商业银行关于逾期还款的利率标准，采用比例违约金。我国《合同法》第 113 条规定，当事人不履行合同或者履行合同不符合约定的，给对方造成损失的，损失赔偿额相当于因违约所造成的损失，包括合同履行后可以获得的利益。总

---

❶ 陈广辉：《民间借贷同时约定违约金与罚息如何适用》，载《法律适用》2009 年第 5 期，第 81—82 页。

体来说，在考量违约损失时，应考虑合同性质、合同标的、合同对价、合同履行、行业平均利润、损失发生概率等综合因素。

从利益衡量角度分析，当被告方逾期还款时，对原告而言，该钱款即不能参加资金周转产生经济效益，迟延还款给原告方造成的是资金占用损失（此处不考虑实现债权所需要的费用如诉讼费、律师费、差旅费等）。此时假设借款方如实履行了合同义务，原告方对该笔钱款的利用大致可以分为三种情况：其一，将钱存入银行，获得的收益将是按银行同期存款利率计算的标准；其二，将钱借给另一方（个人）或委托银行贷款给其他公司以获取利息收益（其约定的利息率标准可以高于原借款合同约定的利率，但不超过中国人民银行公布的金融机构同期、同档次贷款利率的4倍）；其三，进行其他投资（产业投资或证券、期货投资），这种收益关涉行业周期、行业风险等，是最不确定的。而且金融机构的行业利润在社会各行业中居于中上等，所以法官自由裁量时，可直接排除第三种方案，将本案的资金占用损失限定在约定期间外的利息损失上。而对于利息损失的金额应以何标准进行计算，我国立法未见明确，各地法院也并不统一，我国《合同法》第207条规定："借款人未按照约定的期限返还借款的，应当按照约定或者国家有关规定支付逾期利息。"此处的逾期利息利息率以何为标准，立法并未明确，对于金融机构贷款而言，适用国家规定的贷款利率更为合适，但此时还有一个罚息问题，关于罚息与原贷款利率的兼容问题下文将予以明确；对于民间借贷而言，此处的逾期利息率标准显然应按约定执行。但按赔偿性违约金的精神，对此利息标准存在调节的可能性。对此同样存在三个标准：①参照商业银行同期、同档次的贷款利率来确定损失额度。②适用金融机构逾期还款的罚息标准。③适用原借款合同中约定的利率标准。（实际上还有一个银行同期存款利率标准，但一般而言银行同期贷款利率高于存款利率，而民间借贷利率高于银行同期贷款利率，就本案而言显然属于生产经营性借款，如适用银行同期存款利率标准过低，此一计算标准可以预先排除）。从弥补非违约方所受损失的角度考虑，当③中的利率标准小于或等于商业银行同种类、同期限贷款利率的4倍而大于或等于②中的利率标准时，可以适用③中的利率标准或者至少应当适用②中的利率标准，当其低于②中的利率标准时，应当适用②中的利率标准。对于约定的利率标准低于银行罚息时适用银行罚息的做法主要是出于以下考虑：《中华人民共和国物权法》第 3 条明确规定"国家实行社会主义市场经济，保障一切市场主体的平等法律地位和发展权利"；第 4 条则规定了平等保护国家、集体、私人和其他权利人的物权的原则。债权虽然不同于物权，但二者同属于民法保护的范畴，对权利人的权利实行平等保护是民法的一项重要原则，在确定利息标准时，国家对于个人利益的保护不应当低于对于银行的保护标准。

综合以上分析可见，依照当事人意思自治的契约精神，当事人在合同中约定的违约金比例和额度，是双方自主合意的结果。无论该违约金是否过分高于或低于一方所受到损失，只要其不损害国家利益和社会公共利益，原则上应尊重他们的自由选择。但是可以推定，在订立借款合同时，借款方属于弱势一方，为得到急需的贷款，在特定时间内同意原告设定的违约条款是可能的。这给当事人利用违约金条款谋取不正当利益，损害合同交易安全提供了平台，法律应当对交易主体间事实上的不平等给予适当的平衡，以达实质正义，表现在司法上，法官基于实质正义的追求，利用立法上的弹性条款，从司法审判上对契约自由进行规制，使当事人确立的契约条款公平化，这也符合现代契约法既关注过程又关注结果、以契约正义为基对交易结果进行积极干预的法律精神。

【案例举要】

霍玉芹与北京泰丰房地产有限公司借贷合同纠纷案❶

〔案情〕

原告：霍玉芹
被告：北京泰丰房地产有限公司（以下简称泰丰房地产公司）

2006 年 11 月 10 日，霍玉芹作为债权人与作为债务人的泰丰房地产公司签订《借款合同》，约定：借款金额人民币 1 180 万元；借款期限为 4 个月，自 2006 年 11 月 10 日起至 2007 年 3 月 9 日，一方应于 2007 年 3 月 9 日偿还全部本金和相应利息；借款利息为每月借款金额的 1.8%，借款利

---

❶ 一审案号：北京市海淀区人民法院（2001）海经初字 1885 号民事判决书；二审案号：北京市第一中级人民法院（2001）一中民终字第 1700 号民事判决书。

息按月计算，计每月利息为人民币 212 400 元；借款期限届满后，如到期未还本付息，按借款金额的 1% 支付违约金，并以借款本金为基数，在合同利率不变的基础上另加每月万分之五的逾期罚息。同日，中企联合担保公司（作为保证人）、霍玉芹、泰丰房地产公司签订借款合同，约定：保证担保的借款金额为人民币 1 180 万元，合同保证方式为连带责任保证。至 2007 年 12 月 31 日，泰丰房地产公司仅还款 140 万元，霍玉芹诉至法院。

〔审理结果〕

法院的判决结果是：北京泰丰房地产开发有限公司偿还霍玉芹借款本金人民币 1 180 万元，并给付霍玉芹以 1 180 万元为基数按月利率 1.8% 计算的自借款日起至约定还款日止的借款利息；同时给付霍玉芹以 1 180 万元为基数按中国人民银行同期贷款利率计算的自 2007 年 3 月 10 日起至实际给付之日止的逾期借款利息，北京泰丰房地产开发有限公司已偿还的 140 万元从上述应支付的利息中扣除；北京泰丰房地产开发有限公司给付原告霍玉芹违约金 11.8 万元，中企联合信用担保有限公司对北京泰丰房产地开发有限公司给付的款项承担连带保证责任。

参考书目

1. 王利明著：《合同法研究》（第二卷），中国人民大学出版社 2004 年 5 月版。

2. 何志编著：《合同法原理精要与实务指南》，人民法院出版社 2008 年 1 月版。

3. 隋彭生著：《合同法要义》，中国政法大学出版社 2003 年 6 月版。

4. 吴合振主编：《合同法理论与实践》（修订版），人民法院出版社 2002 年 1 月版。

5. 吕伯涛主编：《适用合同法重大疑难问题研究》，人民法院出版社 2001 年 7 月版。

6. 江必新、何东林等著：《最高人民法院指导性案例裁判规则理解与适用》（合同卷），中国法制出版社 2012 年 7 月版。

7. 马强著：《合同法新问题判解研究》，人民法院出版社 2005 年 1 月版。

8. 最高人民法院民一庭编：《民事审判实务问答》，法律出版社 2005 年 9 月版。

9. 刘德全主编：《最高人民法院司法观点集成》，人民法院出版社 2009 年 1 月版。

10. 沈德咏、奚晓明主编：《最高人民法院关于合同法司法解释（二）理解与适用》，人民法院出版社 2009 年 6 月版。

11. 吴庆宝主编：《民事裁判标准规范》，人民法院出版社 2006 年 1 月版。

12. 刘玉民、于海侠编著：《合同法类案裁判规则与法律适用》，人民法院出版社 2011 年 2 月版。

13. 北京市高级人民法院编：《审判前沿—新类型案件审判实务丛书》（总第 1 集—总第 50 集），法律出版社 2003 年—2014 年版。

附录

中华人民共和国合同法

(1999 年 3 月、15 日第九届全国人民代表大会第二次会议通过)

总 则

第一章 一般规定

第一条 为了保护合同当事人的合法权益，维护社会经济秩序，促进社会主义现代化建设，制定本法。

第二条 本法所称合同是平等主体的自然人、法人、其他组织之间设立、变更、终止民事权利义务关系的协议。婚姻、收养、监护等有关身份关系的协议，适用其他法律的规定。

第三条 合同当事人的法律地位平等，一方不得将自己的意志强加给另一方。

第四条 当事人依法享有自愿订立合同的权利，任何单位和个人不得非法干预。

第五条 当事人应当遵循公平原则确定各方的权利和义务。

第六条 当事人行使权利、履行义务应当遵循诚实信用原则。

第七条 当事人订立、履行合同，应当遵守法律、行政法规，尊重社会公德，不得扰乱社会经济秩序，损害社会公共利益。

第八条 依法成立的合同，对当事人具有法律约束力。当事人应当按照约定履行自己的义务，不得擅自变更或者解除合同。

依法成立的合同，受法律保护。

第二章 合同的订立

第九条 当事人订立合同，应当具有相应的民事权利能力和民事行为能力。

当事人依法可以委托代理人订立合同。

第十条　当事人订立合同，有书面形式、口头形式和其他形式。

法律、行政法规规定采用书面形式的，应当采用书面形式。当事人约定采用书面形式的，应当采用书面形式。

第十一条　书面形式是指合同书、信件和数据电文（包括电报、电传、传真、电子数据交换和电子邮件）等可以有形地表现所载内容的形式。

第十二条　合同的内容由当事人约定，一般包括以下条款：

（一）当事人的名称或者姓名和住所；

（二）标的；

（三）数量；

（四）质量；

（五）价款或者报酬；

（六）履行期限、地点和方式；

（七）违约责任；

（八）解决争议的方法。

当事人可以参照各类合同的示范文本订立合同。

第十三条　当事人订立合同，采取要约、承诺方式。

第十四条　要约是希望和他人订立合同的意思表示，该意思表示应当符合下列规定：

（一）内容具体确定；

（二）表明经受要约人承诺，要约人即受该意思表示约束。

第十五条　要约邀请是希望他人向自己发出要约的意思表示。寄送的价目表、拍卖公告、招标公告、招股说明书、商业广告等为要约邀请。

商业广告的内容符合要约规定的，视为要约。

第十六条　要约到达受要约人时生效。

采用数据电文形式订立合同，收件人指定特定系统接收数据电文的，该数据电文进入该特定系统的时间，视为到达时间；未指定特定系统的，该数据电文进入收件人的任何系统的首次时间，视为到达时间。

第十七条　要约可以撤回。撤回要约的通知应当在要约到达受要约人之前或者与要约同时到达受要约人。

第十八条　要约可以撤销。撤销要约的通知应当在受要约人发出承诺通知之前到达受要约人。

第十九条　有下列情形之一的，要约不得撤销：

（一）要约人确定了承诺期限或者以其他形式明示要约不可撤销；

（二）受要约人有理由认为要约是不可撤销的，并已经为履行合同作了准备工作。

第二十条　有下列情形之一的，要约失效：

（一）拒绝要约的通知到达要约人；

（二）要约人依法撤销要约；

（三）承诺期限届满，受要约人未作出承诺；

（四）受要约人对要约的内容作出实质性变更。

第二十一条　承诺是受要约人同意要约的意思表示。

第二十二条　承诺应当以通知的方式作出，但根据交易习惯或者要约表明可以通过行为作出承诺的除外。

第二十三条　承诺应当在要约确定的期限内到达要约人。

要约没有确定承诺期限的，承诺应当依照下列规定到达：

（一）要约以对话方式作出的，应当即时作出承诺，但当事人另有约定的除外；

（二）要约以非对话方式作出的，承诺应当在合理期限内到达。

第二十四条　要约以信件或者电报作出的，承诺期限自信件载明的日期或者电报交发之日开始计算。信件未载明日期的，自投寄该信件的邮戳日期开始计算。要约以电话、传真等快速通讯方式作出的，承诺期限自要约到达受要约人时开始计算。

第二十五条　承诺生效时合同成立。

第二十六条　承诺通知到达要约人时生效。承诺不需要通知的，根据交易习惯或者要约的要求作出承诺的行为时生效。

采用数据电文形式订立合同的，承诺到达的时间适用本法第十六条第二款的规定。

第二十七条　承诺可以撤回。撤回承诺的通知应当在承诺通知到达要约人之前或者与承诺通知同时到达要约人。

第二十八条　受要约人超过承诺期限发出承诺的，除要约人及时通知受要约人该承诺有效的以外，为新要约。

第二十九条　受要约人在承诺期限内发出承诺,按照通常情形能够及时到达要约人,但因其他原因承诺到达要约人时超过承诺期限的,除要约人及时通知受要约人因承诺超过期限不接受该承诺的以外,该承诺有效。

第三十条　承诺的内容应当与要约的内容一致。受要约人对要约的内容作出实质性变更的,为新要约。有关合同标的、数量、质量、价款或者报酬、履行期限、履行地点和方式、违约责任和解决争议方法等的变更,是对要约内容的实质性变更。

第三十一条　承诺对要约的内容作出非实质性变更的,除要约人及时表示反对或者要约表明承诺不得对要约的内容作出任何变更的以外,该承诺有效,合同的内容以承诺的内容为准。

第三十二条　当事人采用合同书形式订立合同的,自双方当事人签字或者盖章时合同成立。

第三十三条　当事人采用信件、数据电文等形式订立合同的,可以在合同成立之前要求签订确认书。签订确认书时合同成立。

第三十四条　承诺生效的地点为合同成立的地点。

采用数据电文形式订立合同的,收件人的主营业地为合同成立的地点;没有主营业地的,其经常居住地为合同成立的地点。当事人另有约定的,按照其约定。

第三十五条　当事人采用合同书形式订立合同的,双方当事人签字或者盖章的地点为合同成立的地点。

第三十六条　法律、行政法规规定或者当事人约定采用书面形式订立合同,当事人未采用书面形式但一方已经履行主要义务,对方接受的,该合同成立。

第三十七条　采用合同书形式订立合同,在签字或者盖章之前,当事人一方已经履行主要义务,对方接受的,该合同成立。

第三十八条　国家根据需要下达指令性任务或者国家订货任务的,有关法人、其他组织之间应当依照有关法律、行政法规规定的权利和义务订立合同。

第三十九条　采用格式条款订立合同的,提供格式条款的一方应当遵循公平原则确定当事人之间的权利和义务,并采取合理的方式提请对方注意免除或者限制其责任的条款,按照对方的要求,对该条款予以说明。

格式条款是当事人为了重复使用而预先拟定,并在订立合同时未与对方协商的条款。

第四十条　格式条款具有本法第五十二条和第五十三条规定情形的，或者提供格式条款一方免除其责任、加重对方责任、排除对方主要权利的，该条款无效。

第四十一条　对格式条款的理解发生争议的，应当按通常理解予以解释。对格式条款有两种以上解释的，应当作出不利于提供格式条款一方的解释。格式条款和非格式条款不一致的，应当采用非格式条款。

第四十二条　当事人在订立合同过程中有下列情形之一，给对方造成损失的，应当承担损害赔偿责任：

（一）假借订立合同，恶意进行磋商；

（二）故意隐瞒与订立合同有关的重要事实或者提供虚假情况；

（三）有其他违背诚实信用原则的行为。

第四十三条　当事人在订立合同过程中知悉的商业秘密，无论合同是否成立，不得泄露或者不正当地使用。泄露或者不正当地使用该商业秘密给对方造成损失的，应当承担损害赔偿责任。

第三章　合同的效力

第四十四条　依法成立的合同，自成立时生效。

法律、行政法规规定应当办理批准、登记等手续生效的，依照其规定。

第四十五条　当事人对合同的效力可以约定附条件。附生效条件的合同，自条件成就时生效。附解除条件的合同，自条件成就时失效。

当事人为自己的利益不正当地阻止条件成就的，视为条件已成就；不正当地促成条件成就的，视为条件不成就。

第四十六条　当事人对合同的效力可以约定附期限。附生效期限的合同，自期限届至时生效。附终止期限的合同，自期限届满时失效。

第四十七条　限制民事行为能力人订立的合同，经法定代理人追认后，该合同有效，但纯获利益的合同或者与其年龄、智力、精神健康状况相适应而订立的合同，不必经法定代理人追认。

相对人可以催告法定代理人在一个月内予以追认。法定代理人未作表示的，视为拒绝追认。合同被追认之前，善意相对人有撤销的权利。撤销应当以通知的方式作出。

第四十八条　行为人没有代理权、超越代理权或者代理权终止后以被代理人名义订立的合同，未经被代理人追认，对被代理人不发生效力，由行为人承担责任。

相对人可以催告被代理人在一个月内予以追认。被代理人未作表示的，视为拒绝追认。合同被追认之前，善意相对人有撤销的权利。撤销应当以通知的方式作出。

第四十九条　行为人没有代理权、超越代理权或者代理权终止后以被代理人名义订立合同，相对人有理由相信行为人有代理权的，该代理行为有效。

第五十条　法人或者其他组织的法定代表人、负责人超越权限订立的合同，除相对人知道或者应当知道其超越权限的以外，该代表行为有效。

第五十一条　无处分权的人处分他人财产，经权利人追认或者无处分权的人订立合同后取得处分权的，该合同有效。

第五十二条　有下列情形之一的，合同无效：

（一）一方以欺诈、胁迫的手段订立合同，损害国家利益；

（二）恶意串通，损害国家、集体或者第三人利益；

（三）以合法形式掩盖非法目的；

（四）损害社会公共利益；

（五）违反法律、行政法规的强制性规定。

第五十三条　合同中的下列免责条款无效：

（一）造成对方人身伤害的；

（二）因故意或者重大过失造成对方财产损失的。

第五十四条　下列合同，当事人一方有权请求人民法院或者仲裁机构变更或者撤销：

（一）因重大误解订立的；

（二）在订立合同时显失公平的。

一方以欺诈、胁迫的手段或者乘人之危，使对方在违背真实意思的情况下订立的合同，受损害方有权请求人民法院或者仲裁机构变更或者撤销。

当事人请求变更的，人民法院或者仲裁机构不得撤销。

第五十五条　有下列情形之一的，撤销权消灭：

（一）具有撤销权的当事人自知道或者应当知道撤销事由之日起一年

内没有行使撤销权；

（二）具有撤销权的当事人知道撤销事由后明确表示或者以自己的行为放弃撤销权。

第五十六条　无效的合同或者被撤销的合同自始没有法律约束力。合同部分无效，不影响其他部分效力的，其他部分仍然有效。

第五十七条　合同无效、被撤销或者终止的，不影响合同中独立存在的有关解决争议方法的条款的效力。

第五十八条　合同无效或者被撤销后，因该合同取得的财产，应当予以返还；不能返还或者没有必要返还的，应当折价补偿。有过错的一方应当赔偿对方因此所受到的损失，双方都有过错的，应当各自承担相应的责任。

第五十九条　当事人恶意串通，损害国家、集体或者第三人利益的，因此取得的财产收归国家所有或者返还集体、第三人。

第四章　合同的履行

第六十条　当事人应当按照约定全面履行自己的义务。

当事人应当遵循诚实信用原则，根据合同的性质、目的和交易习惯履行通知、协助、保密等义务。

第六十一条　合同生效后，当事人就质量、价款或者报酬、履行地点等内容没有约定或者约定不明确的，可以协议补充；不能达成补充协议的，按照合同有关条款或者交易习惯确定。

第六十二条　当事人就有关合同内容约定不明确，依照本法第六十一条的规定仍不能确定的，适用下列规定：

（一）质量要求不明确的，按照国家标准、行业标准履行；没有国家标准、行业标准的，按照通常标准或者符合合同目的的特定标准履行。

（二）价款或者报酬不明确的，按照订立合同时履行地的市场价格履行；依法应当执行政府定价或者政府指导价的，按照规定履行。

（三）履行地点不明确，给付货币的，在接受货币一方所在地履行；交付不动产的，在不动产所在地履行；其他标的，在履行义务一方所在地履行。

（四）履行期限不明确的，债务人可以随时履行，债权人也可以随时要求履行，但应当给对方必要的准备时间。

（五）履行方式不明确的，按照有利于实现合同目的的方式履行。

（六）履行费用的负担不明确的，由履行义务一方负担。

第六十三条 执行政府定价或者政府指导价的，在合同约定的交付期限内政府价格调整时，按照交付时的价格计价。逾期交付标的物的，遇价格上涨时，按照原价格执行；价格下降时，按照新价格执行。逾期提取标的物或者逾期付款的，遇价格上涨时，按照新价格执行；价格下降时，按照原价格执行。

第六十四条 当事人约定由债务人向第三人履行债务的，债务人未向第三人履行债务或者履行债务不符合约定，应当向债权人承担违约责任。

第六十五条 当事人约定由第三人向债权人履行债务的，第三人不履行债务或者履行债务不符合约定，债务人应当向债权人承担违约责任。

第六十六条 当事人互负债务，没有先后履行顺序的，应当同时履行。一方在对方履行之前有权拒绝其履行要求。一方在对方履行债务不符合约定时，有权拒绝其相应的履行要求。

第六十七条 当事人互负债务，有先后履行顺序，先履行一方未履行的，后履行一方有权拒绝其履行要求。先履行一方履行债务不符合约定的，后履行一方有权拒绝其相应的履行要求。

第六十八条 应当先履行债务的当事人，有确切证据证明对方有下列情形之一的，可以中止履行：

（一）经营状况严重恶化；

（二）转移财产、抽逃资金，以逃避债务；

（三）丧失商业信誉；

（四）有丧失或者可能丧失履行债务能力的其他情形。

当事人没有确切证据中止履行的，应当承担违约责任。

第六十九条 当事人依照本法第六十八条的规定中止履行的，应当及时通知对方。对方提供适当担保时，应当恢复履行。中止履行后，对方在合理期限内未恢复履行能力并且未提供适当担保的，中止履行的一方可以解除合同。

第七十条 债权人分立、合并或者变更住所没有通知债务人，致使履行债务发生困难的，债务人可以中止履行或者将标的物提存。

第七十一条 债权人可以拒绝债务人提前履行债务，但提前履行不损害债权人利益的除外。

债务人提前履行债务给债权人增加的费用，由债务人负担。

第七十二条　债权人可以拒绝债务人部分履行债务，但部分履行不损害债权人利益的除外。

债务人部分履行债务给债权人增加的费用，由债务人负担。

第七十三条　因债务人怠于行使其到期债权，对债权人造成损害的，债权人可以向人民法院请求以自己的名义代位行使债务人的债权，但该债权专属于债务人自身的除外。

代位权的行使范围以债权人的债权为限。债权人行使代位权的必要费用，由债务人负担。

第七十四条　因债务人放弃其到期债权或者无偿转让财产，对债权人造成损害的，债权人可以请求人民法院撤销债务人的行为。债务人以明显不合理的低价转让财产，对债权人造成损害，并且受让人知道该情形的，债权人也可以请求人民法院撤销债务人的行为。

撤销权的行使范围以债权人的债权为限。债权人行使撤销权的必要费用，由债务人负担。

第七十五条　撤销权自债权人知道或者应当知道撤销事由之日起一年内行使。自债务人的行为发生之日起五年内没有行使撤销权的，该撤销权消灭。

第七十六条　合同生效后，当事人不得因姓名、名称的变更或者法定代表人、负责人、承办人的变动而不履行合同义务。

第五章　合同的变更和转让

第七十七条　当事人协商一致，可以变更合同。

法律、行政法规规定变更合同应当办理批准、登记等手续的，依照其规定。

第七十八条　当事人对合同变更的内容约定不明确的，推定为未变更。

第七十九条　债权人可以将合同的权利全部或者部分转让给第三人，但有下列情形之一的除外：

（一）根据合同性质不得转让；

（二）按照当事人约定不得转让；

（三）依照法律规定不得转让。

第八十条　债权人转让权利的，应当通知债务人。未经通知，该转让对债务人不发生效力。

债权人转让权利的通知不得撤销，但经受让人同意的除外。

第八十一条　债权人转让权利的，受让人取得与债权有关的从权利，但该从权利专属于债权人自身的除外。

第八十二条　债务人接到债权转让通知后，债务人对让与人的抗辩，可以向受让人主张。

第八十三条　债务人接到债权转让通知时，债务人对让与人享有债权，并且债务人的债权先于转让的债权到期或者同时到期的，债务人可以向受让人主张抵销。

第八十四条　债务人将合同的义务全部或者部分转移给第三人的，应当经债权人同意。

第八十五条　债务人转移义务的，新债务人可以主张原债务人对债权人的抗辩。

第八十六条　债务人转移义务的，新债务人应当承担与主债务有关的从债务，但该从债务专属于原债务人自身的除外。

第八十七条　法律、行政法规规定转让权利或者转移义务应当办理批准、登记等手续的，依照其规定。

第八十八条　当事人一方经对方同意，可以将自己在合同中的权利和义务一并转让给第三人。

第八十九条　权利和义务一并转让的，适用本法第七十九条、第八十一条至第八十三条、第八十五条至第八十七条的规定。

第九十条　当事人订立合同后合并的，由合并后的法人或者其他组织行使合同权利，履行合同义务。当事人订立合同后分立的，除债权人和债务人另有约定的以外，由分立的法人或者其他组织对合同的权利和义务享有连带债权，承担连带债务。

第六章　合同的权利义务终止

第九十一条　有下列情形之一的，合同的权利义务终止：

（一）债务已经按照约定履行；

（二）合同解除；

（三）债务相互抵销；

（四）债务人依法将标的物提存；

（五）债权人免除债务；

（六）债权债务同归于一人；

（七）法律规定或者当事人约定终止的其他情形。

第九十二条　合同的权利义务终止后，当事人应当遵循诚实信用原则，根据交易习惯履行通知、协助、保密等义务。

第九十三条　当事人协商一致，可以解除合同。

当事人可以约定一方解除合同的条件。解除合同的条件成就时，解除权人可以解除合同。

第九十四条　有下列情形之一的，当事人可以解除合同：

（一）因不可抗力致使不能实现合同目的；

（二）在履行期限届满之前，当事人一方明确表示或者以自己的行为表明不履行主要债务；

（三）当事人一方迟延履行主要债务，经催告后在合理期限内仍未履行；

（四）当事人一方迟延履行债务或者有其他违约行为致使不能实现合同目的；

（五）法律规定的其他情形。

第九十五条　法律规定或者当事人约定解除权行使期限，期限届满当事人不行使的，该权利消灭。

法律没有规定或者当事人没有约定解除权行使期限，经对方催告后在合理期限内不行使的，该权利消灭。

第九十六条　当事人一方依照本法第九十三条第二款、第九十四条的规定主张解除合同的，应当通知对方。合同自通知到达对方时解除。对方有异议的，可以请求人民法院或者仲裁机构确认解除合同的效力。

法律、行政法规规定解除合同应当办理批准、登记等手续的，依照其规定。

第九十七条　合同解除后，尚未履行的，终止履行；已经履行的，根据履行情况和合同性质，当事人可以要求恢复原状、采取其他补救措施，并有权要求赔偿损失。

第九十八条　合同的权利义务终止，不影响合同中结算和清理条款的效力。

第九十九条　当事人互负到期债务，该债务的标的物种类、品质相同的，任何一方可以将自己的债务与对方的债务抵销，但依照法律规定或者按照合同性质不得抵销的除外。

当事人主张抵销的，应当通知对方。通知自到达对方时生效。抵销不得附条件或者附期限。

第一百条　当事人互负债务，标的物种类、品质不相同的，经双方协商一致，也可以抵销。

第一百零一条　有下列情形之一，难以履行债务的，债务人可以将标的物提存：

（一）债权人无正当理由拒绝受领；

（二）债权人下落不明；

（三）债权人死亡未确定继承人或者丧失民事行为能力未确定监护人；

（四）法律规定的其他情形。

标的物不适于提存或者提存费用过高的，债务人依法可以拍卖或者变卖标的物，提存所得的价款。

第一百零二条　标的物提存后，除债权人下落不明的以外，债务人应当及时通知债权人或者债权人的继承人、监护人。

第一百零三条　标的物提存后，毁损、灭失的风险由债权人承担。提存期间，标的物的孳息归债权人所有。提存费用由债权人负担。

第一百零四条　债权人可以随时领取提存物，但债权人对债务人负有到期债务的，在债权人未履行债务或者提供担保之前，提存部门根据债务人的要求应当拒绝其领取提存物。

债权人领取提存物的权利，自提存之日起五年内不行使而消灭，提存物扣除提存费用后归国家所有。

第一百零五条　债权人免除债务人部分或者全部债务的，合同的权利义务部分或者全部终止。

第一百零六条　债权和债务同归于一人的，合同的权利义务终止，但涉及第三人利益的除外。

第七章　违约责任

第一百零七条　当事人一方不履行合同义务或者履行合同义务不符合约定的，应当承担继续履行、采取补救措施或者赔偿损失等违约责任。

第一百零八条 当事人一方明确表示或者以自己的行为表明不履行合同义务的，对方可以在履行期限届满之前要求其承担违约责任。

第一百零九条 当事人一方未支付价款或者报酬的，对方可以要求其支付价款或者报酬。

第一百一十条 当事人一方不履行非金钱债务或者履行非金钱债务不符合约定的，对方可以要求履行，但有下列情形之一的除外：

（一）法律上或者事实上不能履行；

（二）债务的标的不适于强制履行或者履行费用过高；

（三）债权人在合理期限内未要求履行。

第一百一十一条 质量不符合约定的，应当按照当事人的约定承担违约责任。对违约责任没有约定或者约定不明确，依照本法第六十一条的规定仍不能确定的，受损害方根据标的的性质以及损失的大小，可以合理选择要求对方承担修理、更换、重作、退货、减少价款或者报酬等违约责任。

第一百一十二条 当事人一方不履行合同义务或者履行合同义务不符合约定的，在履行义务或者采取补救措施后，对方还有其他损失的，应当赔偿损失。

第一百一十三条 当事人一方不履行合同义务或者履行合同义务不符合约定，给对方造成损失的，损失赔偿额应当相当于因违约所造成的损失，包括合同履行后可以获得的利益，但不得超过违反合同一方订立合同时预见到或者应当预见到的因违反合同可能造成的损失。

经营者对消费者提供商品或者服务有欺诈行为的，依照《中华人民共和国消费者权益保护法》的规定承担损害赔偿责任。

第一百一十四条 当事人可以约定一方违约时应当根据违约情况向对方支付一定数额的违约金，也可以约定因违约产生的损失赔偿额的计算方法。

约定的违约金低于造成的损失的，当事人可以请求人民法院或者仲裁机构予以增加；约定的违约金过分高于造成的损失的，当事人可以请求人民法院或者仲裁机构予以适当减少。

当事人就迟延履行约定违约金的，违约方支付违约金后，还应当履行债务。

第一百一十五条 当事人可以依照《中华人民共和国担保法》约定一

方向对方给付定金作为债权的担保。债务人履行债务后，定金应当抵作价款或者收回。给付定金的一方不履行约定的债务的，无权要求返还定金；收受定金的一方不履行约定的债务的，应当双倍返还定金。

第一百一十六条　当事人既约定违约金，又约定定金的，一方违约时，对方可以选择适用违约金或者定金条款。

第一百一十七条　因不可抗力不能履行合同的，根据不可抗力的影响，部分或者全部免除责任，但法律另有规定的除外。当事人迟延履行后发生不可抗力的，不能免除责任。

本法所称不可抗力，是指不能预见、不能避免并不能克服的客观情况。

第一百一十八条　当事人一方因不可抗力不能履行合同的，应当及时通知对方，以减轻可能给对方造成的损失，并应当在合理期限内提供证明。

第一百一十九条　当事人一方违约后，对方应当采取适当措施防止损失的扩大；没有采取适当措施致使损失扩大的，不得就扩大的损失要求赔偿。

当事人因防止损失扩大而支出的合理费用，由违约方承担。

第一百二十条　当事人双方都违反合同的，应当各自承担相应的责任。

第一百二十一条　当事人一方因第三人的原因造成违约的，应当向对方承担违约责任。当事人一方和第三人之间的纠纷，依照法律规定或者按照约定解决。

第一百二十二条　因当事人一方的违约行为，侵害对方人身、财产权益的，受损害方有权选择依照本法要求其承担违约责任或者依照其他法律要求其承担侵权责任。

第八章　其他规定

第一百二十三条　其他法律对合同另有规定的，依照其规定。

第一百二十四条　本法分则或者其他法律没有明文规定的合同，适用本法总则的规定，并可以参照本法分则或者其他法律最相类似的规定。

第一百二十五条　当事人对合同条款的理解有争议的，应当按照合同所使用的词句、合同的有关条款、合同的目的、交易习惯以及诚实信用原则，确定该条款的真实意思。

合同文本采用两种以上文字订立并约定具有同等效力的，对各文本使用的词句推定具有相同含义。各文本使用的词句不一致的，应当根据合同的目的予以解释。

第一百二十六条　涉外合同的当事人可以选择处理合同争议所适用的法律，但法律另有规定的除外。涉外合同的当事人没有选择的，适用与合同有最密切联系的国家的法律。

在中华人民共和国境内履行的中外合资经营企业合同、中外合作经营企业合同、中外合作勘探开发自然资源合同，适用中华人民共和国法律。

第一百二十七条　工商行政管理部门和其他有关行政主管部门在各自的职权范围内，依照法律、行政法规的规定，对利用合同危害国家利益、社会公共利益的违法行为，负责监督处理；构成犯罪的，依法追究刑事责任。

第一百二十八条　当事人可以通过和解或者调解解决合同争议。

当事人不愿和解、调解或者和解、调解不成的，可以根据仲裁协议向仲裁机构申请仲裁。涉外合同的当事人可以根据仲裁协议向中国仲裁机构或者其他仲裁机构申请仲裁。当事人没有订立仲裁协议或者仲裁协议无效的，可以向人民法院起诉。当事人应当履行发生法律效力的判决、仲裁裁决、调解书；拒不履行的，对方可以请求人民法院执行。

第一百二十九条　因国际货物买卖合同和技术进出口合同争议提起诉讼或者申请仲裁的期限为四年，自当事人知道或者应当知道其权利受到侵害之日起计算。因其他合同争议提起诉讼或者申请仲裁的期限，依照有关法律的规定。

分　则

第九章　买卖合同

第一百三十条　买卖合同是出卖人转移标的物的所有权于买受人，买受人支付价款的合同。

第一百三十一条　买卖合同的内容除依照本法第十二条的规定以外，还可以包括包装方式、检验标准和方法、结算方式、合同使用的文字及其效力等条款。

第一百三十二条 出卖的标的物，应当属于出卖人所有或者出卖人有权处分。

法律、行政法规禁止或者限制转让的标的物，依照其规定。

第一百三十三条 标的物的所有权自标的物交付时起转移，但法律另有规定或者当事人另有约定的除外。

第一百三十四条 当事人可以在买卖合同中约定买受人未履行支付价款或者其他义务的，标的物的所有权属于出卖人。

第一百三十五条 出卖人应当履行向买受人交付标的物或者交付提取标的物的单证，并转移标的物所有权的义务。

第一百三十六条 出卖人应当按照约定或者交易习惯向买受人交付提取标的物单证以外的有关单证和资料。

第一百三十七条 出卖具有知识产权的计算机软件等标的物的，除法律另有规定或者当事人另有约定的以外，该标的物的知识产权不属于买受人。

第一百三十八条 出卖人应当按照约定的期限交付标的物。约定交付期间的，出卖人可以在该交付期间内的任何时间交付。

第一百三十九条 当事人没有约定标的物的交付期限或者约定不明确的，适用本法第六十一条、第六十二条第四项的规定。

第一百四十条 标的物在订立合同之前已为买受人占有的，合同生效的时间为交付时间。

第一百四十一条 出卖人应当按照约定的地点交付标的物。

当事人没有约定交付地点或者约定不明确，依照本法第六十一条的规定仍不能确定的，适用下列规定：

（一）标的物需要运输的，出卖人应当将标的物交付给第一承运人以运交给买受人；

（二）标的物不需要运输，出卖人和买受人订立合同时知道标的物在某一地点的，出卖人应当在该地点交付标的物；不知道标的物在某一地点的，应当在出卖人订立合同时的营业地交付标的物。

第一百四十二条 标的物毁损、灭失的风险，在标的物交付之前由出卖人承担，交付之后由买受人承担，但法律另有规定或者当事人另有约定的除外。

第一百四十三条 因买受人的原因致使标的物不能按照约定的期限交

付的，买受人应当自违反约定之日起承担标的物毁损、灭失的风险。

第一百四十四条 出卖人出卖交由承运人运输的在途标的物，除当事人另有约定的以外，毁损、灭失的风险自合同成立时起由买受人承担。

第一百四十五条 当事人没有约定交付地点或者约定不明确，依照本法第一百四十一条第二款第一项的规定标的物需要运输的，出卖人将标的物交付给第一承运人后，标的物毁损、灭失的风险由买受人承担。

第一百四十六条 出卖人按照约定或者依照本法第一百四十一条第二款第二项的规定将标的物置于交付地点，买受人违反约定没有收取的，标的物毁损、灭失的风险自违反约定之日起由买受人承担。

第一百四十七条 出卖人按照约定未交付有关标的物的单证和资料的，不影响标的物毁损、灭失风险的转移。

第一百四十八条 因标的物质量不符合质量要求，致使不能实现合同目的的，买受人可以拒绝接受标的物或者解除合同。买受人拒绝接受标的物或者解除合同的，标的物毁损、灭失的风险由出卖人承担。

第一百四十九条 标的物毁损、灭失的风险由买受人承担的，不影响因出卖人履行债务不符合约定，买受人要求其承担违约责任的权利。

第一百五十条 出卖人就交付的标的物，负有保证第三人不得向买受人主张任何权利的义务，但法律另有规定的除外。

第一百五十一条 买受人订立合同时知道或者应当知道第三人对买卖的标的物享有权利的，出卖人不承担本法第一百五十条规定的义务。

第一百五十二条 买受人有确切证据证明第三人可能就标的物主张权利的，可以中止支付相应的价款，但出卖人提供适当担保的除外。

第一百五十三条 出卖人应当按照约定的质量要求交付标的物。出卖人提供有关标的物质量说明的，交付的标的物应当符合该说明的质量要求。

第一百五十四条 当事人对标的物的质量要求没有约定或者约定不明确，依照本法第六十一条的规定仍不能确定的，适用本法第六十二条第一项的规定。

第一百五十五条 出卖人交付的标的物不符合质量要求的，买受人可以依照本法第一百一十一条的规定要求承担违约责任。

第一百五十六条 出卖人应当按照约定的包装方式交付标的物。对包装方式没有约定或者约定不明确，依照本法第六十一条的规定仍不能确定的，应当按照通用的方式包装，没有通用方式的，应当采取足以保护标的物的包装方式。

第一百五十七条　买受人收到标的物时应当在约定的检验期间内检验。没有约定检验期间的，应当及时检验。

第一百五十八条　当事人约定检验期间的，买受人应当在检验期间内将标的物的数量或者质量不符合约定的情形通知出卖人。买受人怠于通知的，视为标的物的数量或者质量符合约定。

当事人没有约定检验期间的，买受人应当在发现或者应当发现标的物的数量或者质量不符合约定的合理期间内通知出卖人。买受人在合理期间内未通知或者自标的物收到之日起两年内未通知出卖人的，视为标的物的数量或者质量符合约定，但对标的物有质量保证期的，适用质量保证期，不适用该两年的规定。

出卖人知道或者应当知道提供的标的物不符合约定的，买受人不受前两款规定的通知时间的限制。

第一百五十九条　买受人应当按照约定的数额支付价款。对价款没有约定或者约定不明确的，适用本法第六十一条、第六十二条第二项的规定。

第一百六十条　买受人应当按照约定的地点支付价款。对支付地点没有约定或者约定不明确，依照本法第六十一条的规定仍不能确定的，买受人应当在出卖人的营业地支付，但约定支付价款以交付标的物或者交付提取标的物单证为条件的，在交付标的物或者交付提取标的物单证的所在地支付。

第一百六十一条　买受人应当按照约定的时间支付价款。对支付时间没有约定或者约定不明确，依照本法第六十一条的规定仍不能确定的，买受人应当在收到标的物或者提取标的物单证的同时支付。

第一百六十二条　出卖人多交标的物的，买受人可以接收或者拒绝接收多交的部分。买受人接收多交部分的，按照合同的价格支付价款；买受人拒绝接收多交部分的，应当及时通知出卖人。

第一百六十三条　标的物在交付之前产生的孳息，归出卖人所有，交付之后产生的孳息，归买受人所有。

第一百六十四条　因标的物的主物不符合约定而解除合同的，解除合同的效力及于从物。因标的物的从物不符合约定被解除的，解除的效力不及于主物。

第一百六十五条　标的物为数物，其中一物不符合约定的，买受人可以就该物解除，但该物与他物分离使标的物的价值显受损害的，当事人可以就数物解除合同。

第一百六十六条　出卖人分批交付标的物的，出卖人对其中一批标的物不交付或者交付不符合约定，致使该批标的物不能实现合同目的的，买受人可以就该批标的物解除。

出卖人不交付其中一批标的物或者交付不符合约定，致使今后其他各批标的物的交付不能实现合同目的的，买受人可以就该批以及今后其他各批标的物解除。

买受人如果就其中一批标的物解除，该批标的物与其他各批标的物相互依存的，可以就已经交付和未交付的各批标的物解除。

第一百六十七条　分期付款的买受人未支付到期价款的金额达到全部价款的五分之一的，出卖人可以要求买受人支付全部价款或者解除合同。

出卖人解除合同的，可以向买受人要求支付该标的物的使用费。

［注释］

第一百六十八条　凭样品买卖的当事人应当封存样品，并可以对样品质量予以说明。出卖人交付的标的物应当与样品及其说明的质量相同。

第一百六十九条　凭样品买卖的买受人不知道样品有隐蔽瑕疵的，即使交付的标的物与样品相同，出卖人交付的标的物的质量仍然应当符合同种物的通常标准。

第一百七十条　试用买卖的当事人可以约定标的物的试用期间。对试用期间没有约定或者约定不明确，依照本法第六十一条的规定仍不能确定的，由出卖人确定。

第一百七十一条　试用买卖的买受人在试用期内可以购买标的物，也可以拒绝购买。试用期间届满，买受人对是否购买标的物未作表示的，视为购买。

第一百七十二条　招标投标买卖的当事人的权利和义务以及招标投标程序等，依照有关法律、行政法规的规定。

第一百七十三条　拍卖的当事人的权利和义务以及拍卖程序等，依照有关法律、行政法规的规定。

第一百七十四条　法律对其他有偿合同有规定的，依照其规定；没有规定的，参照买卖合同的有关规定。

第一百七十五条　当事人约定易货交易，转移标的物的所有权的，参照买卖合同的有关规定。

第十章　供用电、水、气、热力合同

第一百七十六条　供用电合同是供电人向用电人供电，用电人支付电费的合同。

第一百七十七条　供用电合同的内容包括供电的方式、质量、时间，用电容量、地址、性质，计量方式，电价、电费的结算方式，供用电设施的维护责任等条款。

第一百七十八条　供用电合同的履行地点，按照当事人约定；当事人没有约定或者约定不明确的，供电设施的产权分界处为履行地点。

第一百七十九条　供电人应当按照国家规定的供电质量标准和约定安全供电。供电人未按照国家规定的供电质量标准和约定安全供电，造成用电人损失的，应当承担损害赔偿责任。

第一百八十条　供电人因供电设施计划检修、临时检修、依法限电或者用电人违法用电等原因，需要中断供电时，应当按照国家有关规定事先通知用电人。未事先通知用电人中断供电，造成用电人损失的，应当承担损害赔偿责任。

第一百八十一条　因自然灾害等原因断电，供电人应当按照国家有关规定及时抢修。未及时抢修，造成用电人损失的，应当承担损害赔偿责任。

第一百八十二条　用电人应当按照国家有关规定和当事人的约定及时交付电费。用电人逾期不交付电费的，应当按照约定支付违约金。经催告用电人在合理期限内仍不交付电费和违约金的，供电人可以按照国家规定的程序中止供电。

第一百八十三条　用电人应当按照国家有关规定和当事人的约定安全用电。用电人未按照国家有关规定和当事人的约定安全用电，造成供电人损失的，应当承担损害赔偿责任。

第一百八十四条　供用水、供用气、供用热力合同，参照供用电合同的有关规定。

第十一章　赠与合同

第一百八十五条　赠与合同是赠与人将自己的财产无偿给予受赠人，受赠人表示接受赠与的合同。

第一百八十六条　赠与人在赠与财产的权利转移之前可以撤销赠与。

具有救灾、扶贫等社会公益、道德义务性质的赠与合同或者经过公证的赠与合同，不适用前款规定。

第一百八十七条　赠与的财产依法需要办理登记等手续的，应当办理有关手续。

第一百八十八条　具有救灾、扶贫等社会公益、道德义务性质的赠与合同或者经过公证的赠与合同，赠与人不交付赠与的财产的，受赠人可以要求交付。

第一百八十九条　因赠与人故意或者重大过失致使赠与的财产毁损、灭失的，赠与人应当承担损害赔偿责任。

第一百九十条　赠与可以附义务。

赠与附义务的，受赠人应当按照约定履行义务。

第一百九十一条　赠与的财产有瑕疵的，赠与人不承担责任。附义务的赠与，赠与的财产有瑕疵的，赠与人在附义务的限度内承担与出卖人相同的责任。

赠与人故意不告知瑕疵或者保证无瑕疵，造成受赠人损失的，应当承担损害赔偿责任。

第一百九十二条　受赠人有下列情形之一的，赠与人可以撤销赠与：

（一）严重侵害赠与人或者赠与人的近亲属；

（二）对赠与人有扶养义务而不履行；

（三）不履行赠与合同约定的义务。

赠与人的撤销权，自知道或者应当知道撤销原因之日起一年内行使。

第一百九十三条　因受赠人的违法行为致使赠与人死亡或者丧失民事行为能力的，赠与人的继承人或者法定代理人可以撤销赠与。

赠与人的继承人或者法定代理人的撤销权，自知道或者应当知道撤销原因之日起六个月内行使。

第一百九十四条　撤销权人撤销赠与的，可以向受赠人要求返还赠与的财产。

第一百九十五条　赠与人的经济状况显著恶化，严重影响其生产经营或者家庭生活的，可以不再履行赠与义务。

第十二章　借款合同

第一百九十六条　借款合同是借款人向贷款人借款，到期返还借款并支付利息的合同。

第一百九十七条　借款合同采用书面形式，但自然人之间借款另有约定的除外。

借款合同的内容包括借款种类、币种、用途、数额、利率、期限和还款方式等条款。

第一百九十八条　订立借款合同，贷款人可以要求借款人提供担保。担保依照《中华人民共和国担保法》的规定。

第一百九十九条　订立借款合同，借款人应当按照贷款人的要求提供与借款有关的业务活动和财务状况的真实情况。

第二百条　借款的利息不得预先在本金中扣除。利息预先在本金中扣除的，应当按照实际借款数额返还借款并计算利息。

第二百零一条　贷款人未按照约定的日期、数额提供借款，造成借款人损失的，应当赔偿损失。

借款人未按照约定的日期、数额收取借款的，应当按照约定的日期、数额支付利息。

第二百零二条　贷款人按照约定可以检查、监督借款的使用情况。借款人应当按照约定向贷款人定期提供有关财务会计报表等资料。

第二百零三条　借款人未按照约定的借款用途使用借款的，贷款人可以停止发放借款、提前收回借款或者解除合同。

第二百零四条　办理贷款业务的金融机构贷款的利率，应当按照中国人民银行规定的贷款利率的上下限确定。

第二百零五条　借款人应当按照约定的期限支付利息。对支付利息的期限没有约定或者约定不明确，依照本法第六十一条的规定仍不能确定，借款期间不满一年的，应当在返还借款时一并支付；借款期间一年以上的，应当在每届满一年时支付，剩余期间不满一年的，应当在返还借款时一并支付。

第二百零六条　借款人应当按照约定的期限返还借款。对借款期限没有约定或者约定不明确，依照本法第六十一条的规定仍不能确定的，借款人可以随时返还；贷款人可以催告借款人在合理期限内返还。

第二百零七条　借款人未按照约定的期限返还借款的，应当按照约定或者国家有关规定支付逾期利息。

第二百零八条　借款人提前偿还借款的，除当事人另有约定的以外，应当按照实际借款的期间计算利息。

第二百零九条　借款人可以在还款期限届满之前向贷款人申请展期。贷款人同意的，可以展期。

第二百一十条　自然人之间的借款合同，自贷款人提供借款时生效。

第二百一十一条　自然人之间的借款合同对支付利息没有约定或者约定不明确的，视为不支付利息。自然人之间的借款合同约定支付利息的，借款的利率不得违反国家有关限制借款利率的规定。

第十三章　租赁合同

第二百一十二条　租赁合同是出租人将租赁物交付承租人使用、收益，承租人支付租金的合同。

第二百一十三条　租赁合同的内容包括租赁物的名称、数量、用途、租赁期限、租金及其支付期限和方式、租赁物维修等条款。

第二百一十四条　租赁期限不得超过二十年。超过二十年的，超过部分无效。

租赁期间届满，当事人可以续订租赁合同，但约定的租赁期限自续订之日起不得超过二十年。

第二百一十五条　租赁期限六个月以上的，应当采用书面形式。当事人未采用书面形式的，视为不定期租赁。

第二百一十六条　出租人应当按照约定将租赁物交付承租人，并在租赁期间保持租赁物符合约定的用途。

第二百一十七条　承租人应当按照约定的方法使用租赁物。对租赁物的使用方法没有约定或者约定不明确，依照本法第六十一条的规定仍不能确定的，应当按照租赁物的性质使用。

第二百一十八条　承租人按照约定的方法或者租赁物的性质使用租赁物，致使租赁物受到损耗的，不承担损害赔偿责任。

第二百一十九条　承租人未按照约定的方法或者租赁物的性质使用租

赁物，致使租赁物受到损失的，出租人可以解除合同并要求赔偿损失。

［注释］

第二百二十条　出租人应当履行租赁物的维修义务，但当事人另有约定的除外。

第二百二十一条　承租人在租赁物需要维修时可以要求出租人在合理期限内维修。出租人未履行维修义务的，承租人可以自行维修，维修费用由出租人负担。因维修租赁物影响承租人使用的，应当相应减少租金或者延长租期。

第二百二十二条　承租人应当妥善保管租赁物，因保管不善造成租赁物毁损、灭失的，应当承担损害赔偿责任。

第二百二十三条　承租人经出租人同意，可以对租赁物进行改善或者增设他物。

承租人未经出租人同意，对租赁物进行改善或者增设他物的，出租人可以要求承租人恢复原状或者赔偿损失。

第二百二十四条　承租人经出租人同意，可以将租赁物转租给第三人。承租人转租的，承租人与出租人之间的租赁合同继续有效，第三人对租赁物造成损失的，承租人应当赔偿损失。

承租人未经出租人同意转租的，出租人可以解除合同。

第二百二十五条　在租赁期间因占有、使用租赁物获得的收益，归承租人所有，但当事人另有约定的除外。

第二百二十六条　承租人应当按照约定的期限支付租金。对支付期限没有约定或者约定不明确，依照本法第六十一条的规定仍不能确定，租赁期间不满一年的，应当在租赁期间届满时支付；租赁期间一年以上的，应当在每届满一年时支付，剩余期间不满一年的，应当在租赁期间届满时支付。

第二百二十七条　承租人无正当理由未支付或者迟延支付租金的，出租人可以要求承租人在合理期限内支付。承租人逾期不支付的，出租人可以解除合同。

第二百二十八条　因第三人主张权利，致使承租人不能对租赁物使用、收益的，承租人可以要求减少租金或者不支付租金。

第三人主张权利的，承租人应当及时通知出租人。

第二百二十九条　租赁物在租赁期间发生所有权变动的，不影响租赁合同的效力。

第二百三十条 出租人出卖租赁房屋的，应当在出卖之前的合理期限内通知承租人，承租人享有以同等条件优先购买的权利。

第二百三十一条 因不可归责于承租人的事由，致使租赁物部分或者全部毁损、灭失的，承租人可以要求减少租金或者不支付租金；因租赁物部分或者全部毁损、灭失，致使不能实现合同目的的，承租人可以解除合同。

第二百三十二条 当事人对租赁期限没有约定或者约定不明确，依照本法第六十一条的规定仍不能确定的，视为不定期租赁。当事人可以随时解除合同，但出租人解除合同应当在合理期限之前通知承租人。

第二百三十三条 租赁物危及承租人的安全或者健康的，即使承租人订立合同时明知该租赁物质量不合格，承租人仍然可以随时解除合同。

第二百三十四条 承租人在房屋租赁期间死亡的，与其生前共同居住的人可以按照原租赁合同租赁该房屋。

第二百三十五条 租赁期间届满，承租人应当返还租赁物。返还的租赁物应当符合按照约定或者租赁物的性质使用后的状态。

第二百三十六条 租赁期间届满，承租人继续使用租赁物，出租人没有提出异议的，原租赁合同继续有效，但租赁期限为不定期。

第十四章　融资租赁合同

第二百三十七条 融资租赁合同是出租人根据承租人对出卖人、租赁物的选择，向出卖人购买租赁物，提供给承租人使用，承租人支付租金的合同。

第二百三十八条 融资租赁合同的内容包括租赁物名称、数量、规格、技术性能、检验方法、租赁期限、租金构成及其支付期限和方式、币种、租赁期间届满租赁物的归属等条款。

融资租赁合同应当采用书面形式。

第二百三十九条 出租人根据承租人对出卖人、租赁物的选择订立的买卖合同，出卖人应当按照约定向承租人交付标的物，承租人享有与受领标的物有关的买受人的权利。

第二百四十条 出租人、出卖人、承租人可以约定，出卖人不履行买卖合同义务的，由承租人行使索赔的权利。承租人行使索赔权利的，出租人应当协助。

第二百四十一条　出租人根据承租人对出卖人、租赁物的选择订立的买卖合同，未经承租人同意，出租人不得变更与承租人有关的合同内容。

第二百四十二条　出租人享有租赁物的所有权。承租人破产的，租赁物不属于破产财产。

第二百四十三条　融资租赁合同的租金，除当事人另有约定的以外，应当根据购买租赁物的大部分或者全部成本以及出租人的合理利润确定。

第二百四十四条　租赁物不符合约定或者不符合使用目的的，出租人不承担责任，但承租人依赖出租人的技能确定租赁物或者出租人干预选择租赁物的除外。

第二百四十五条　出租人应当保证承租人对租赁物的占有和使用。

第二百四十六条　承租人占有租赁物期间，租赁物造成第三人的人身伤害或者财产损害的，出租人不承担责任。

第二百四十七条　承租人应当妥善保管、使用租赁物。

承租人应当履行占有租赁物期间的维修义务。

第二百四十八条　承租人应当按照约定支付租金。承租人经催告后在合理期限内仍不支付租金的，出租人可以要求支付全部租金；也可以解除合同，收回租赁物。

第二百四十九条　当事人约定租赁期间届满租赁物归承租人所有，承租人已经支付大部分租金，但无力支付剩余租金，出租人因此解除合同收回租赁物的，收回的租赁物的价值超过承租人欠付的租金以及其他费用的，承租人可以要求部分返还。

第二百五十条　出租人和承租人可以约定租赁期间届满租赁物的归属。对租赁物的归属没有约定或者约定不明确，依照本法第六十一条的规定仍不能确定的，租赁物的所有权归出租人。

第十五章　承揽合同

第二百五十一条　承揽合同是承揽人按照定作人的要求完成工作，交付工作成果，定作人给付报酬的合同。

承揽包括加工、定作、修理、复制、测试、检验等工作。

第二百五十二条　承揽合同的内容包括承揽的标的、数量、质量、报酬、承揽方式、材料的提供、履行期限、验收标准和方法等条款。

第二百五十三条　承揽人应当以自己的设备、技术和劳力，完成主要工作，但当事人另有约定的除外。

承揽人将其承揽的主要工作交由第三人完成的，应当就该第三人完成的工作成果向定作人负责；未经定作人同意的，定作人也可以解除合同。

第二百五十四条　承揽人可以将其承揽的辅助工作交由第三人完成。承揽人将其承揽的辅助工作交由第三人完成的，应当就该第三人完成的工作成果向定作人负责。

第二百五十五条　承揽人提供材料的，承揽人应当按照约定选用材料，并接受定作人检验。

第二百五十六条　定作人提供材料的，定作人应当按照约定提供材料。承揽人对定作人提供的材料，应当及时检验，发现不符合约定时，应当及时通知定作人更换、补齐或者采取其他补救措施。

承揽人不得擅自更换定作人提供的材料，不得更换不需要修理的零部件。

第二百五十七条　承揽人发现定作人提供的图纸或者技术要求不合理的，应当及时通知定作人。因定作人怠于答复等原因造成承揽人损失的，应当赔偿损失。

第二百五十八条　定作人中途变更承揽工作的要求，造成承揽人损失的，应当赔偿损失。

第二百五十九条　承揽工作需要定作人协助的，定作人有协助的义务。定作人不履行协助义务致使承揽工作不能完成的，承揽人可以催告定作人在合理期限内履行义务，并可以顺延履行期限；定作人逾期不履行的，承揽人可以解除合同。

第二百六十条　承揽人在工作期间，应当接受定作人必要的监督检验。定作人不得因监督检验妨碍承揽人的正常工作。

第二百六十一条　承揽人完成工作的，应当向定作人交付工作成果，并提交必要的技术资料和有关质量证明。定作人应当验收该工作成果。

第二百六十二条　承揽人交付的工作成果不符合质量要求的，定作人可以要求承揽人承担修理、重作、减少报酬、赔偿损失等违约责任。

第二百六十三条　定作人应当按照约定的期限支付报酬。对支付报酬的期限没有约定或者约定不明确，依照本法第六十一条的规定仍不能确定的，定作人应当在承揽人交付工作成果时支付；工作成果部分交付的，定作人应当相应支付。

第二百六十四条　定作人未向承揽人支付报酬或者材料费等价款的，承揽人对完成的工作成果享有留置权，但当事人另有约定的除外。

第二百六十五条　承揽人应当妥善保管定作人提供的材料以及完成的工作成果，因保管不善造成毁损、灭失的，应当承担损害赔偿责任。

第二百六十六条　承揽人应当按照定作人的要求保守秘密，未经定作人许可，不得留存复制品或者技术资料。

第二百六十七条　共同承揽人对定作人承担连带责任，但当事人另有约定的除外。

第二百六十八条　定作人可以随时解除承揽合同，造成承揽人损失的，应当赔偿损失。

第十六章 建设工程合同

第二百六十九条　建设工程合同是承包人进行工程建设，发包人支付价款的合同。

建设工程合同包括工程勘察、设计、施工合同。

第二百七十条　建设工程合同应当采用书面形式。

第二百七十一条　建设工程的招标投标活动，应当依照有关法律的规定公开、公平、公正进行。

第二百七十二条　发包人可以与总承包人订立建设工程合同，也可以分别与勘察人、设计人、施工人订立勘察、设计、施工承包合同。发包人不得将应当由一个承包人完成的建设工程肢解成若干部分发包给几个承包人。

总承包人或者勘察、设计、施工承包人经发包人同意，可以将自己承包的部分工作交由第三人完成。第三人就其完成的工作成果与总承包人或者勘察、设计、施工承包人向发包人承担连带责任。承包人不得将其承包的全部建设工程转包给第三人或者将其承包的全部建设工程肢解以后以分包的名义分别转包给第三人。

禁止承包人将工程分包给不具备相应资质条件的单位。禁止分包单位将其承包的工程再分包。建设工程主体结构的施工必须由承包人自行完成。

第二百七十三条　国家重大建设工程合同，应当按照国家规定的程序和国家批准的投资计划、可行性研究报告等文件订立。

第二百七十四条　勘察、设计合同的内容包括提交有关基础资料和文件（包括概预算）的期限、质量要求、费用以及其他协作条件等条款。

第二百七十五条　施工合同的内容包括工程范围、建设工期、中间交工工程的开工和竣工时间、工程质量、工程造价、技术资料交付时间、材料和设备供应责任、拨款和结算、竣工验收、质量保修范围和质量保证期、双方相互协作等条款。

第二百七十六条　建设工程实行监理的，发包人应当与监理人采用书面形式订立委托监理合同。发包人与监理人的权利和义务以及法律责任，应当依照本法委托合同以及其他有关法律、行政法规的规定。

第二百七十七条　发包人在不妨碍承包人正常作业的情况下，可以随时对作业进度、质量进行检查。

第二百七十八条　隐蔽工程在隐蔽以前，承包人应当通知发包人检查。发包人没有及时检查的，承包人可以顺延工程日期，并有权要求赔偿停工、窝工等损失。

第二百七十九条　建设工程竣工后，发包人应当根据施工图纸及说明书、国家颁发的施工验收规范和质量检验标准及时进行验收。验收合格的，发包人应当按照约定支付价款，并接收该建设工程。建设工程竣工经验收合格后，方可交付使用；未经验收或者验收不合格的，不得交付使用。

第二百八十条　勘察、设计的质量不符合要求或者未按照期限提交勘察、设计文件拖延工期，造成发包人损失的，勘察人、设计人应当继续完善勘察、设计，减收或者免收勘察、设计费并赔偿损失。

第二百八十一条　因施工人的原因致使建设工程质量不符合约定的，发包人有权要求施工人在合理期限内无偿修理或者返工、改建。经过修理或者返工、改建后，造成逾期交付的，施工人应当承担违约责任。

第二百八十二条　因承包人的原因致使建设工程在合理使用期限内造成人身和财产损害的，承包人应当承担损害赔偿责任。

第二百八十三条　发包人未按照约定的时间和要求提供原材料、设备、场地、资金、技术资料的，承包人可以顺延工程日期，并有权要求赔偿停工、窝工等损失。

第二百八十四条　因发包人的原因致使工程中途停建、缓建的，发包人应当采取措施弥补或者减少损失，赔偿承包人因此造成的停工、窝工、倒运、机械设备调迁、材料和构件积压等损失和实际费用。

第二百八十五条　因发包人变更计划，提供的资料不准确，或者未按照期限提供必需的勘察、设计工作条件而造成勘察、设计的返工、停工或者修改设计，发包人应当按照勘察人、设计人实际消耗的工作量增付费用。

第二百八十六条　发包人未按照约定支付价款的，承包人可以催告发包人在合理期限内支付价款。发包人逾期不支付的，除按照建设工程的性质不宜折价、拍卖的以外，承包人可以与发包人协议将该工程折价，也可以申请人民法院将该工程依法拍卖。建设工程的价款就该工程折价或者拍卖的价款优先受偿。

第二百八十七条　本章没有规定的，适用承揽合同的有关规定。

第十七章　运输合同

第一节　一般规定

第二百八十八条　运输合同是承运人将旅客或者货物从起运地点运输到约定地点，旅客、托运人或者收货人支付票款或者运输费用的合同。

第二百八十九条　从事公共运输的承运人不得拒绝旅客、托运人通常、合理的运输要求。

第二百九十条　承运人应当在约定期间或者合理期间内将旅客、货物安全运输到约定地点。

第二百九十一条　承运人应当按照约定的或者通常的运输路线将旅客、货物运输到约定地点。

第二百九十二条　旅客、托运人或者收货人应当支付票款或者运输费用。承运人未按照约定路线或者通常路线运输增加票款或者运输费用的，旅客、托运人或者收货人可以拒绝支付增加部分的票款或者运输费用。

第二节　客运合同

第二百九十三条　客运合同自承运人向旅客交付客票时成立，但当事人另有约定或者另有交易习惯的除外。

第二百九十四条　旅客应当持有效客票乘运。旅客无票乘运、超程乘运、越级乘运或者持失效客票乘运的，应当补交票款，承运人可以按照规定加收票款。旅客不交付票款的，承运人可以拒绝运输。

第二百九十五条　旅客因自己的原因不能按照客票记载的时间乘坐的，应当在约定的时间内办理退票或者变更手续。逾期办理的，承运人可以不退票款，并不再承担运输义务。

第二百九十六条　旅客在运输中应当按照约定的限量携带行李。超过限量携带行李的，应当办理托运手续。

第二百九十七条　旅客不得随身携带或者在行李中夹带易燃、易爆、有毒、有腐蚀性、有放射性以及有可能危及运输工具上人身和财产安全的危险物品或者其他违禁物品。

旅客违反前款规定的，承运人可以将违禁物品卸下、销毁或者送交有关部门。旅客坚持携带或者夹带违禁物品的，承运人应当拒绝运输。

第二百九十八条　承运人应当向旅客及时告知有关不能正常运输的重要事由和安全运输应当注意的事项。

第二百九十九条　承运人应当按照客票载明的时间和班次运输旅客。承运人迟延运输的，应当根据旅客的要求安排改乘其他班次或者退票。

第三百条　承运人擅自变更运输工具而降低服务标准的，应当根据旅客的要求退票或者减收票款；提高服务标准的，不应当加收票款。

第三百零一条　承运人在运输过程中，应当尽力救助患有急病、分娩、遇险的旅客。

第三百零二条　承运人应当对运输过程中旅客的伤亡承担损害赔偿责任，但伤亡是旅客自身健康原因造成的或者承运人证明伤亡是旅客故意、重大过失造成的除外。

前款规定适用于按照规定免票、持优待票或者经承运人许可搭乘的无票旅客。

第三百零三条　在运输过程中旅客自带物品毁损、灭失，承运人有过错的，应当承担损害赔偿责任。

旅客托运的行李毁损、灭失的，适用货物运输的有关规定。

第三节　货运合同

第三百零四条　托运人办理货物运输，应当向承运人准确表明收货人的名称或者姓名或者凭指示的收货人，货物的名称、性质、重量、数量、收货地点等有关货物运输的必要情况。

因托运人申报不实或者遗漏重要情况，造成承运人损失的，托运人应当承担损害赔偿责任。

第三百零五条　货物运输需要办理审批、检验等手续的，托运人应当将办理完有关手续的文件提交承运人。

第三百零六条　托运人应当按照约定的方式包装货物。对包装方式没有约定或者约定不明确的，适用本法第一百五十六条的规定。

托运人违反前款规定的，承运人可以拒绝运输。

第三百零七条　托运人托运易燃、易爆、有毒、有腐蚀性、有放射性等危险物品的，应当按照国家有关危险物品运输的规定对危险物品妥善包装，作出危险物标志和标签，并将有关危险物品的名称、性质和防范措施的书面材料提交承运人。

托运人违反前款规定的，承运人可以拒绝运输，也可以采取相应措施以避免损失的发生，因此产生的费用由托运人承担。

第三百零八条　在承运人将货物交付收货人之前，托运人可以要求承运人中止运输、返还货物、变更到达地或者将货物交给其他收货人，但应当赔偿承运人因此受到的损失。

第三百零九条　货物运输到达后，承运人知道收货人的，应当及时通知收货人，收货人应当及时提货。收货人逾期提货的，应当向承运人支付保管费等费用。

第三百一十条　收货人提货时应当按照约定的期限检验货物。对检验货物的期限没有约定或者约定不明确，依照本法第六十一条的规定仍不能确定的，应当在合理期限内检验货物。收货人在约定的期限或者合理期限内对货物的数量、毁损等未提出异议的，视为承运人已经按照运输单证的记载交付的初步证据。

第三百一十一条　承运人对运输过程中货物的毁损、灭失承担损害赔偿责任，但承运人证明货物的毁损、灭失是因不可抗力、货物本身的自然性质或者合理损耗以及托运人、收货人的过错造成的，不承担损害赔偿责任。

第三百一十二条　货物的毁损、灭失的赔偿额，当事人有约定的，按照其约定；没有约定或者约定不明确，依照本法第六十一条的规定仍不能确定的，按照交付或者应当交付时货物到达地的市场价格计算。法律、行政法规对赔偿额的计算方法和赔偿限额另有规定的，依照其规定。

第三百一十三条　两个以上承运人以同一运输方式联运的，与托运人订立合同的承运人应当对全程运输承担责任。损失发生在某一运输区段的，与托运人订立合同的承运人和该区段的承运人承担连带责任。

第三百一十四条　货物在运输过程中因不可抗力灭失，未收取运费的，承运人不得要求支付运费；已收取运费的，托运人可以要求返还。

第三百一十五条　托运人或者收货人不支付运费、保管费以及其他运输费用的，承运人对相应的运输货物享有留置权，但当事人另有约定的除外。

第三百一十六条　收货人不明或者收货人无正当理由拒绝受领货物的，依照本法第一百零一条的规定，承运人可以提存货物。

第四节　多式联运合同

第三百一十七条　多式联运经营人负责履行或者组织履行多式联运合同，对全程运输享有承运人的权利，承担承运人的义务。

第三百一十八条　多式联运经营人可以与参加多式联运的各区段承运人就多式联运合同的各区段运输约定相互之间的责任，但该约定不影响多式联运经营人对全程运输承担的义务。

第三百一十九条　多式联运经营人收到托运人交付的货物时，应当签发多式联运单据。按照托运人的要求，多式联运单据可以是可转让单据，也可以是不可转让单据。

第三百二十条　因托运人托运货物时的过错造成多式联运经营人损失的，即使托运人已经转让多式联运单据，托运人仍然应当承担损害赔偿责任。

第三百二十一条　货物的毁损、灭失发生于多式联运的某一运输区段的，多式联运经营人的赔偿责任和责任限额，适用调整该区段运输方式的有关法律规定。货物毁损、灭失发生的运输区段不能确定的，依照本章规定承担损害赔偿责任。

第十八章　技术合同

第一节　一般规定

第三百二十二条　技术合同是当事人就技术开发、转让、咨询或者服务订立的确立相互之间权利和义务的合同。

第三百二十三条　订立技术合同，应当有利于科学技术的进步，加速科学技术成果的转化、应用和推广。

第三百二十四条　技术合同的内容由当事人约定，一般包括以下条款：

(一) 项目名称；

(二) 标的的内容、范围和要求；

(三) 履行的计划、进度、期限、地点、地域和方式；

(四) 技术情报和资料的保密；

(五) 风险责任的承担；

(六) 技术成果的归属和收益的分成办法；

(七) 验收标准和方法；

(八) 价款、报酬或者使用费及其支付方式；

(九) 违约金或者损失赔偿的计算方法；

(十) 解决争议的方法；

(十一) 名词和术语的解释。

与履行合同有关的技术背景资料、可行性论证和技术评价报告、项目任务书和计划书、技术标准、技术规范、原始设计和工艺文件，以及其他技术文档，按照当事人的约定可以作为合同的组成部分。

技术合同涉及专利的，应当注明发明创造的名称、专利申请人和专利权人、申请日期、申请号、专利号以及专利权的有效期限。

第三百二十五条　技术合同价款、报酬或者使用费的支付方式由当事人约定，可以采取一次总算、一次总付或者一次总算、分期支付，也可以采取提成支付或者提成支付附加预付入门费的方式。

约定提成支付的，可以按照产品价格、实施专利和使用技术秘密后新增的产值、利润或者产品销售额的一定比例提成，也可以按照约定的其他方式计算。提成支付的比例可以采取固定比例、逐年递增比例或者逐年递减比例。

约定提成支付的，当事人应当在合同中约定查阅有关会计帐目的办法。

第三百二十六条　职务技术成果的使用权、转让权属于法人或者其他组织的，法人或者其他组织可以就该项职务技术成果订立技术合同。法人或者其他组织应当从使用和转让该项职务技术成果所取得的收益中提取一定比例，对完成该项职务技术成果的个人给予奖励或者报酬。法人或者其他组织订立技术合同转让职务技术成果时，职务技术成果的完成人享有以同等条件优先受让的权利。

职务技术成果是执行法人或者其他组织的工作任务，或者主要是利用法人或者其他组织的物质技术条件所完成的技术成果。

第三百二十七条　非职务技术成果的使用权、转让权属于完成技术成果的个人，完成技术成果的个人可以就该项非职务技术成果订立技术合同。

第三百二十八条　完成技术成果的个人有在有关技术成果文件上写明自己是技术成果完成者的权利和取得荣誉证书、奖励的权利。

第三百二十九条　非法垄断技术、妨碍技术进步或者侵害他人技术成果的技术合同无效。

第二节　技术开发合同

第三百三十条　技术开发合同是指当事人之间就新技术、新产品、新工艺或者新材料及其系统的研究开发所订立的合同。

技术开发合同包括委托开发合同和合作开发合同。

技术开发合同应当采用书面形式。

当事人之间就具有产业应用价值的科技成果实施转化订立的合同，参照技术开发合同的规定。

第三百三十一条　委托开发合同的委托人应当按照约定支付研究开发经费和报酬；提供技术资料、原始数据；完成协作事项；接受研究开发成果。

第三百三十二条　委托开发合同的研究开发人应当按照约定制定和实施研究开发计划；合理使用研究开发经费；按期完成研究开发工作，交付研究开发成果，提供有关的技术资料和必要的技术指导，帮助委托人掌握研究开发成果。

第三百三十三条　委托人违反约定造成研究开发工作停滞、延误或者失败的，应当承担违约责任。

第三百三十四条　研究开发人违反约定造成研究开发工作停滞、延误或者失败的，应当承担违约责任。

第三百三十五条　合作开发合同的当事人应当按照约定进行投资，包括以技术进行投资；分工参与研究开发工作；协作配合研究开发工作。

第三百三十六条　合作开发合同的当事人违反约定造成研究开发工作停滞、延误或者失败的，应当承担违约责任。

第三百三十七条　因作为技术开发合同标的的技术已经由他人公开，

致使技术开发合同的履行没有意义的，当事人可以解除合同。

第三百三十八条 在技术开发合同履行过程中，因出现无法克服的技术困难，致使研究开发失败或者部分失败的，该风险责任由当事人约定。没有约定或者约定不明确，依照本法第六十一条的规定仍不能确定的，风险责任由当事人合理分担。

当事人一方发现前款规定的可能致使研究开发失败或者部分失败的情形时，应当及时通知另一方并采取适当措施减少损失。没有及时通知并采取适当措施，致使损失扩大的，应当就扩大的损失承担责任。

第三百三十九条 委托开发完成的发明创造，除当事人另有约定的以外，申请专利的权利属于研究开发人。研究开发人取得专利权的，委托人可以免费实施该专利。

研究开发人转让专利申请权的，委托人享有以同等条件优先受让的权利。

第三百四十条 合作开发完成的发明创造，除当事人另有约定的以外，申请专利的权利属于合作开发的当事人共有。当事人一方转让其共有的专利申请权的，其他各方享有以同等条件优先受让的权利。

合作开发的当事人一方声明放弃其共有的专利申请权的，可以由另一方单独申请或者由其他各方共同申请。申请人取得专利权的，放弃专利申请权的一方可以免费实施该专利。

合作开发的当事人一方不同意申请专利的，另一方或者其他各方不得申请专利。

第三百四十一条 委托开发或者合作开发完成的技术秘密成果的使用权、转让权以及利益的分配办法，由当事人约定。没有约定或者约定不明确，依照本法第六十一条的规定仍不能确定的，当事人均有使用和转让的权利，但委托开发的研究开发人不得在向委托人交付研究开发成果之前，将研究开发成果转让给第三人。

第三节 技术转让合同

第三百四十二条 技术转让合同包括专利权转让、专利申请权转让、技术秘密转让、专利实施许可合同。技术转让合同应当采用书面形式。

第三百四十三条 技术转让合同可以约定让与人和受让人实施专利或者使用技术秘密的范围，但不得限制技术竞争和技术发展。

第三百四十四条 专利实施许可合同只在该专利权的存续期间内有

效。专利权有效期限届满或者专利权被宣布无效的，专利权人不得就该专利与他人订立专利实施许可合同。

第三百四十五条　专利实施许可合同的让与人应当按照约定许可受让人实施专利，交付实施专利有关的技术资料，提供必要的技术指导。

第三百四十六条　专利实施许可合同的受让人应当按照约定实施专利，不得许可约定以外的第三人实施该专利；并按照约定支付使用费。

第三百四十七条　技术秘密转让合同的让与人应当按照约定提供技术资料，进行技术指导，保证技术的实用性、可靠性，承担保密义务。

第三百四十八条　技术秘密转让合同的受让人应当按照约定使用技术，支付使用费，承担保密义务。

第三百四十九条　技术转让合同的让与人应当保证自己是所提供的技术的合法拥有者，并保证所提供的技术完整、无误、有效，能够达到约定的目标。

第三百五十条　技术转让合同的受让人应当按照约定的范围和期限，对让与人提供的技术中尚未公开的秘密部分，承担保密义务。

第三百五十一条　让与人未按照约定转让技术的，应当返还部分或者全部使用费，并应当承担违约责任；实施专利或者使用技术秘密超越约定的范围的，违反约定擅自许可第三人实施该项专利或者使用该项技术秘密的，应当停止违约行为，承担违约责任；违反约定的保密义务的，应当承担违约责任。

第三百五十二条　受让人未按照约定支付使用费的，应当补交使用费并按照约定支付违约金；不补交使用费或者支付违约金的，应当停止实施专利或者使用技术秘密，交还技术资料，承担违约责任；实施专利或者使用技术秘密超越约定的范围的，未经让与人同意擅自许可第三人实施该专利或者使用该技术秘密的，应当停止违约行为，承担违约责任；违反约定的保密义务的，应当承担违约责任。

第三百五十三条　受让人按照约定实施专利、使用技术秘密侵害他人合法权益的，由让与人承担责任，但当事人另有约定的除外。

第三百五十四条　当事人可以按照互利的原则，在技术转让合同中约定实施专利、使用技术秘密后续改进的技术成果的分享办法。没有约定或者约定不明确，依照本法第六十一条的规定仍不能确定的，一方后续改进的技术成果，其他各方无权分享。

第三百五十五条　法律、行政法规对技术进出口合同或者专利、专利申请合同另有规定的，依照其规定。

第四节　技术咨询合同和技术服务合同

第三百五十六条　技术咨询合同包括就特定技术项目提供可行性论证、技术预测、专题技术调查、分析评价报告等合同。

技术服务合同是指当事人一方以技术知识为另一方解决特定技术问题所订立的合同，不包括建设工程合同和承揽合同。

第三百五十七条　技术咨询合同的委托人应当按照约定阐明咨询的问题，提供技术背景材料及有关技术资料、数据；接受受托人的工作成果，支付报酬。

第三百五十八条　技术咨询合同的受托人应当按照约定的期限完成咨询报告或者解答问题；提出的咨询报告应当达到约定的要求。

第三百五十九条　技术咨询合同的委托人未按照约定提供必要的资料和数据，影响工作进度和质量，不接受或者逾期接受工作成果的，支付的报酬不得追回，未支付的报酬应当支付。

技术咨询合同的受托人未按期提出咨询报告或者提出的咨询报告不符合约定的，应当承担减收或者免收报酬等违约责任。

技术咨询合同的委托人按照受托人符合约定要求的咨询报告和意见作出决策所造成的损失，由委托人承担，但当事人另有约定的除外。

第三百六十条　技术服务合同的委托人应当按照约定提供工作条件，完成配合事项；接受工作成果并支付报酬。

第三百六十一条　技术服务合同的受托人应当按照约定完成服务项目，解决技术问题，保证工作质量，并传授解决技术问题的知识。

第三百六十二条　技术服务合同的委托人不履行合同义务或者履行合同义务不符合约定，影响工作进度和质量，不接受或者逾期接受工作成果的，支付的报酬不得追回，未支付的报酬应当支付。

技术服务合同的受托人未按照合同约定完成服务工作的，应当承担免收报酬等违约责任。

第三百六十三条　在技术咨询合同、技术服务合同履行过程中，受托人利用委托人提供的技术资料和工作条件完成的新的技术成果，属于受托人。委托人利用受托人的工作成果完成的新的技术成果，属于委托人。当事人另有约定的，按照其约定。

第三百六十四条　法律、行政法规对技术中介合同、技术培训合同另有规定的，依照其规定。

第十九章　保管合同

第三百六十五条　保管合同是保管人保管寄存人交付的保管物，并返还该物的合同。

第三百六十六条　寄存人应当按照约定向保管人支付保管费。

当事人对保管费没有约定或者约定不明确，依照本法第六十一条的规定仍不能确定的，保管是无偿的。

第三百六十七条　保管合同自保管物交付时成立，但当事人另有约定的除外。

第三百六十八条　寄存人向保管人交付保管物的，保管人应当给付保管凭证，但另有交易习惯的除外。

第三百六十九条　保管人应当妥善保管保管物。

当事人可以约定保管场所或者方法。除紧急情况或者为了维护寄存人利益的以外，不得擅自改变保管场所或者方法。

第三百七十条　寄存人交付的保管物有瑕疵或者按照保管物的性质需要采取特殊保管措施的，寄存人应当将有关情况告知保管人。寄存人未告知，致使保管物受损失的，保管人不承担损害赔偿责任；保管人因此受损失的，除保管人知道或者应当知道并且未采取补救措施的以外，寄存人应当承担损害赔偿责任。

第三百七十一条　保管人不得将保管物转交第三人保管，但当事人另有约定的除外。

保管人违反前款规定，将保管物转交第三人保管，对保管物造成损失的，应当承担损害赔偿责任。

第三百七十二条　保管人不得使用或者许可第三人使用保管物，但当事人另有约定的除外。

第三百七十三条　第三人对保管物主张权利的，除依法对保管物采取保全或者执行的以外，保管人应当履行向寄存人返还保管物的义务。

第三人对保管人提起诉讼或者对保管物申请扣押的，保管人应当及时通知寄存人。

第三百七十四条　保管期间，因保管人保管不善造成保管物毁损、灭失的，保管人应当承担损害赔偿责任，但保管是无偿的，保管人证明自己没有重大过失的，不承担损害赔偿责任。

第三百七十五条　寄存人寄存货币、有价证券或者其他贵重物品的，应当向保管人声明，由保管人验收或者封存。寄存人未声明的，该物品毁损、灭失后，保管人可以按照一般物品予以赔偿。

第三百七十六条　寄存人可以随时领取保管物。

当事人对保管期间没有约定或者约定不明确的，保管人可以随时要求寄存人领取保管物；约定保管期间的，保管人无特别事由，不得要求寄存人提前领取保管物。

第三百七十七条　保管期间届满或者寄存人提前领取保管物的，保管人应当将原物及其孳息归还寄存人。

第三百七十八条　保管人保管货币的，可以返还相同种类、数量的货币。保管其他可替代物的，可以按照约定返还相同种类、品质、数量的物品。

第三百七十九条　有偿的保管合同，寄存人应当按照约定的期限向保管人支付保管费。

当事人对支付期限没有约定或者约定不明确，依照本法第六十一条的规定仍不能确定的，应当在领取保管物的同时支付。

第三百八十条　寄存人未按照约定支付保管费以及其他费用的，保管人对保管物享有留置权，但当事人另有约定的除外。

第二十章　仓储合同

第三百八十一条　仓储合同是保管人储存存货人交付的仓储物，存货人支付仓储费的合同。

第三百八十二条　仓储合同自成立时生效。

第三百八十三条　储存易燃、易爆、有毒、有腐蚀性、有放射性等危险物品或者易变质物品，存货人应当说明该物品的性质，提供有关资料。

存货人违反前款规定的，保管人可以拒收仓储物，也可以采取相应措施以避免损失的发生，因此产生的费用由存货人承担。

保管人储存易燃、易爆、有毒、有腐蚀性、有放射性等危险物品的，应当具备相应的保管条件。

第三百八十四条　保管人应当按照约定对入库仓储物进行验收。保管人验收时发现入库仓储物与约定不符合的，应当及时通知存货人。保管人验收后，发生仓储物的品种、数量、质量不符合约定的，保管人应当承担损害赔偿责任。

第三百八十五条　存货人交付仓储物的，保管人应当给付仓单。

第三百八十六条　保管人应当在仓单上签字或者盖章。仓单包括下列事项：

（一）存货人的名称或者姓名和住所；

（二）仓储物的品种、数量、质量、包装、件数和标记；

（三）仓储物的损耗标准；

（四）储存场所；

（五）储存期间；

（六）仓储费；

（七）仓储物已经办理保险的，其保险金额、期间以及保险人的名称；

（八）填发人、填发地和填发日期。

第三百八十七条　仓单是提取仓储物的凭证。存货人或者仓单持有人在仓单上背书并经保管人签字或者盖章的，可以转让提取仓储物的权利。

第三百八十八条　保管人根据存货人或者仓单持有人的要求，应当同意其检查仓储物或者提取样品。

第三百八十九条　保管人对入库仓储物发现有变质或者其他损坏的，应当及时通知存货人或者仓单持有人。

第三百九十条　保管人对入库仓储物发现有变质或者其他损坏，危及其他仓储物的安全和正常保管的，应当催告存货人或者仓单持有人作出必要的处置。因情况紧急，保管人可以作出必要的处置，但事后应当将该情况及时通知存货人或者仓单持有人。

第三百九十一条　当事人对储存期间没有约定或者约定不明确的，存货人或者仓单持有人可以随时提取仓储物，保管人也可以随时要求存货人或者仓单持有人提取仓储物，但应当给予必要的准备时间。

第三百九十二条　储存期间届满，存货人或者仓单持有人应当凭仓单提取仓储物。存货人或者仓单持有人逾期提取的，应当加收仓储费；提前提取的，不减收仓储费。

第三百九十三条　储存期间届满，存货人或者仓单持有人不提取仓储物的，保管人可以催告其在合理期限内提取，逾期不提取的，保管人可以提存仓储物。

第三百九十四条 储存期间，因保管人保管不善造成仓储物毁损、灭失的，保管人应当承担损害赔偿责任。因仓储物的性质、包装不符合约定或者超过有效储存期造成仓储物变质、损坏的，保管人不承担损害赔偿责任。

第三百九十五条 本章没有规定的，适用保管合同的有关规定。

第二十一章 委托合同

第三百九十六条 委托合同是委托人和受托人约定，由受托人处理委托人事务的合同。

第三百九十七条 委托人可以特别委托受托人处理一项或者数项事务，也可以概括委托受托人处理一切事务。

第三百九十八条 委托人应当预付处理委托事务的费用。受托人为处理委托事务垫付的必要费用，委托人应当偿还该费用及其利息。

第三百九十九条 受托人应当按照委托人的指示处理委托事务。需要变更委托人指示的，应当经委托人同意；因情况紧急，难以和委托人取得联系的，受托人应当妥善处理委托事务，但事后应当将该情况及时报告委托人。

第四百条 受托人应当亲自处理委托事务。经委托人同意，受托人可以转委托。转委托经同意的，委托人可以就委托事务直接指示转委托的第三人，受托人仅就第三人的选任及其对第三人的指示承担责任。转委托未经同意的，受托人应当对转委托的第三人的行为承担责任，但在紧急情况下受托人为维护委托人的利益需要转委托的除外。

第四百零一条 受托人应当按照委托人的要求，报告委托事务的处理情况。委托合同终止时，受托人应当报告委托事务的结果。

第四百零二条 受托人以自己的名义，在委托人的授权范围内与第三人订立的合同，第三人在订立合同时知道受托人与委托人之间的代理关系的，该合同直接约束委托人和第三人，但有确切证据证明该合同只约束受托人和第三人的除外。

第四百零三条 受托人以自己的名义与第三人订立合同时，第三人不知道受托人与委托人之间的代理关系的，受托人因第三人的原因对委托人不履行义务，受托人应当向委托人披露第三人，委托人因此可以行使受托人对第三人的权利，但第三人与受托人订立合同时如果知道该委托人就不会订立合同的除外。

受托人因委托人的原因对第三人不履行义务，受托人应当向第三人披露委托人，第三人因此可以选择受托人或者委托人作为相对人主张其权利，但第三人不得变更选定的相对人。

委托人行使受托人对第三人的权利的，第三人可以向委托人主张其对受托人的抗辩。第三人选定委托人作为其相对人的，委托人可以向第三人主张其对受托人的抗辩以及受托人对第三人的抗辩。

第四百零四条　受托人处理委托事务取得的财产，应当转交给委托人。

第四百零五条　受托人完成委托事务的，委托人应当向其支付报酬。因不可归责于受托人的事由，委托合同解除或者委托事务不能完成的，委托人应当向受托人支付相应的报酬。当事人另有约定的，按照其约定。

第四百零六条　有偿的委托合同，因受托人的过错给委托人造成损失的，委托人可以要求赔偿损失。无偿的委托合同，因受托人的故意或者重大过失给委托人造成损失的，委托人可以要求赔偿损失。

受托人超越权限给委托人造成损失的，应当赔偿损失。

第四百零七条　受托人处理委托事务时，因不可归责于自己的事由受到损失的，可以向委托人要求赔偿损失。

第四百零八条　委托人经受托人同意，可以在受托人之外委托第三人处理委托事务。因此给受托人造成损失的，受托人可以向委托人要求赔偿损失。

第四百零九条　两个以上的受托人共同处理委托事务的，对委托人承担连带责任。

第四百一十条　委托人或者受托人可以随时解除委托合同。因解除合同给对方造成损失的，除不可归责于该当事人的事由以外，应当赔偿损失。

第四百一十一条　委托人或者受托人死亡、丧失民事行为能力或者破产的，委托合同终止，但当事人另有约定或者根据委托事务的性质不宜终止的除外。

第四百一十二条　因委托人死亡、丧失民事行为能力或者破产，致使委托合同终止将损害委托人利益的，在委托人的继承人、法定代理人或者清算组织承受委托事务之前，受托人应当继续处理委托事务。

第四百一十三条　因受托人死亡、丧失民事行为能力或者破产，致使委托合同终止的，受托人的继承人、法定代理人或者清算组织应当及时通知委托人。因委托合同终止将损害委托人利益的，在委托人作出善后处理之前，受托人的继承人、法定代理人或者清算组织应当采取必要措施。

第二十二章　行纪合同

第四百一十四条　行纪合同是行纪人以自己的名义为委托人从事贸易活动，委托人支付报酬的合同。

第四百一十五条　行纪人处理委托事务支出的费用，由行纪人负担，但当事人另有约定的除外。

第四百一十六条　行纪人占有委托物的，应当妥善保管委托物。

第四百一十七条　委托物交付给行纪人时有瑕疵或者容易腐烂、变质的，经委托人同意，行纪人可以处分该物；和委托人不能及时取得联系的，行纪人可以合理处分。

第四百一十八条　行纪人低于委托人指定的价格卖出或者高于委托人指定的价格买入的，应当经委托人同意。未经委托人同意，行纪人补偿其差额的，该买卖对委托人发生效力。

行纪人高于委托人指定的价格卖出或者低于委托人指定的价格买入的，可以按照约定增加报酬。没有约定或者约定不明确，依照本法第六十一条的规定仍不能确定的，该利益属于委托人。

委托人对价格有特别指示的，行纪人不得违背该指示卖出或者买入。

第四百一十九条　行纪人卖出或者买入具有市场定价的商品，除委托人有相反的意思表示的以外，行纪人自己可以作为买受人或者出卖人。

行纪人有前款规定情形的，仍然可以要求委托人支付报酬。

第四百二十条　行纪人按照约定买入委托物，委托人应当及时受领。经行纪人催告，委托人无正当理由拒绝受领的，行纪人依照本法第一百零一条的规定可以提存委托物。

委托物不能卖出或者委托人撤回出卖，经行纪人催告，委托人不取回或者不处分该物的，行纪人依照本法第一百零一条的规定可以提存委托物。

第四百二十一条　行纪人与第三人订立合同的，行纪人对该合同直接享有权利、承担义务。

第三人不履行义务致使委托人受到损害的，行纪人应当承担损害赔偿责任，但行纪人与委托人另有约定的除外。

第四百二十二条　行纪人完成或者部分完成委托事务的，委托人应当向其支付相应的报酬。委托人逾期不支付报酬的，行纪人对委托物享有留置权，但当事人另有约定的除外。

第四百二十三条　本章没有规定的，适用委托合同的有关规定。

第二十三章　居间合同

第四百二十四条　居间合同是居间人向委托人报告订立合同的机会或者提供订立合同的媒介服务，委托人支付报酬的合同。

第四百二十五条　居间人应当就有关订立合同的事项向委托人如实报告。

居间人故意隐瞒与订立合同有关的重要事实或者提供虚假情况，损害委托人利益的，不得要求支付报酬并应当承担损害赔偿责任。

第四百二十六条　居间人促成合同成立的，委托人应当按照约定支付报酬。对居间人的报酬没有约定或者约定不明确，依照本法第六十一条的规定仍不能确定的，根据居间人的劳务合理确定。因居间人提供订立合同的媒介服务而促成合同成立的，由该合同的当事人平均负担居间人的报酬。

居间人促成合同成立的，居间活动的费用，由居间人负担。

第四百二十七条　居间人未促成合同成立的，不得要求支付报酬，但可以要求委托人支付从事居间活动支出的必要费用。

附　　则

第四百二十八条　本法自 1999 年 10 月 1 日起施行，《中华人民共和国经济合同法》、《中华人民共和国涉外经济合同法》、《中华人民共和国技术合同法》同时废止。